[illegible]XPOSITION RAISONNÉE

DES PRINCIPES

[illegible]ENREGISTREMENT

EN FORME DE COMMENTAIRE

[illegible] LOI DU 22 FRIMAIRE AN 7

[illegible] Gabriel [illegible]

[illegible] À LA FACULTÉ DE DROIT DE TOULOUSE

[illegible]

EXPOSITION RAISONNÉE

DES PRINCIPES

DE L'ENREGISTREMENT.

SE TROUVE :

A TOULOUSE
- Chez Delboy, libraire, rue de la Pomme, 7.
- Chez Gimet, libraire, rue des Balances, 66.
- A la Librairie centrale, rue Saint-Rome, 46.

A ARRAS, chez E. Lefranc, éditeur des ouvrages de M. Garnier.

TYPOGRAPHIE DE BONNAL ET GIBRAC,
RUE SAINT-ROME, 46, TOULOUSE.

EXPOSITION RAISONNÉE

DES PRINCIPES

DE L'ENREGISTREMENT

EN FORME DE COMMENTAIRE

DE LA LOI DU 22 FRIMAIRE AN 7

PAR

Gabriel DEMANTE

PROFESSEUR A LA FACULTÉ DE DROIT DE TOULOUSE.

.... Ut non difficile sit, qui paulummodo ingenio possit moveri, quæcumque nova causa consultatiove acciderit, ejus tenere jus, cum sciat a quo sit capite repetendum.

CICERO, *de Legibus* II, 18.

PARIS

A LA LIBRAIRIE DE JURISPRUDENCE D'AUGUSTE DURAND

RUE DES GRÈS, 7.

1857.

MEMORIÆ . VENERANDÆ.

PATRIS.

EJUSDEMQUE.

MAGISTRI.

LABORIS . ASSIDUI.

PRIMITIAS.

VOVET.

FILIUS . DISCIPULUSQUE.
GABRIEL DEMANTE.

PRÉFACE.

On ne conteste plus aujourd'hui l'intérêt scientifique de la matière de l'enregistrement ni son étroite dépendance des principes généraux du Droit civil. Cependant l'absence d'un enseignement régulier sur cette matière laisse encore dans beaucoup d'esprits l'espèce de lacune que produit, en toutes choses, le manque d'éducation première. Il semble pourtant que, toutes les branches de la science du Droit étant en contact avec l'enregistrement, il n'est permis à aucun jurisconsulte d'en ignorer les principes, et que l'étude approfondie des Lois fiscales ne serait pas déplacée dans nos écoles. Aussi, dès que j'ai eu l'honneur d'appartenir à la Faculté de Droit de Toulouse, j'ai eu le désir de propager cette étude en y consacrant un cours public. Cette idée fut encouragée par M. Laferrière, inspecteur général des Facultés de Droit, qui lui-même, dans son enseignement du Droit administratif, au sein de la Faculté de Rennes, avait fait au Droit fiscal une part notable. Sur l'avis favorable de M. l'inspecteur général, mon programme fut approuvé et le cours autorisé par S. Exc. M. le Ministre de l'instruction publique, comme cours complémentaire, en exécution de l'ordonnance du 22 mars 1840. Les débuts de cet enseignement m'ont laissé de précieux souvenirs, et je ne dois pas omettre de remercier M. le Directeur de l'enregistrement et des domaines à Toulouse, du concours sympathique qu'il a bien voulu me prêter à cette occasion.

Dans le même temps où je m'occupais de la préparation de ce cours, M. Garnier commençait ses importantes publications. Inconnus l'un à l'autre et partis chacun d'un point différent, nous tendions pourtant au même but : propager l'étude des Lois fiscales, en faire apparaître les principes dominants, montrer enfin l'intime connexité de ces principes avec le Droit civil. Engagés dans la même voie, nous ne pouvions manquer de nous rencontrer. Pendant que je puisais à pleines mains dans ses riches collections, M. Garnier pensa que mes essais d'enseignement pourraient intéresser ses lecteurs; il m'ouvrit ses colonnes, et je m'occupai dès lors de rédiger les notes de mes leçons. Voilà comment ce livre est venu à naître (1). C'est une œuvre d'enseignement, dont la doctrine, autant que possible, est établie par déduction des principes rationnels du Droit et des textes de la Loi, et non par induction de la jurisprudence des arrêts. Je n'ai cependant pas négligé l'étude de cette jurisprudence, car je ne crois pas qu'il soit permis au jurisconsulte de fermer les yeux au développement pratique du Droit, mais j'ai tâché de mettre à profit l'observation du judicieux Fonmaur (n. 163), à savoir « que l'arrestographie » égare, lorsqu'au lieu d'appliquer les arrêts aux prin- » cipes, on fonde les principes sur des arrêts. » Toutes les fois que sur un point fondamental la jurisprudence de la Cour de Cassation m'a paru fixée dans un sens opposé à celui que je propose, j'ai eu soin d'en avertir le lecteur et d'indiquer les motifs qui fondent cette jurisprudence. Les limites de mon plan

(1) Les n. 1 à 250 du présent ouvrage ont déjà été insérés, dans le *Répertoire périodique* de M. Garnier, aux art. 489, 546, 547, 589, 667, 697, 730, 763 et 779. La lenteur obligée de ce mode de publication est le seul motif qui m'ait amené à l'interrompre.

m'ont interdit les développements que comporte ce travail critique; j'en ai donné quelques échantillons; ailleurs, je me suis borné à de brèves indications, qui mettent le lecteur sur la voie des documents judiciaires ou administratifs, destinés à contrôler et souvent, sans doute, à corriger mes opinions.

Quelques personnes trouveront peut-être qu'il eût été plus utile et, en tous cas, plus modeste de s'en tenir à indiquer l'état de la jurisprudence de la Cour de Cassation, arbitre suprême de la perception, sans insister sur quelques thèses de doctrine qui paraissent définitivement condamnées dans la pratique. Telle est, par exemple, la théorie que j'ai soutenue sur les transactions (n. 317 et suiv.), et généralement sur les actes amiables portant reconnaissance d'une nullité (n. 245, 247). On tient peu de compte au Palais de l'opinion d'un écrivain isolé, et l'on attache avec raison plus d'autorité aux décisions émanées de la sagesse collective des Tribunaux. Il serait pourtant fort dangereux de borner l'enseignement à rechercher ce que les arrêts ont décidé. Cette méthode alimenterait le scepticisme et une complète indifférence en matière de principes rationnels. Une telle exposition d'ailleurs, toute froide et décolorée, ferait moins bien comprendre l'état de la jurisprudence, que ne fait la libre discussion. J'ai cherché, au surplus, dans ces discussions à mettre en saillie le nœud de la difficulté, car en maintes controverses il règne un malentendu fâcheux sur la position même de la question, et ce malentendu éclairci, le lecteur intelligent peut décider par lui-même.

Si ce livre vient à tomber entre les mains des jeunes aspirants à la carrière de l'enregistrement, je me permettrai de leur adresser un avertissement particulier. Avant tout, les préposés doivent obéissance aux instructions administratives ; ils n'ont donc pas à se préoccuper du bien fondé de telle ou telle décision ; quand ils en ont reçu la notification officielle, ils la doivent appliquer sous la responsabilité de leurs supérieurs hiérarchiques. Cette obéissance est essentielle à la marche des affaires, mais elle n'exclut pas le discernement scientifique. Pour quiconque veut se rendre compte à soi-même de chaque opération, il importe de reconnaître, d'une part, ce qui procède directement de la Loi et demeure immuable jusqu'à une abrogation formelle, et d'autre part, ce qui provient de l'interprétation judiciaire ou administrative et subit certains revirements. De cette façon, on prête à ses supérieurs une obéissance non moins complète, mais une obéissance raisonnée.

Puissent ces conseils être entendus, et ce livre être

ainsi de quelque utilité à une jeunesse studieuse, que j'ai toujours rencontrée dans les premiers rangs des élèves de la Faculté de Droit, et qui, dans une carrière importante, sert loyalement l'Etat, en gagnant tous ses chevrons par le travail !

Toulouse, 12 juin 1857.

ABRÉVIATIONS.

—

Cass. ou *Cassat.* Indique spécialement un arrêt de *cassation,* et non pas seulement en général un arrêt de la Cour de cassation.

Civ.-rej......... Arrêt de rejet de la chambre civile de la Cour de cassation.

C. com........ Code de commerce.

C. N........... Code Napoléon.

C. pr.......... Code de procédure civile.

Cf............ Conférez.

Cpr. ou *comp*... Comparez.

C. R........... *Traité des droits d'enregistrement*, etc., par MM. Championnière et Rigaud, 2e édition (1839).

Cont.......... *Le contrôleur de l'enregistrement*, par MM. Rigaud, Alexis Leroux et Joseph Camps.

Dall........... Jurisprudence générale de MM. Dalloz, au mot *Enregistrement*, tomes 21 et 22 de la dernière édition (1849 — 1850). Le collaborateur principal de MM. Dalloz, en cette partie, est M. Pont, docteur en droit, juge au tribunal de la Seine.

Délib.......... Délibération du conseil d'administration.

G............. M. Garnier.

N. B. Les citations des ouvrages de M. Garnier, sans autre indication, se réfèrent au *Répertoire général*.

I. G........... Instructions générales de M. le directeur-général de l'Administration de l'enregistrement et des domaines.

J. E.......... Journal de l'enregistrement.

J. N.......... Journal des notaires.

L. fr.......... Loi du 22 frimaire an 7.

N. B. Les articles de Lois, cités sans autre indication, se réfèrent à la Loi de frimaire.

L. vent........ Loi du 27 ventôse an IX.

L. 1816........ Loi du 28 avril 1816.

L. 1824........ Loi du 16 juin 1824.

*L.*1850........ Loi du 18 mai 1850.

Rép. gén....... *Répertoire général de l'enregistrement*, par M. Garnier.

Rép. pér....... *Répertoire périodique*, par le même.

Req........... Arrêt de rejet de la chambre des requêtes de la Cour de cassation.

Sol........... Solution de l'Administration.

TABLE ANALYTIQUE.

Numéros. Pages.

LOI DU 22 FRIMAIRE AN VII.

TITRE I.

De l'enregistrement, des droits et de leur application.

TITRE II.

Des valeurs sur lesquelles le droit proportionnel est assis, et de l'expertise.

PARTIE I.

Des opérations à titre onéreux.

Section I.

Section II.

Section III.

Section IV.

Section V.

Section I.

Section II.

Section III.

Section IV.

EXPOSITION RAISONNÉE

DES PRINCIPES

DE L'ENREGISTREMENT

EN FORME DE COMMENTAIRE

DE LA LOI DU 22 FRIMAIRE AN 7.

Notions générales.

1. Définition de l'Enregistrement.
2. Double but de la formalité.
3. Intérêt scientifique de la matière. — Sa connexité avec le Droit civil.
4. Du Timbre, et des droits de Greffe, d'Hypothèque et de Transcription.
5. Précédents historiques.
6. L'autorité de la doctrine ancienne ne doit être invoquée qu'avec discernement et mesure.
7. Lois anciennes, lois intermédiaires.
8. Lois modernes.

1. L'enregistrement est une formalité qui consiste dans la relation des actes et des mutations sur un registre à ce destiné par la loi.

2. Cette formalité a un double but :

I. Elle sert de contrôle au ministère des officiers rédacteurs des actes authentiques; elle confère date certaine aux actes sous seing privé. Par là l'Administration de l'enregistrement accomplit un service public dans l'intérêt des citoyens.

II. Elle est la base d'une contribution dont le produit monte, chaque année, en moyenne, à environ trois cents millions de francs.

Sous ce double rapport la matière appelle l'attention des hommes d'État, des magistrats, des officiers ministériels, et intéresse la généralité des citoyens.

3. Elle offre de plus au jurisconsulte un intérêt scientifique tout à fait particulier.

L'impôt étant assis sur la transmission de la propriété, la naissance et l'extinction des obligations, il faut recourir à la science pour constater ces faits purement juridiques. Ce n'est pas tout : la transmission de la propriété, la naissance et l'extinction des obligations procèdent de causes nombreuses, de *titres* variés, titre gratuit ou onéreux, titre de vente, d'échange, de société, etc. A chacun de ces titres divers est attaché un tarif spécial. Cependant chaque contrat n'est pas tellement enserré dans son cadre particulier que, par l'addition d'une clause *accidentelle*, il ne se rapproche plus ou moins d'un contrat voisin, sans pourtant se transformer entièrement, sans perdre encore sa *nature* propre. Si, au contraire, l'opération va contre l'*essence* du contrat dont elle a usurpé le nom, il faut démasquer la fraude et faire prévaloir la vérité sur l'apparence. A ce simple énoncé, on voit quel discernement exige la perception de l'impôt. C'est un travail d'analyse qui rappelle assez bien les procédés de la jurisprudence romaine, et il est remarquable que la matière de l'enregistrement prête aujourd'hui, plus que toute autre, à la méthode sévère et parfois même, je ne le cacherai pas, à la subtilité élégante des Paul et des Papinien. Aussi requiert-elle l'exercice de toutes les facultés du jurisconsulte. Loin que les règles de la perception découlent exclusivement des lois spéciales, il n'est pas une seule question fiscale qui ne suppose, au préalable, une question d'ordre purement civil; car si la loi fiscale fixe le tarif de l'impôt et en règle la liquidation, le Droit civil en détermine l'exigibilité. Dire que l'interprétation de la loi fiscale est étrangère aux principes du Droit civil, c'est dire qu'on peut tirer la conséquence d'un raisonnement sans en connaître les prémisses.

4. La matière de l'enregistrement touche en plusieurs points à d'autres impôts, qui sont le timbre, les droits de greffe, d'hypothèque et de transcription. Nous traiterons accessoirement de ces différents impôts en insistant sur celui de la transcription, qui, plus que tous les autres, est dans la dépendance du Droit civil.

5. Tous ces impôts ont leur racine dans les Coutumes et les anciennes lois françaises. Ils correspondent aux droits *casuels* des seigneurs, lods et ventes, quint, requint, relief, rachat, etc., et aux droits royaux de contrôle, insinuation, centième denier, etc.

Les droits seigneuriaux principalement ont exercé la pénétration de nos anciens jurisconsultes et de leur maître à tous, Dumoulin. « Ces droits, disait l'un d'eux (1), ont sans difficulté « l'avantage d'être la plus curieuse et la plus intéressante par- « tie du Droit. » Aussi ont-ils alimenté une des sources les plus abondantes de la littérature juridique. Ces travaux peuvent encore aujourd'hui être consultés avec fruit; ils ont puissamment inspiré un des plus beaux monuments de la doctrine moderne, le traité de MM. Championnière et Rigaud.

6. Mais l'autorité, en cette matière, doit être invoquée avec un grand discernement. Souvent le législateur ayant statué en vue de trancher certaines controverses, on va contre le but précis de la loi moderne en l'interprétant d'après l'autorité de la doctrine ancienne. Il faut surtout tenir grand compte du changement radical opéré dans la constitution de la société par l'abolition de la féodalité. Les lods et ventes et autres profits casuels des seigneurs pouvaient être considérés comme une émanation du droit de propriété (1); l'impôt de l'enregistrement est une émanation pure et simple du droit de souveraineté (2).

7. Quant aux anciennes lois constitutives des droits royaux (1), elles ont été formellement abrogées par la loi des

(5-1) Laplace, avocat au présidial de Périgueux, *Introduction aux droits seigneuriaux*. Paris 1749, in-12.

(6-1) C'est ainsi que les avait considérés l'Assemblée constituante. Voyez la loi du 15 mars 1790, titre III, art. 2. Sur cette loi et, en général, sur l'esprit et la portée des lois abolitives de la féodalité, il faut consulter l'*Histoire des principes, des institutions et des lois pendant la Révolution française*, par M. Laferrière. Ce petit volume est plein d'idées et de faits.

(6-2) V. la *Revue critique*, tome 6, page 295, et le *Répertoire périodique* de M. Garnier, art. 348.

(7-1) Edit de création d'un bureau de contrôle des actes extrajudiciaires en chaque siége royal. Blois, juin 1581. — Edit de décembre 1703, portant création des offices de greffiers des insinuations laïques. — Déclaration du 19 juillet 1704 en explication de l'édit du mois de décembre 1703. — Tarifs de 1722. — Voilà les principaux, mais non pas les seuls monuments de l'ancienne législation fiscale.

5-19 décembre 1790 qui, la première, a constitué l'impôt dont il s'agit sous le nom de *droit d'enregistrement*. Cette loi, qui comptait outre mesure sur le patriotisme des contribuables, sacrifia trop souvent l'intérêt du Trésor aux garanties des citoyens. Elle fut successivement modifiée par plusieurs actes postérieurs (2).

8. Enfin la loi de 1790 et toutes les lois intermédiaires ont été elles-mêmes abrogées par la loi du 22 frimaire an 7 (12 décembre 1798).

Depuis lors, plusieurs lois ont dérogé à la loi de frimaire, mais elles en ont maintenu les dispositions fondamentales. C'est donc aux textes de cette loi que nous rattacherons l'expression des principes généraux du Droit fiscal et l'explication des lois postérieures, car elle est restée jusqu'à ce jour la loi organique de la matière, et on l'a justement qualifiée le Code de l'enregistrement.

Loi sur l'Enregistrement (22 frimaire an 7)

TITRE PREMIER.

De l'Enregistrement, des droits et de leur application.

ARTICLE PREMIER.

Les droits d'enregistrement seront perçus d'après les bases et suivant les règles déterminées par la présente.

9. Règles générales sur l'interprétation des lois fiscales.
10. Organisation administrative de la perception.
11. Compétence judiciaire.
12. De la non-restitution des droits *perçus régulièrement*.

9. Le droit de propriété, corollaire du droit de liberté individuelle, est limité par le Prince, en vue de l'intérêt général. L'impôt est une application de ce pouvoir du Prince. La franchise des personnes et des choses subsiste néanmoins comme

(7-2) V. le détail de ces actes dans le *Répertoire* de MM. Dalloz, n. 23 et suiv., et remarquez surtout la loi du 9 vendémiaire an 6.

principe général. Il suit de là que l'impôt ne peut être perçu qu'en vertu d'une loi expresse, que les lois d'impôt doivent recevoir une interprétation stricte, et que le doute sur le sens de ces lois doit profiter aux citoyens.

Toutefois l'interprétation de la loi fiscale doit être raisonnable; or, il serait contraire à la raison de faire prévaloir la lettre sur l'esprit de la loi; il est donc nécessaire de rechercher dans les textes la volonté duLégislateur et « à cet effet de s'ai-« der des moyens que fournit l'art du raisonnement pour dé-« couvrir la vérité (1). »

Tout le monde est d'accord sur la généralité de ces principes; on ne débat que sur leur application. Pour nous, nous croyons inutile d'engager la discussion sur les règles abstraites de l'interprétation des lois. On jugera nos principes à l'œuvre dans le cours de ce commentaire.

10. L'impôt de l'enregistrement, à raison du caractère métaphysique des objets qu'il atteint, est d'une perception difficile. Plus que tout autre, il nécessite une bonne organisation administrative et une juridiction indépendante. Le système de la ferme des impôts, vicieux en toute matière (1), présente ici des inconvénients particuliers. L'application de ce système aux droits de *contrôle* et de *centième denier* a soulevé, au dix-huitième siècle, de justes réclamations. C'est à ce propos que Montesquieu, parlant « *d'une mauvaise sorte d'impôt* (2), » disait: « Nous parlerons, en passant, d'un impôt établi dans quel-« ques États sur les diverses clauses des contrats civils. Il faut, « pour se défendre du traitant, de grandes connaissances, ces « choses étant sujettes à des discussions subtiles. Pour lors, le « traitant, interprète des règlements du Prince, exerce un pou-« voir arbitraire sur les fortunes. » Malesherbes, dans ses remontrances au nom de la Cour des aides, en 1775, reprenait ces plaintes avec une nouvelle énergie : « Votre Majesté saura, »

(9-1) MM. Championnière et Rigaud, n. 39.

(10-1) V. Adam Smith, *Richesse des nations*, liv. 5, chap. 2, et le *Dictionnaire d'économie politique* de M. Guillaumin, v° *Fermiers généraux*. Ce système est aujourd'hui abandonné en toute matière, ainsi que nous le verrons dans le commentaire de l'art. 69, § 2, n. 3, de la loi de frimaire. V. aussi art. 394 du *Répertoire périodique*.

(10-2) Intitulé du chapitre 9, liv. 13 de l'*Esprit des lois*.

disait-il au roi, « que tous les droits de contrôle, d'insinuation, « de centième denier qui portent sur tous les actes passés entre « les citoyens, s'arbitrent suivant la fantaisie des fermiers ou « de leurs préposés; que les prétendues lois sur cette matière « sont si obscures et si incomplètes, que celui qui paye ne peut « jamais savoir ce qu'il doit, que souvent le préposé ne le sait « pas mieux, et qu'on se permet des interprétations plus ou « moins rigoureuses, suivant que le préposé est plus ou moins « avide; qu'il est notoire que tous ces droits ont eu sous un « fermier une extension qu'ils n'ont pas eue sous d'autres. « D'où il résulte évidemment que le fermier est le souverain « législateur dans les matières qui sont l'objet d'un intérêt « personnel : abus intolérable, et qui ne se serait jamais établi, « si ces droits étaient soumis à un tribunal, quel qu'il fût; car, « quand on a des juges, il faut bien avoir des lois fixes et cer- « taines (3). »

Le roi Louis XVI ne tarda pas à faire droit à ces remontrances. « Un arrêt du conseil du 9 janvier 1780 ordonna que « la perception, réunie à celle du domaine proprement dit, « serait confiée à une compagnie intéressée, formée sous le « nom *d'administration générale du domaine et des droits domaniaux*. « Ce mode d'administration était le plus avantageux qu'il pa- « rût possible d'établir alors; l'intérêt des administrateurs dans « les produits n'était pas assez grand pour qu'ils missent dans « la perception toute la rigueur dont on avait accusé les fer- « miers, et il l'était assez pour qu'ils veillassent à ce que le « Trésor ne perdît rien des droits qui lui étaient acquis (4). »

L'Assemblée constituante, en organisant la *Régie des droits d'enregistrement et autres y réunis* (5), et en la rattachant directement à l'État en qualité d'administration publique, maintint au fond le même système : elle attribua à la régie une remise générale à répartir entre tous ses préposés. Ce système de *régie intéressée* subsista jusqu'à l'ordonnance royale du 17 mai 1817. Depuis lors, un traitement fixe a été attribué aux employés supérieurs de l'Administration; les remises n'ont été conservées

(10-3) *Essai sur la vie, les écrits et les opinions de Malesherbes*, par le comte de Boissy d'Anglas, 1, 266; cité par M. Laferrière, *Cours de Droit public et administratif*, 3e édition, tome 2, page 222.
(10-4) MM. Dalloz, n. 48.
(10-5) Loi des 16 et 18-27 mai 1791.

qu'au premier degré de la hiérarchie, pour les receveurs (6).

Ainsi s'est perfectionnée successivement l'organisation administrative de la perception. Les fonctionnaires, chargés de statuer sur les réclamations *gracieuses* des citoyens (art. 63 L. frim.), n'ont d'autre stimulant que le zèle du bien public et le sentiment du devoir. Quant à l'intérêt personnel, ils n'en peuvent même pas être soupçonnés.

11. Pour ce qui est du contentieux, Malesherbes demandait un *tribunal quel qu'il fût*. Le législateur moderne a fait mieux : en attribuant la compétence aux tribunaux civils, il a donné aux citoyens la garantie des lumières et de l'indépendance de la magistrature.

Toutefois, devant les tribunaux de première instance, la plaidoirie n'est pas admise et les jugements sont sans appel; ils ne peuvent être attaqués que par voie de cassation (art. 65 L. frim.). Faut-il regretter que le législateur n'ait pas fait pleine concession de la procédure ordinaire ? Personnellement, nos habitudes judiciaires, nos souvenirs du barreau nous y porteraient volontiers ; mais nous reconnaissons que l'état actuel des choses offre aux citoyens toutes les garanties essentielles.

12. Mentionnons dès à présent un principe fondamental de la perception, ainsi formulé par l'article 60 de notre loi : « Tout « droit d'enregistrement *perçu régulièrement* en conformité de la « présente, ne pourra être restitué, quels que soient les événe« ments ultérieurs, sauf les cas prévus par la présente ; » ajoutez : et par les lois postérieures (V. notamment L. 28 avril 1816, art. 40; L. 3 mai 1841, art. 58, et L. 25 juin 1841, art. 14).

C'est une règle sévère, fondée sur l'intérêt général, qui modifie les déductions du Droit pur. Nous aurons à y revenir en maintes circonstances, et à en déterminer exactement la portée. Dès à présent, je crois que le principe de l'article 60 peut être

(10-6) « A partir de ce moment, disent MM. Dalloz (n. 52), l'administration « chargée de recouvrer l'impôt a cessé d'être une *régie*. » C'est aller trop loin, le mot *régie* n'implique pas l'idée d'une régie intéressée. Il faut dire avec M. Garnier (*Répertoire périodique*, art. 394) : « L'Administration de l'enregistrement « est une régie, mais cette expression est surannée et ne doit plus être em« ployée de nos jours. »

ramené à la proposition suivante : L'effet rétroactif, attribué par le Droit civil à la condition résolutoire et aux actions en nullité ou en rescision, est inapplicable au Droit fiscal, *en tant qu'il s'agit de la restitution de l'impôt.*

ARTICLE 2.

Les droits d'enregistrement sont *fixes* ou *proportionnels*, suivant la nature des actes et mutations qui y sont assujettis.

13. Distinction des *droits d'acte* et des *droits de mutation*.
14. Transition aux articles 3 et 4.

13. Un acte, c'est-à-dire ici un *acte instrumentaire*, est un écrit dressé en vue de faire preuve d'un fait juridique.

Certains faits juridiques n'encourent l'impôt qu'autant qu'ils sont constatés par acte. Dans ce cas, l'impôt est appelé *droit d'acte.*

D'autres sont imposés en eux-mêmes : à défaut d'acte, l'Administration peut les rechercher et en faire la preuve par d'autres moyens. Dans ce cas, l'impôt est appelé *droit de mutation* (1).

La loi de frimaire n'avait établi de droit de mutation que sur les transmissions par décès de meubles ou d'immeubles (V. art. 6, 28, 73 L. fr.). Mais la loi du 27 ventôse an 9 (art. 4) y a assujetti, en outre, les transmissions entre-vifs de propriété ou d'usufruit de biens immeubles. Nous donnerons le texte et l'explication de l'art. 4 de la loi de ventôse dans le commentaire de l'art. 12 de la loi de frimaire.

14. Une autre distinction est faite par notre article 2 à un autre point de vue : « Les droits sont fixes ou proportionnels. »

La théorie de cette distinction va être exposée sur les articles 3 et 4.

ARTICLE 3.

Le droit fixe s'applique aux actes, soit civils, soit judiciaires ou extrajudiciaires, qui ne contiennent ni obligation, ni libération, ni condamnation, ni collocation ou liquidation de sommes et valeurs, ni

(13-1) V. au surplus le *Répertoire général* de M. Garnier, n. 226.

transmission de propriété, d'usufruit ou de jouissance de biens meubles ou immeubles.

Il est perçu aux taux réglés par l'article 68 de la présente.

ARTICLE 4.

Le droit proportionnel est établi pour les obligations, libérations, condamnations, collocations ou liquidations de sommes et valeurs, et pour toute transmission de propriété, d'usufruit ou de jouissance de biens meubles et immeubles, soit entre-vifs, soit par décès.

Ses quotités sont fixées par l'article 69 ci-après.

Il est assis sur les valeurs.

SECTION I.

15. Définition des actes *civils*, — *judiciaires*, — *extrajudiciaires*.
16. Actes *nommés*, — *innomés*.
17. Complication introduite dans la matière des actes innomés par la loi du 18 mai 1850 (art. 8).
18. Des actes administratifs.
19. Règle générale sur l'exigibilité du droit fixe.
20. Trois chefs principaux d'exigibilité du droit proportionnel.
21. PREMIER CHEF : Transmission de la propriété, de l'usufruit, de la jouissance.
21 *bis*. *Quid* des servitudes, de l'usage et de l'habitation ?
22. DEUXIÈME CHEF : Obligation et libération *de sommes et valeurs*.
23. TROISIÈME CHEF : Condamnation, collocation ou liquidation *judiciaire* de sommes et valeurs.
23 *bis*. En quoi notre théorie s'éloigne des systèmes les plus autorisés.
24. Droits fixes, — proportionnels ; droits d'acte, — de mutation. Combinaison de ces deux classifications distinctes.
25. Le droit fixe est-il un impôt ?
26. Du double décime.
27. Les art. 68 et 69 sont le complément indispensable des art. 3 et 4.
28. Le droit proportionnel *est assis sur les valeurs*. Qu'est-ce à dire ?
29. Transition à la section II.

15. *Actes civils :* ce sont les actes sous seing privé et la plupart des actes notariés ; plus généralement, ce sont tous les actes amiables d'un intérêt privé.

Actes judiciaires : ce sont les actes dressés par le juge, avec ou sans l'assistance du greffier ; même les actes du greffe dressés par le greffier seul. Ce sont encore certains actes des avoués (1), comme un cahier des charges (art. 690, 957 C. Pr.), un acte de produit (art. 660, 754 C. Pr.).

Actes extrajudiciaires : dans le langage de la loi fiscale (2), cette locution comprend tous les actes des huissiers et les actes analogues de certains officiers ministériels, comme les commissaires-priseurs et les gardes du commerce.

La plupart des actes notariés, avons-nous dit, sont des actes civils ; mais il y a lieu de considérer comme judiciaires les actes du notaire commis par justice (art. 957, 977 C. Pr.), et comme actes extrajudiciaires les actes respectueux pour le mariage (art. 154 C. N.) et les protêts rédigés par les notaires (art. 173 C. Com.). En effet, pour établir une classification il semble raisonnable de s'attacher plutôt à la nature intrinsèque de l'acte qu'au caractère de l'officier rédacteur.

Nous signalerons tout à l'heure (n. **17**) l'intérêt pratique de cette observation.

16. Quoi qu'il en soit, tous les actes, soit civils, soit judiciaires, soit extrajudiciaires, sont, à moins d'exemption formelle, assujettis à l'impôt. (V. au surplus art. 22, 23 L. frim., et art. 57 L. 1816.)

L'acte est-il *nommé*, c'est-à-dire prévu et défini par la loi fiscale, il encourt la disposition du tarif qui lui est relative. Le droit d'ailleurs est fixe ou proportionnel, suivant les circonstances.

L'acte est-il *innomé*, c'est-à-dire non expressément tarifé, il encourt néanmoins l'impôt, mais il n'est jamais passible que d'un droit fixe.

17. Le droit à percevoir sur les actes innomés était fixé uniformément à un franc par la loi de frimaire (art. 68, § 1, n. 51). La loi du 18 mai 1850 (art. 8) l'a élevé à deux francs pour les actes civils et administratifs. En désignant ces deux catégories d'actes, la loi a par cela même laissé les deux autres

(**15**-1) En général, les actes des avoués ne sont pas soumis à l'enregistrement, parce qu'ils sont complétés par un acte du juge, du greffier ou de l'huissier.

(**15**-2) Dans le langage ordinaire de la procédure, on entend par acte extrajudiciaire celui qui ne tend pas à conduire les parties devant le juge. On n'applique pas cette qualification à l'exploit d'ajournement. (V. art. 318 C. Nap. et même art. 57 L. 1816.)

in statu quo ante, et, par conséquent, les actes innomés judiciaires ou extrajudiciaires restent soumis au tarif ancien.

D'après la distinction que nous avons faite à l'égard des actes notariés, les cahiers d'enchères rédigés par un notaire commis par justice doivent rester soumis au droit fixe d'un franc. La raison en est que ce sont des actes innomés et que ce ne sont pas des actes civils (1).

En résumé, tout acte quelconque d'un intérêt privé est soumis à l'enregistrement, à moins d'exemption formelle.

18. Le principe est diamétralement contraire à l'égard des *actes administratifs*. En règle générale, ces actes sont exempts de l'enregistrement; ils n'y sont soumis que par exception. (V. art. 70, § 3, L. frim.; art. 80 L. 15 mai 1818.) Ces exceptions sont nombreuses, mais elles ne détruisent pas la règle (1).

Nous parlerons ultérieurement des actes administratifs, en traitant des personnes publiques dans leur rapport avec les lois de l'enregistrement. (V. le commentaire de l'art. 70.) Pour le moment, bornons-nous au Droit privé.

19. De la théorie des actes innomés il suit que tout acte civil, judiciaire ou extrajudiciaire, encourt un droit fixe, par cela seul qu'il n'est pas expressément soumis à un droit proportionnel. De là, la formule négative donnée par la loi de frimaire (art. 3) à la règle générale sur l'exigibilité du droit fixe. Les articles 3 et 4 étant la contre-partie l'un de l'autre, il nous suffira de développer, en suivant l'article 4, la règle générale sur l'exigibilité du droit proportionnel.

20. L'énumération, donnée par la loi, des faits juridiques

(17-1) Quant au protêt notarié, c'est un acte nommé, depuis la loi du 24 mai 1834 (art. 23), qui l'a assujetti au droit fixe de deux francs. Un décret du gouvernement provisoire du 23 mars 1848, demeuré en vigueur, a réduit ce droit à un franc. Le droit d'un franc est donc seul exigible aujourd'hui, car on ne peut considérer un protêt comme un acte civil. — Les documents cités par MM. Dalloz (n. 4964) ne contrarient nullement ma doctrine; il s'agit d'une question toute différente, sur laquelle je reviendrai dans le commentaire de l'article 20.

(18-1) MM. Dalloz (n. 799) citent en sens contraire l'instruction 765 (13 février 1817); mais cette instruction a perdu toute valeur depuis la loi du 15 mai 1818.

qui encourent le droit proportionnel, peut être ramenée aux trois chefs suivants :

I. Transmission de Propriété, d'Usufruit, de Jouissance de biens meubles et immeubles ;
II. Obligation ou Libération de sommes et valeurs ;
III. Condamnation, Collocation ou Liquidation *judiciaire* de sommes et valeurs.

21. Premier chef. « La propriété est le droit de jouir et « disposer des choses de la manière la plus absolue, pourvu « qu'on n'en fasse pas un usage prohibé par les lois ou par les « règlements. » (Art. 544 C. N.)

« L'usufruit est le droit de jouir des choses dont un autre a « la propriété, comme le propriétaire lui-même, mais à la « charge d'en conserver la substance. » (Art. 578 C. N.)

Quant au mot *jouissance*, il n'est pas défini par le Code civil, mais il est souvent employé par ce Code, conformément à son acception vulgaire, comme un terme général comprenant, outre l'usufruit, les droits d'usage et d'habitation (art. 543 C. N.), le droit du locataire et du fermier (art. 1709 C. N.), le droit de l'antichrésiste (art. 2087 C. N.).

La loi de frimaire, qui oppose l'usufruit à la jouissance, prend ce dernier terme dans un sens restreint, comprenant seulement la jouissance à titre de ferme, de location et d'engagement. (V. art. 13, 14, 15 L. frim.)

21 *bis*. Il paraît s'ensuivre que la constitution des servitudes et celle des droits d'usage et d'habitation échappent au droit proportionnel ; car si la constitution d'une servitude ou d'un droit d'habitation opère transmission d'un droit immobilier (art. 526, 625 C. N.), elle ne transmet cependant ni la propriété, ni l'usufruit, ni même, dans le sens de la loi fiscale, la jouissance du fonds (1).

Cependant la jurisprudence est fixée en sens contraire, et l'on applique, par analogie, à toute transmission d'un droit immobilier l'impôt établi déterminément par la loi pour la transmission de la propriété ou de l'usufruit d'un immeuble.

(21 *bis*-1) En ce sens, MM. Championnière et Rigaud, n. 2582, 2589.

22. DEUXIÈME CHEF. Ce n'est pas toute obligation ou libération qui est imposée au droit proportionnel, mais seulement les obligations ou libérations *de sommes et valeurs*. Cette expression *sommes et valeurs* est fréquente dans la loi fiscale ; il importe de la définir.

Le mot *somme* désigne une quantité d'espèces monétaires.

Le mot *valeur* désigne les choses fongibles, c'est-à-dire celles qui, dans l'usage, s'apprécient au compte, au poids et à la mesure, comme le blé, le vin, l'huile, etc. Ces sortes de choses, à raison de la facilité de leur échange, s'apprécient aisément en argent ; dans les stipulations, elles peuvent, comme la monnaie, jouer le rôle de mesure et d'équivalent (1). Il y avait donc lieu, en général, d'assimiler les conventions ayant pour objet des valeurs aux stipulations de sommes d'argent (comparez art. 1326 C. N.).

Les obligations et libérations de sommes et valeurs ne sont pas étrangères à l'idée de transmission de propriété. L'emprunteur, par exemple, acquiert la propriété des deniers qui lui sont versés et se libère par la transmission d'autres deniers (2). On peut donc, jusqu'à un certain point, faire rentrer l'un dans l'autre les deux premiers chefs d'exigibilité du droit proportionnel et les comprendre dans une catégorie générale sous le nom de titres *translatifs* ou *attributifs* (3).

23. TROISIÈME CHEF. Mais aucune réduction n'est possible quant au troisième chef, c'est-à-dire quant aux condamnations, collocations ou liquidations judiciaires. Il faut donc le considérer comme un chef d'exigibilité tout à fait spécial et entièrement distinct des deux précédents.

D'une part, en effet, les jugements, en général, sont des actes purement *déclaratifs* (1) ; et, d'autre part, le droit de con-

(22-1) « La monnaie, » dit M. Michel Chevalier, « est un instrument qui dans les échanges sert de mesure, et par lui-même est un équivalent. » *Dictionnaire d'économie politique*, v° *Monnaie*.

(22-2) Voyez la controverse entre Saumaise et Pothier, et l'élégant résumé qu'en donne M. Duvergier. (Saumaise, *de Usuris*, cap. 8. — Pothier, *Prêt de consomption*, n. 8-12 ; M. Duvergier, *du Prêt à intérêt*, n. 7 et 145.)

(22-3) Voyez M. Laferrière, *Cours de droit public et administratif*, 3e édition, tome 2, page 232.

(23-1) V. sur la portée et la limitation de ce principe la théorie clairement exposée par M. Mourlon, *Répétitions écrites*, tome 3, sur l'article 1443 C. N.

damnation est indépendant du droit perçu ou à percevoir sur le titre litigieux. (V. *infrà* nos explications sur l'art. 14, n. 10, et sur l'art. 69, § 2, n. 9.) On ne peut donc ici rattacher l'impôt ni à l'idée de transmission, ni à l'idée d'obligation; car le jugement portant condamnation de sommes ou valeurs n'opère aucune transmission ; et quant à l'obligation du débiteur condamné, il la sanctionne, mais il ne la crée pas. En somme, on ne peut expliquer rationnellement le droit de condamnation qu'en le considérant comme une rémunération du service judiciaire.

La même considération est applicable aux actes judiciaires, portant *collocation* ou *liquidation* (deux termes à peu près synonymes et qu'il ne nous importe pas de distinguer. Comparez art. 523, 543, 660, 665, 759 C. P.). L'intervention de la justice étant rendue nécessaire par le défaut d'accord des parties (V. articles 657, 750 C. Pr.), l'impôt ne peut s'expliquer que par l'idée de rémunération du service judiciaire, car il est clair qu'un acte de collocation ou de liquidation n'opère ni transmission ni obligation nouvelle.

Quant aux collocations ou liquidations amiables, le droit proportionnel manquerait de base en théorie; mais ce qui est beaucoup plus péremptoire, la loi ne l'a pas établi. La disposition du tarif, spéciale aux *jugements, portant collocation ou liquidation* (art. 69, § 2, n. 9), explique et restreint en ce sens la généralité des termes de l'art. 4 (2).

23 *bis*. Généralement on présente la théorie d'une manière plus simple. Le droit proportionnel, dit-on, atteint les actes translatifs; le droit fixe, les actes déclaratifs.

Cette formule ne tient pas compte du caractère particulier du droit de condamnation; elle prête, en outre, à certaines exagérations systématiques relativement à l'obligation de sommes. (V. *infrà*, sur l'art. 14, n. 2, et l'art. 69, § 3, n. 3.) Celle que je propose me paraît plus conforme à la lettre et à l'économie générale de la loi.

24. La division des droits en fixes et proportionnels forme une classification distincte de la division précédemment indi-

(23-2) En ce sens, Civ.-Rej. 17 mars 1830 (Dall., n. 116). Cet arrêt ne dédaigne pas d'entrer dans les considérations théoriques que nous venons d'exposer.

quée (*suprà*, n. 13) entre les droits d'acte et les droits de mutation. Ces deux divisions se combinent ainsi :

Tous les droits fixes sont des droits d'acte.

Mais réciproquement tous les droits proportionnels ne sont pas des droits de mutation.

Parmi les droits proportionnels, sont droits de mutation ceux qui frappent : 1° les transmissions par décès de meubles ou d'immeubles ; 2° parmi les transmissions entre-vifs, les transmissions immobilières de propriété ou d'usufruit.

Tous les autres droits proportionnels sont des droits d'acte ; ils sont donc exigibles seulement sur un écrit dressé en vue de faire preuve et faisant titre de la transmission ou de l'obligation (1).

25. On dit souvent : le droit fixe est le salaire de la formalité, le droit proportionnel seul est un impôt. Cette idée était celle des rédacteurs du projet qui a abouti à la loi de frimaire. Si elle eût été adoptée, elle eût amené l'établissement d'un droit fixe uniforme, car la « formalité ayant le même caractère « à l'égard de tous les actes non susceptibles du droit propor- « tionnel, il n'y a, généralement parlant, aucune raison de la « faire payer plus cher pour un acte que pour un autre (1). » Mais cette idée, à laquelle les rédacteurs du projet apportaient eux-mêmes quelques exceptions, n'a pas prévalu. La loi de frimaire a établi diverses catégories de droits fixes, variant entre un franc et vingt-cinq francs. Les lois postérieures, en opérant quelques dégrèvements sur certains actes, ont sur d'autres considérablement augmenté les droits fixes. Aujourd'hui ces droits varient entre un minimum de dix centimes (2) et un maximum de trois mille francs (3). Il faut donc reconnaître qu'outre le salaire de la formalité, les droits fixes, pour la plus grande partie, sont eux-mêmes un impôt.

(24-1) Je fais toute réserve quant à la transmission de jouissance immobilière (art. 15 L. frim.) et quant aux dons manuels (L. 18 mai 1850, art. 6). Il y a là deux situations mixtes que nous définirons soigneusement.

(25-1) Rapport de Duchâtel au conseil des Cinq-Cents, n. 7 (Dalloz, n. 27).

(25-2) V. décret du 28 février 1852, art. 14, relativement aux lettres de gage des sociétés de crédit foncier. *Adde* décret du 31 décembre 1852 et loi du 10 juin 1853.

(25-3) Collation du titre de duc. L. 28 avril 1816, art. 55.

26. Les quotités primitives des droits fixes sont réglées par l'art. 68 de la loi de frimaire; celles des droits proportionnels par l'art. 69.

Indépendamment des variations introduites dans le tarif par les lois postérieures, il faut ajouter deux dixièmes à chacune des quotités exprimées. Le premier, établi par la loi du 11 prairial an 6 à titre de subvention extraordinaire de guerre, a été constamment maintenu par les lois annuelles de finances. Le second vient d'être établi jusqu'au 1er janvier 1858 par la loi du 14 juillet 1855.

L'addition de ces deux dixièmes devra toujours être sous-entendue dans l'énonciation que nous ferons de la quotité d'un droit. Cette observation faite une fois pour toutes, nous n'y reviendrons pas.

27. Les articles 68 et 69 sont le complément indispensable des articles 3 et 4. Il ne suffit pas que le législateur décide en principe que tel acte encourt soit un droit fixe, soit un droit proportionnel : il faut qu'il détermine quel est ce droit fixe, quel est ce droit proportionnel. A défaut d'une détermination expresse, l'acte subit, comme acte innomé, le droit fixe d'un franc ou de deux francs, suivant son caractère (*suprà*, n. 17).

Nous avons déjà vu, à propos des collocations, un exemple de la combinaison de ces textes (*suprà*, n. 23).

28. Pour les droits fixes, le travail du législateur se borne à en régler le taux, un franc, deux francs, etc. Mais pour les droits proportionnels, il y a quelque chose de plus à faire. « Ces droits sont établis dans le rapport d'une somme à cent « francs, savoir : un franc par cent francs, deux francs par « cent francs (etc.); c'est-à-dire que le contribuable devra « payer autant de fois un franc ou deux francs que l'ob- « jet imposé vaudra de fois cent francs; c'est en cela que le « droit est proportionnel (1). » Quand on sait à quelle disposition du tarif l'acte ou la mutation se rapporte, et par suite à quel taux le droit sera calculé, on ne sait pas encore à quelles sommes cette proportion s'applique, de quel capital on devra prendre un, deux, quatre, cinq et demi pour cent. Il reste à

(28-1) MM. Championnière et Rigaud, n. 29.

liquider le droit proportionnel; le mot est aujourd'hui consacré en doctrine (2).

L'article 4 fait allusion à cette seconde partie des éléments nécessaires à l'établissement du droit proportionnel. Ce droit, dit-il, « *est assis sur les valeurs.* » Cette disposition contient l'annonce du sujet traité par le titre II de notre loi, dont la rubrique est ainsi conçue : « Des valeurs sur lesquelles le droit pro« portionnel est assis. » Elle n'a pas d'autre portée. Suivant moi, elle ne préjuge en aucune façon la question de savoir si les biens transmis sont affectés *réellement* à la créance du Trésor; en d'autres termes : si et jusqu'à quel point l'Administration de l'enregistrement peut prétendre un privilége pour le recouvrement de l'impôt (3). Cette grave question sera examinée en temps et lieu.

29. Ici se termine le commentaire proprement dit des articles 3 et 4. Mais ces articles contenant l'exposé du système de la loi dans son ensemble, c'est le lieu de formuler dès à présent deux théories générales qui dominent toute la perception, la théorie des conditions et celle des nullités. C'est ce que nous allons faire dans la section II.

(28-2) Voyez MM. Championnière et Rigaud, n. 3141 bis.

(28-3) V. en sens contraire le *Répertoire périodique*, art. 348, page 54. Tout en persistant dans une doctrine opposée quant au fond à celle de M. Garnier (V. le *Droit* du 4 avril 1855 et la *Revue critique*, tome 6, page 295), je reconnais volontiers que cet article, plein de modération et d'un grand sens pratique, place la question sur son véritable terrain et dégage la controverse des dangereux arguments invoqués devant la Cour impériale de Paris dans la discussion qui a précédé l'un des arrêts du 13 mars 1855. — Disons, en passant, comment une affaire d'enregistrement a pu être plaidée devant une Cour impériale, nonobstant l'art. 65 L. frim. (*suprà*, n. 11). Toute question de privilége suppose le concours de plusieurs créanciers d'une même personne et ne peut être vidée qu'en présence de tous. La circonstance que l'Administration de l'enregistrement est au nombre des créanciers ne peut enlever aux autres le bénéfice du droit commun. Voilà comment l'Administration, ne se trouvant plus seule en présence du débiteur de l'impôt, se trouve accidentellement soumise à la procédure orale et aux deux degrés de juridiction.

SECTION II.

§ 1.

De la condition en général.

30-32. Définition. — Effet rétroactif.

§§ 1.

Condition suspensive.

33. Perception du droit fixe sur l'acte affecté d'une condition suspensive.
34. Événement de la condition. — Perception du droit proportionnel.
35. Le droit fixe n'est pas restitué;
36. — ni imputé sur le droit proportionnel.
37. Résumé.
38-40. Exemples. — Contrat de mariage. — Transmission d'offices, loi du 25 juin 1841.

§§ 2.

Condition résolutoire.

41. Perception immédiate du droit proportionnel.
42. Événement de la condition. — Non-restitution du droit proportionnel.— Effet rétroactif de la résolution.
43. *Quid* si à l'événement de la condition résolutoire, le droit proportionnel n'est pas encore perçu?
44. Objection.
45. Conclusions subsidiaires.

§§ 3.

Autres divisions des conditions.

46. Conditions casuelles, potestatives ou mixtes ;—possibles ou impossibles; — licites ou illicites.

§ 2.

Des nullités.

47. Imperfection du langage juridique, en cette matière.
48. Définition de la nullité absolue;
49. — de la nullité relative.
50. La nullité *de plein droit* peut être relative, et à l'inverse, la nullité, pour être absolue, n'est pas *de plein droit*.
51. Règlement de la perception. — Division du sujet.

§ 1.

De la condition en général.

30. La condition est une clause accessoire d'une convention, par laquelle les parties font dépendre d'un fait futur et incertain soit la naissance, soit l'extinction d'un droit réel ou d'une obligation (Cpr. art. 1168 C. N.).

Dans le premier cas, la condition est dite *suspensive* (art. 1181 C. N.).

Dans le second cas, elle est dite *résolutoire* (art. 1183 C. N.).

31. Suspensive ou résolutoire, « la condition accomplie a « un effet rétroactif au jour où l'engagement a été contracté « (art. 1179 C. N.). » Ainsi, par exemple, l'acheteur d'un fonds sous condition suspensive ne devient vraiment propriétaire qu'à partir de l'accomplissement de la condition ; mais, par la fiction de la loi, il est censé l'avoir été du jour du contrat. L'acheteur sous condition résolutoire a été vraiment propriétaire *pendente conditione;* mais la condition accomplie, il est censé ne l'avoir jamais été.

32. Tels sont les principes généraux du Droit civil. Voyons jusqu'à quel point ces principes régissent la perception de l'impôt.

§§ 1.

Condition suspensive.

33. L'acte, affecté d'une condition suspensive, ne donne ouverture au droit proportionnel qu'à l'événement de la condition. Jusqu'alors, en effet, l'acte, n'opérant encore ni transmission ni obligation, n'est passible que d'un droit fixe comme acte innomé.

34. Arrivant l'événement de la condition, le droit proportionnel est exigible sur l'acte originaire qui, par l'effet rétroactif de la condition, devient la base de l'impôt (1). Conséquemment la perception doit être faite d'après le tarif en vigueur au jour où cet acte a acquis date certaine (art. 2 et 1328 C. N., argument de l'art. 9 L. 18 mai 1850, nonobst. L. 27 ventôse an 9, art. 1).

35. Puisque, par événement, l'opération aboutit à un acte nommé, y a-t-il lieu à la restitution du droit fixe, perçu à l'origine sur l'acte considéré comme innomé? Le principe de la rétroactivité de la condition amènerait cette conséquence, mais la règle de l'article 60 la repousse (*suprà*, n. 12). Le droit fixe a été régulièrement perçu à l'origine; donc l'événement ultérieur de la condition n'en autorise pas la restitution.

36. On ne doit pas davantage admettre l'imputation de ce droit fixe sur le droit proportionnel. Toute imputation d'un droit perçu sur un droit à percevoir équivaut à restitution du premier. L'imputation ne doit donc être admise que dans les cas où la restitution elle-même pourrait l'être (1).

37. Sauf la non-restitution du droit fixe, nos solutions se déduisent purement et simplement des principes du Droit civil. Cependant aucun texte de la loi n'a réglé la situation d'une manière générale; mais il suffit du silence de la loi fiscale pour que les principes du Droit civil conservent leur empire. Prenons des exemples :

(34-1) V. le *Répertoire général*, 3545.

(36-1) *Répertoire général*, 3286.

38. Toutes les conventions matrimoniales sont implicitement subordonnées à la condition suspensive *si nuptiæ fuerint secutæ*. Donc elles ne donnent ouverture au droit proportionnel qu'à partir de la célébration du mariage devant l'officier de l'état civil. Cependant la pratique est contraire : l'Administration perçoit immédiatement le droit proportionnel sur le contrat de mariage, et le restitue en cas de rupture du mariage projeté. Restituer le droit proportionnel, c'est reconnaître que la perception n'en a pas été régulière *ab initio*. Au fond, cette pratique confirme le système que nous avons exposé et qui n'est d'ailleurs aucunement contesté en théorie (1).

39. De même le contrat de transmission d'un office est nécessairement subordonné à la condition expresse ou tacite que le Gouvernement agréera le cessionnaire, présenté par le cédant. Tant que la question est restée dans le domaine de l'interprétation doctrinale, on concluait de là que le droit proportionnel ne pouvait être perçu sur l'acte de transmission avant la nomination du cessionnaire de l'office (1). Mais aujourd'hui la situation est réglée par la loi du 25 juin 1841 (art. 6 et 13) : le droit proportionnel est perçu sur le traité, et la restitution en est faite *toutes les fois que la transmission n'est pas suivie d'effet*.

40. Le système de cette loi simplifie et assure la perception ; il serait à désirer que le législateur en généralisât l'application. Mais, dans l'état, il ne peut être étendu par l'interprétation doctrinale en dehors du cas littéralement prévu par la loi (1).

§§ 2.

Condition résolutoire.

41. L'acte, affecté d'une condition résolutoire, opère actuellement transmission ou obligation. Le contrat est pur et simple ; c'est la résolution du contrat qui est conditionnelle.

(38-1) Cpr. *Rép. gén.*, 3521 et 3535-4.

(39-1) Req. 24 février 1835 (*Rép. gén.*, 3522).

(40-1) Voyez *Rép. gén.*, 3521.

C'est le cas de dire, avec le jurisconsulte romain : « *Magis est* « *ut sub conditione resolvi emptio, quam sub conditione contrahi* « *videatur* (1). »

Il suit de là que le droit proportionnel est immédiatement exigible.

42. Arrivant l'événement ultérieur de la résolution, le contrat est censé non avenu ; l'acheteur, par exemple, est censé n'avoir jamais été propriétaire de la chose vendue. La condition résolutoire rétroagit, même au préjudice des tiers (art. 2125 C. N.). Mais, en tant qu'il s'agit de la restitution de l'impôt, l'effet rétroactif n'est pas opposable à l'Administration (art. 60 L. fr.). Il l'est d'ailleurs à tout autre égard : conséquemment le vendeur, restauré dans son domaine, n'y vient pas comme successeur de l'acheteur dont le titre est résolu ; il y rentre par l'énergie d'un droit antérieur, *ex causa primæva et antiqua*, sans acquitter aucun droit de mutation (1).

43. Jusque-là ces règles sont certaines. Voici où commence la controverse :

Lorsqu'à l'événement de la condition résolutoire le droit proportionnel n'est pas encore perçu, y a-t-il encore matière à perception ?

Je crois qu'il faut dire non d'une manière générale, et cela quand même le délai légal de l'enregistrement serait expiré, le double droit encouru, la contrainte décernée. La raison pour le décider ainsi est que la loi fiscale dénie effet rétroactif à la condition résolutoire, seulement quant à la restitution du droit effectivement perçu ; sauf ce cas, l'effet rétroactif est opposable à l'Administration, comme à tout autre tiers. La circonstance de la poursuite commencée ne modifie pas ce résultat, mais autorise seulement l'Administration à recouvrer les frais de la procédure (1).

(41-1) Ulpien, Loi 1, D., *de Lege commissoria* (XVIII, 3).

(42-1) En traitant de la vente, nous expliquerons comment l'exercice du retrait de réméré, en temps utile, donne ouverture au droit proportionnel de libération (art. 69, § 2, n. 11).

(43-1) On peut invoquer, par analogie, à l'appui de cette doctrine un arrêt de la Cour de cassation du 15 mars 1854 (*Rép. pér.*, 104, où cet arrêt est d'ail-

Vainement on a prétendu, dans un cas analogue (2), que « s'abstenir d'exiger, ce serait en quelque sorte faire la même « chose que restituer; » il faut répondre, avec le Conseil d'administration (3), qu'après la résolution de l'acte qui donnait ouverture au droit proportionnel, « il n'existe plus ni cause, ni base de perception. »

44. On peut objecter contre cette doctrine, que le contribuable se trouve ainsi rendre sa condition meilleure par une infraction à la loi. Mais cette considération n'est ici d'aucun poids. Les infractions à la loi fiscale sont de la nature des *contraventions*, dont la peine est encourue, ou non, indépendamment de la bonne foi ou de la culpabilité des citoyens, en vertu de l'enchaînement logique des principes du Droit. Or ici je crois avoir démontré que la logique pure conduit à la non-exigibilité de l'impôt.

45. Si pourtant on admet l'objection, il faut au moins concéder subsidiairement que, la résolution arrivant pendant le délai légal de l'enregistrement, le droit proportionnel n'est pas exigible sur l'acte résolu (1). Cependant la jurisprudence évite de consacrer, en thèse générale, même cette proposition subsidiaire. En fait, elle arrive souvent au même résultat par un détour, en considérant comme suspensive toute condition résolutoire à bref délai (2). Nous ne croyons pas ce tempérament acceptable et nous persistons, tout au moins, dans nos conclusions subsidiaires.

leurs fortement combattu), et un autre arrêt du 28 août 1854 (*Rép. pér.*, 194). M. Garnier revient sur la question au n. 327 du *Rép. pér.*, à propos d'une espèce qui est, suivant moi, bien différente des deux premières. J'éclaircirai ce point en traitant de la folle-enchère.

(**43**-2) V. la délibération du 7 décembre 1832, approuvée le 11 (Dalloz, 5361). Il s'agissait, dans l'espèce, d'une sentence arbitrale infirmée sur appel.

(**43**-3) Délibération précitée.

(**45**-1) En ce sens, délib. 24 juillet 1819 (Dall., 4968), et Cass., 23 février 1820 (Championnière et Rigaud, 2144).

(**45**-2) V. notamment Civ.-rej., 9 juillet 1855 (*Rép. pér.*, 446) et le *Rép. gén.*, 1099.

§§ 3.

Autres divisions des conditions.

46. A d'autres points de vue, les conditions se distinguent en *casuelles*, *potestatives* ou *mixtes* (art. 1169-1171 C. N.); *possibles* ou *impossibles; licites* ou *illicites* (art. 900, 1172 C. N.). Voici l'intérêt de ces distinctions : aux termes de l'art. 1172 C. N., dans les contrats à titre onéreux, « Toute condition d'une « chose impossible, ou contraire aux bonnes mœurs, ou pro- « hibée par la loi, est nulle, et rend nulle la convention qui « en dépend. » D'après l'article 1174 C. N., « Toute obliga- « tion est nulle lorsqu'elle est contractée sous une condition « potestative de la part de celui qui s'oblige. »

Dans ces différents cas, la condition annulant l'opération pour le tout, il y a lieu d'appliquer la théorie des nullités. (V. *infrà*, n. **48** *bis*.)

§ 2.

Des nullités.

47. La difficulté proverbiale de la matière, au point de vue de l'enregistrement, est notablement augmentée par l'imperfection du langage juridique relativement aux nullités, en général. Nullité absolue, nullité relative ; — nullité de plein droit, nullité par voie d'action ; — nullité radicale; tous ces mots se rencontrent dans le texte des lois, dans la rédaction des arrêts et dans les écrits des jurisconsultes, sans qu'il y ait accord sur leur véritable portée. Nous devons donc préalablement établir notre nomenclature.

48. J'appelle *nullité absolue* le vice qui entache une opération de telle sorte qu'aucun droit n'en peut jamais résulter pour personne. Telle serait la vente d'un homme, d'un siége de magistrature, d'un grade militaire, d'une succession future.

Suivons ce dernier exemple.

La nullité de la vente d'une succession future peut être invoquée par le vendeur et l'acheteur. Elle peut l'être après comme avant l'ouverture de la succession. Elle n'est couverte par aucun laps de temps (1). Vainement on objecterait que si l'acheteur a possédé pendant trente ans, il est devenu propriétaire des choses héréditaires. Ces choses, il ne les a pas acquises à titre de vente, mais par la seule énergie de la possession trentenaire, comme pourrait faire un voleur, un *prædo*. La prescription trentenaire devient par elle-même un titre d'acquisition; elle ne confirme pas le titre de la vente primitive. Cette vente est donc vraiment nulle, nulle dans le sens étymologique du mot, *nulla est venditio*, il n'y a pas vente, car l'opération manque d'un élément essentiel à la formation de ce contrat : une chose vénale.

48 *bis*. Il faut raisonner de même dans le cas d'une condition impossible ou illicite, et dans le cas d'une condition purement potestative de la part du soi-disant débiteur (*suprà*, n. **46**). Dans le premier cas, la nature des choses ou la loi paralysant la convention, cette convention est comme non avenue; dans le second cas, la convention n'est même pas formée, puisque le soi-disant débiteur s'est réservé toute sa liberté. Dans les deux cas, il y a donc nullité absolue.

49. J'appelle *nullité relative* le vice qui peut être invoqué seulement par certaines personnes et pendant un certain temps. Par l'inaction de ces personnes pendant le temps réglé, ou par leur ratification expresse le vice est purgé, l'opération confirmée. Par l'exercice de leur action en nullité, l'opération est censée non avenue; c'est un bienfait de la loi, une sorte de *restitutio in integrum*, dont l'effet est identique à celui d'une condition résolutoire (Cpr. art. 1234 C. N., alin. 7 et 8).

50. On fait souvent correspondre *nullité absolue* à *nullité de plein droit*, *nullité relative* à *nullité par voie d'action*. Cette synonymie est inexacte.

Une nullité de plein droit est celle dont on peut se prévaloir avant même de l'avoir fait constater par justice. Par exemple, lorsqu'en cas de saisie immobilière le débiteur saisi aliène le fonds après la transcription du procès-verbal, il y a nullité de

(48-1) Telle est ma doctrine et telle paraît être la jurisprudence de la Cour de cassation (V. M. Gilbert, *Code civil annoté*, art. 1304, n. 56). Cependant la question est controversée (M. Gilbert, *ibid.*, n. 58).

l'aliénation « sans qu'il soit besoin de la faire prononcer » (article 685 C. Pr.); le saisissant peut impunément continuer ses poursuites sans mettre en cause le nouvel acquéreur. La nullité est donc *de plein droit*, mais elle est purement relative aux créanciers du saisi (art. 687 C. Pr.) (1).

Au contraire, celui qui possède en vertu d'un titre, même entaché d'une nullité absolue, jouit, en général, de la garantie légale de la possession : la loi le protége contre toute voie de fait. Donc celui qui invoque la nullité absolue du titre de son adversaire, n'est pas dispensé de faire constater cette nullité par justice. La nullité, pour être absolue, n'est pas une nullité de plein droit.

Cela posé, nous devons négliger complétement la distinction des nullités en nullités de plein droit et nullités par voie d'action, car cette distinction n'a d'intérêt qu'au point de vue de la procédure. La distinction à laquelle nous devons nous attacher est celle des nullités absolues et des nullités relatives. Nous verrons tout à l'heure ce que la loi de frimaire (art. 68, § 3, n. 7) entend par cette autre expression *nullité radicale*. Pour le moment il est temps de faire l'application de nos principes au règlement de la perception.

51. La théorie des nullités, en Droit fiscal, peut être ramenée aux trois questions suivantes :

I. Le droit proportionnel est-il exigible sur l'acte entaché de nullité?

II. L'est-il sur le jugement qui reconnaît la nullité?

III. Si le droit proportionnel a été perçu sur l'acte entaché de nullité, est-il restituable après le jugement?

Nous allons examiner ces trois questions, en traitant distinctement des nullités relatives et des nullités absolues.

§§ 1.

Nullité relative.

52. La nullité relative, opérant un effet identique à celui

(50-1) Cette proposition est constante en jurisprudence et en doctrine. V. Cass., 10 février 1812; Req., 5 décembre 1827; Paris, 9 décembre 1833; Limoges, 17 décembre 1846. — M. Chauveau, *sur Carré*, quest. 2299.

de la condition résolutoire, il n'y a pas de difficulté pour régler ainsi la perception :

I. L'acte encourt le droit proportionnel.

II. Le jugement ne l'encourt pas.

III. Le droit, ayant été régulièrement perçu sur l'acte, n'est pas restituable après le jugement (art. 60).

Justifions rapidement ces trois solutions, en prenant pour exemple une vente immobilière, consentie par une femme sans autorisation de son mari.

53. I. Le contrat encourt le droit proportionnel. En effet, là, comme dans la vente sous condition résolutoire, il y a une vente actuelle, réunissant dès à présent les trois éléments essentiels de ce contrat : *res*, *pretium*, *consensus*. Le consentement, sans doute, est vicieux; le vice peut être relevé, pendant un certain temps (art. 1304 C. N.), par la femme, par ses héritiers, par le mari (art. 225 C. N.). Mais, pour le moment, le contrat subsiste (art. 1125 C. N.); c'est une vente pure, annulable éventuellement.

Cela suffit pour autoriser la perception du droit proportionnel, bien qu'aucun texte de la loi fiscale n'ait réglé la situation.

II. Le jugement n'encourt pas le droit proportionnel. En effet ce jugement n'opère pas rétrocession de l'acheteur à la venderesse. La femme ne succède pas à cet acheteur et n'est pas tenue des droits réels conférés par lui; elle est restaurée dans son fonds *ex causa antiqua*, comme si elle n'eût jamais cessé d'en être propriétaire.

Pour écarter la perception du droit proportionnel sur le jugement qui prononce la nullité, il suffirait de considérer que ce jugement n'est pas un acte translatif de propriété et ne rentre à ce titre dans aucune des catégories de l'art. 69. Mais ici, en outre, un texte formel règle la situation. Aux termes de l'art. 68, § 3, n. 7, sont soumis au droit fixe « ...... les « jugements portant résolution de contrat ou de clause de « contrat pour cause de *nullité radicale*. » On ne peut douter que la nullité dont il s'agit ne soit une nullité radicale, car le contrat portait en lui-même, dans sa racine, la cause de son annulation. Le juge, après avoir vérifié que la vente a eu lieu pendant le mariage, sans autorisation, ne peut, par aucune appréciation des faits, refuser l'annulation, et, l'annulation prononcée, le contrat est censé non avenu, *fingitur retro nullus et reducitur ad non actum* (1). En un mot, il faut considérer comme nullité radicale toute nullité qui produit un effet rétroactif.

III. Quand le droit proportionnel a été perçu originairement sur l'acte postérieurement annulé (2), la perception a été régulière ; l'admission de l'action en nullité est un événement ultérieur qui n'autorise pas la restitution. L'art. 60 écarte, quant à ce point, la conséquence de l'effet rétroactif, attaché, à tout autre égard, à l'action en nullité ou en rescision (*suprà*, n. **12** et n. **43**).

§§ 2.

Nullité absolue.

54. I et III. L'acte, entaché d'une nullité absolue, n'encourt pas le droit proportionnel, car cet acte n'est pas l'opération tarifée par la loi. Quand la loi, par exemple, impose la vente, elle suppose la transmission possible d'une chose vénale, faute de quoi il n'y a pas vente ; le droit de vente n'est donc pas encouru, et, s'il a été perçu, il doit être restitué.

Toutefois, pour autoriser ce résultat, il faut que la nullité de l'opération apparaisse de l'acte soumis à la formalité, car « la perception doit être faite suivant la teneur des actes (1). » Si donc la preuve de la nullité résulte seulement de circonstances extrinsèques, la perception aura été régulièrement faite et le droit ne sera pas restitué, malgré la déclaration ultérieure de la nullité.

II. Quant au jugement déclaratif de la nullité, il est évident qu'il encourt seulement le droit fixe (art. 68, § 3, n. 7). Si la nullité relative, par suite de son effet rétroactif, doit être considérée comme *nullité radicale*, à plus forte raison la nullité absolue.

(**53**-1) Boutaric, *des Lods*, § 13, n. 1.

(**53**-2) ... *Postérieurement annulé*... car si l'annulation est antérieure à la perception, appliquez la doctrine exposée, *suprà*, n. 43.

(**54**-1) Req. 19 novembre 1835 (Dall., 257). La Cour de cassation a maintes fois posé ce principe. Je l'admets comme un axiôme, car il me paraît dériver de la nature des choses.

55. La Cour de cassation a fait l'application de la théorie ci-dessus exposée, dans une espèce remarquable.

Une donation avait été acceptée par une femme mariée, sans autorisation du mari ni de justice. La qualité de femme mariée était indiquée dans l'acte, et la Cour, en se fondant expressément sur cette dernière circonstance, a décidé que le droit proportionnel ne devait pas être perçu (1).

Cet arrêt présuppose que le défaut d'autorisation de la femme mariée opère nullité absolue en matière de donation (art. 934 C. N.), tandis qu'en toute autre matière il n'opère qu'une nullité relative (art. 225 C. N.). Ce point est fort controversé en Droit civil, mais en le prenant pour accordé (ainsi que fait l'arrêt), il s'ensuit qu'une donation acceptée par une femme mariée non autorisée est comme une donation non acceptée (2); par conséquent l'opération n'est pas complète, il n'y a pas encore donation, l'acte est *imparfait* et n'encourt pas le droit proportionnel.

Il faut raisonner de même pour tous les autres cas de nullité absolue. Ainsi, pour suivre les exemples que nous avons cités (*suprà*, n. 48), l'acte qualifié vente d'un grade militaire, d'un siége de magistrature, et même, suivant moi, la vente d'une succession future, n'est pas plus une vente que ne serait un pareil acte, ayant pour objet le soleil et les étoiles! Dans ces circonstances, l'acte faussement qualifié vente n'est pas, en réalité, ce contrat; la nullité en est manifeste et formelle ; le droit proportionnel de vente ne saurait le frapper.

56. Voici l'objection fondamentale maintes fois élevée contre le système que j'expose :

Quelque grossiers que soient les vices d'un acte, quelque absolue qu'en soit la nullité; en fait, les parties peuvent l'exécuter. Cela suffit pour donner ouverture au droit proportionnel, résultant de sa qualification (1).

Je réponds à cette objection : que l'exécution d'un acte en-

(55-1) Civ.-rej., 1 août 1836 (*Rép. gén.*, 4864).

(55-2) V. *Rép. gén.*, 4842. Comparez *Rép. pér.*, 273.

(56-1) *Rép. gén.*, 4837. Ce système tourne souvent au préjudice de l'Administration, comme dans l'espèce de l'arrêt *Boudent* (Civ.-rej , 15 février 1854, *Rép. pér.*, 37).

taché d'une nullité absolue ne produit pas la confirmation de cet acte, et n'engendre qu'un fait de possession. Il est vrai que la seule possession autorise la poursuite du droit de mutation (2), mais 1° ce principe n'a d'application qu'à l'égard des transmissions d'immeubles, il est étranger aux transmissions mobilières et aux obligations; 2° le droit de mutation n'est rendu exigible que par l'entrée en jouissance *du nouveau possesseur* (art. **12** L. fr., art. **4** L. 27 ventôse an 9). L'acte nul pourra, sans doute, être invoqué comme un moyen de preuve de la possession et comme titre apparent de cette possession ; mais le droit de mutation aura pour assiette la possession elle-même et non l'acte nul, ce qui entraîne souvent des conséquences pratiques fort différentes (V. *infrà* n. **83** nos explications sur l'art. **12** L. fr.)

57. En somme, la vraie difficulté de la matière est toute de Droit civil. Elle consiste à découvrir les cas de nullité absolue. Ces cas sont rares et surtout il en est peu qui ne prêtent à la controverse. Ainsi, dans les exemples mêmes que nous avons pris, les plus sérieux, les plus pratiques sont ceux où le caractère absolu de la nullité n'est pas unanimement reconnu par les jurisconsultes civilistes.

« Comment voulez-vous, me dira-t-on, que le receveur tranche d'aussi grand débats?

« *Non nostrum inter vos tantas componere lites !* »

« Vous le reconnaissez vous-même : c'est affaire de Droit civil. Le receveur n'en est pas juge. »

Pure pétition de principes! Le receveur est juge, non pas juge de toutes les circonstances de la cause, mais juge de l'acte soumis à la formalité. Il ne peut asseoir la moindre perception sans trancher une question de Droit civil. Que la question soit plus ou moins ardue, cela, en principe, ne change rien à la nature de ses attributions. D'ailleurs, il en est du receveur comme de tout juge du premier degré : sa décision peut être réformée, d'abord par ses supérieurs administratifs, en dernier lieu par l'autorité judiciaire.

58. Tel est, suivant moi, l'enchaînement rigoureux des

(**56**-2) Voyez **8671** *Rép. gén.*

principes; mais au point de vue des règles administratives, il convient que, dans le doute, les préposés procèdent à la perception, sauf à la justice à réformer, s'il y a lieu, leur décision, et dans ce cas (c'est là le vif de la controverse) à ordonner la restitution des droits comme irrégulièrement perçus.

59. Voilà l'exposé général de la théorie des nullités (1). Nous en ferons l'application spéciale en traitant des principaux contrats, des jugements et des testaments.

ARTICLE 5.

Il n'y a point de fraction de centime dans la liquidation du droit proportionnel. Lorsqu'une fraction de somme ne produit pas un centime de droit, le centime est perçu au profit de la République.

ARTICLE 6.

Cependant le moindre droit à percevoir sur un acte donnant lieu au droit proportionnel, et sur une mutation de biens par décès, sera du montant de la quotité sous laquelle chaque acte ou mutation se trouve classé dans les articles 68 et 69, sauf les exceptions y mentionnées.

60. Ces deux articles se trouvent abrogés par les art. 2 et 3 de la loi du 27 ventôse an 9, ainsi conçus : « La perception du « droit proportionnel suivra les sommes et valeurs, de vingt « francs en vingt francs, inclusivement et sans fraction » (art. 2). — « Il ne pourra être perçu moins de vingt-cinq cen- « times pour l'enregistrement des actes et mutations dont les « sommes et valeurs ne produiraient pas vingt-cinq centimes « de droit proportionnel » (art. 3).

ARTICLE 7.

Les actes civils et extrajudiciaires sont enregistrés sur les minutes, brevets ou originaux. — Les actes judiciaires reçoivent cette formalité soit sur les minutes, soit sur les expéditions, suivant les distinctions

(59-1) Comme il ne peut entrer dans mon plan d'aborder la discussion des différents systèmes produits sur la question, je renvoie avec confiance au mot *Nullité* du *Répertoire général*.

ci-après : — Ceux qui doivent être enregistrés sur les minutes sont les procès-verbaux d'opposition, de reconnaissance et de levée de scellés, et ceux de nomination de tuteurs et curateurs ; les avis de parents, les émancipations, les actes de notoriété, les déclarations en matière civile, les adoptions ; tous actes contenant autorisation, acceptation, abstention, renonciation ou répudiation ; les nominations d'experts et arbitres, les oppositions à levée de scellés par comparution personnelle, les cautionnements de personnes à représenter à justice, ceux des sommes déterminées ou non déterminées, les ordonnances et mandements d'assigner les opposants à scellés ; tous procès-verbaux généralement quelconques des bureaux de paix, portant conciliation ou non-conciliation, défaut ou congé, remise ou ajournement ; tous actes d'acquiescement, de dépôt et consignation, d'exclusion de tribunaux, d'affirmation de voyage, d'enchère et surenchère, de reprise d'instance, de communication de pièces avec ou sans déplacement, d'affirmation ou vérification de créances, d'opposition à délivrance de titres ou jugements, de procès-verbaux et rapports, de dépôt de bilan, et de décharges ; les certificats de toute nature et ordonnances sur requêtes ; les jugements portant transmission d'immeubles, et ceux par lesquels il est prononcé des condamnations sur des conventions sujettes à l'enregistrement, sans énonciation de titres enregistrés. — Tous autres actes et jugements, soit préparatoires ou d'instruction, soit définitifs, ne sont soumis à l'enregistrement que sur les expéditions. — Ceux des actes de l'état civil qui sont assujettis à l'enregistrement par la présente, ne seront également enregistrés que sur les expéditions. — Les jugements de la police ordinaire, des tribunaux de police correctionnelle et des tribunaux criminels, ne sont de même soumis à l'enregistrement que sur les expéditions, lorsqu'il y a partie civile, et seulement pour les expéditions requises par elle ou autres intéressés.

61. Quant aux jugements et actes judiciaires, les distinctions de cet article sont abrogées par l'art. 38 de la loi du 28 avril 1816, dont le premier alinéa est ainsi conçu : « Tous « actes judiciaires en matière civile, tous jugements en ma- « tière criminelle, correctionnelle ou de police, seront, sans « exception, soumis à l'enregistrement sur les minutes ou ori- « ginaux » (voyez au surplus les art. 35 et 37 L. frim.).

62. Les actes de l'état civil, assujettis à l'enregistrement par la loi de frimaire, étaient relatifs à la procédure en divorce (art. 68, § 2, n. 8, et § 6, n. 1) et à l'adoption (art. 68, § 1, n. 9). Aujourd'hui, le divorce est aboli ; quant à l'adoption, avec les formes qui ont été tracées par le Code civil, il est douteux que la disposition de l'art. 68 lui soit encore applicable (voyez toutefois art. 359 C. N., et *infrà* le commentaire de l'article 68, § 1, n. 9). Il reste comme exemple d'un acte de l'état civil assujetti à l'enregistrement, la reconnaissance d'un enfant naturel, reçue par l'officier de l'état civil (art. 62 C. N.), et non contenue dans un acte de mariage (L. 28 avril 1816, art. 45, n. 7). Dans ce cas, l'art. 7 de la loi de frimaire est encore applicable. La formalité s'accomplit sur chaque expédition.

ARTICLE 8.

Il n'est dû aucun droit d'enregistrement pour les extraits, copies ou expéditions des actes qui doivent être enregistrés sur les minutes ou originaux. Quant à ceux des actes judiciaires qui ne sont assujettis à l'enregistrement que sur les expéditions, chaque expédition doit être enregistrée, savoir : la première, pour le droit proportionnel, s'il y a lieu, ou pour le droit fixe, si le jugement n'est pas passible du droit proportionnel ; et chacune des autres pour le droit fixe.

63. Le second alinéa de cet article n'a plus d'application, par suite de l'art. 38 de la loi de 1816, rapporté ci-dessus (n. 61).

Quant au premier alinéa, il faut remarquer :

1° Que l'exemption, accordée aux extraits, copies ou expéditions, ne s'étend pas aux « *collations* d'actes et pièces ou des extraits d'iceux » (art. 68, § 1, n. 18) ;

2° Que les expéditions des jugements sont assujetties à un droit de greffe, perçu au profit du Trésor par le receveur de l'enregistrement. Celui-ci doit calculer et indiquer au bas de la relation de l'enregistrement la remise du greffier, sur laquelle le décime est prélevé pour la caisse de l'Etat (voyez L. 21 ventôse an 7, L. 23 juillet 1820, art. 2, et le *Répertoire général*, n. 6848, 7053).

ARTICLE 9.

Lorsqu'un acte translatif de propriété ou d'usufruit comprend des meubles et immeubles, le droit d'enregistrement est perçu sur la totalité du prix, au taux réglé pour les immeubles, à moins qu'il ne soit stipulé un prix particulier pour les objets mobiliers, et qu'ils ne soient désignés et estimés, article par article, dans le contrat.

64. Avant de traiter des transmissions cumulatives de meubles et d'immeubles, il importe d'avoir traité des transmissions séparées de chacun de ces genres de biens. Nous renvoyons donc l'explication de l'art. 9 au commentaire des art. 14 et 15.

ARTICLE 10.

Dans le cas de transmission de biens, la quittance donnée ou l'obligation consentie par le même acte, pour tout ou partie du prix entre les contractants, ne peut être sujette à un droit particulier d'enregistrement.

ARTICLE 11.

Mais lorsque, dans un acte quelconque, soit civil, soit judiciaire ou extrajudiciaire, il y a plusieurs dispositions indépendantes ou ne dérivant pas nécessairement les unes des autres, il est dû, pour chacune d'elles et selon son espèce, un droit particulier. La quotité en est déterminée par l'article de la présente dans lequel la disposition se trouve classée, ou auquel elle se rapporte.

65. Formule du principe contenu en ces deux articles.
66-67. Portée de ce principe.
68-69. Exemple fourni par l'art. 10.
70. Exemple tiré d'une délégation de prix de vente.
71. Difficulté d'application : arbitraire du juge.
72. Exemples où l'application du principe est controversée.
73-74. Exemples où cette application est constante.
75. Quand un seul droit est dû, quel est ce droit?
76. Théorie de MM. Championnière et Rigaud.
77. *Quid* en cas de doute ?
78. Application aux exemples précités.
79. Des dispositions indépendantes.

65. Le principe contenu en ces deux articles peut être ainsi formulé, en renversant les termes de l'article 11 :

Lorsque dans un acte, soit civil, soit judiciaire ou extrajudiciaire, il y a plusieurs dispositions *dépendantes* ou *dérivant nécessairement* les unes des autres, il n'est dû qu'un seul droit pour l'opération tout entière.

Déterminons la portée de ce principe.

66. D'abord il est constant que, pour un contrat synallagmatique, il n'est pas dû un droit distinct à raison de chacune des obligations corrélatives des parties. Dans ce cas, en effet, s'il y a deux obligations, il n'y a qu'un seul contrat. Il est donc évident qu'en tarifant dans la vente la transmission de la propriété, ou dans le louage la transmission de la jouissance, la loi n'a pas voulu frapper d'un impôt distinct l'obligation de sommes, contractée par l'acheteur envers le vendeur ou par le locataire envers le bailleur; car cette obligation fait partie intégrante du contrat de vente ou de louage (comparez art. 69, § 3, n. 3).

67. Mais le principe de l'art. **11** a une bien autre portée: il tend à soumettre à un impôt unique l'opération, mélangée de deux ou plusieurs contrats, lorsque ces contrats divers se combinent en un seul tout.

68. L'art. **10** fait l'application de ce principe, en décidant que « dans le cas de transmission de biens, la quittance don- « née..... par le même acte, pour tout ou partie du prix, entre « les contractants, ne peut être sujette à un droit particulier « d'enregistrement. » La quittance ne fait pas partie intégrante du contrat translatif; mais c'en est une dépendance, une dérivation nécessaire. La loi le décide expressément ainsi, et sa disposition est utile pour prévenir toute contestation à cet égard.

69. La loi même s'explique dans le même sens relativement à « l'obligation consentie par le même acte pour tout ou « partie du prix *entre les contractants* » (art **10**). Ici le Législateur ne fait que consacrer un résultat évident; sa décision, en ce point, est purement explétive et surabondante (*suprà*, n. **66**).

70. Ce qui prouve que cette dernière disposition est surabondante et ne doit pas tirer à conséquence pour limiter le principe de l'art. **11** aux clauses *essentielles* d'un contrat synallagmatique, c'est que le même résultat a lieu lorsque, par l'effet d'une clause *accidentelle*, l'obligation est consentie entre d'autres personnes qu'entre les contractants.

Ainsi, lorsque le vendeur, par exemple, délègue à ses créanciers tout ou partie du prix de la vente, l'obligation de l'acheteur envers les créanciers du vendeur, quoiqu'elle ne résulte ni de *l'essence*, ni même de la *nature* du contrat de vente, en est cependant considérée comme une dépendance, une dérivation nécessaire. La loi ne l'assujettit à aucun impôt particulier, lorsque d'ailleurs le titre primitif des créanciers délégataires a déjà subi l'impôt (V. au surplus le commentaire de l'art. 69, § 3, n. 3).

71. Nulle difficulté, quand le législateur fait lui-même l'application du principe posé par l'art. 11, ou y déroge au contraire par des textes exprès (V. notamment art. 68, § 1, n. 3, — § 3, n. 5; art. 69, § 5, n. 3).

Mais, dans tous les autres cas, l'application de ce principe laisse beaucoup à l'arbitraire du juge. Il est, en effet, fort délicat de discerner si les dispositions complexes d'un même acte sont, ou non, une *dépendance*, une *dérivation nécessaire* les unes des autres. On ne peut, à cet égard, poser une règle absolue d'interprétation, et la jurisprudence des arrêts ne peut nous fournir que des exemples.

72. Ainsi, I « lorsque le débiteur emprunte une somme à « l'effet de payer sa dette, et de subroger le prêteur dans les « droits du créancier, il faut, pour que cette subrogation soit « valable, que l'acte d'emprunt et la quittance soient passés « devant notaires, que dans l'acte d'emprunt il soit déclaré que « la somme a été empruntée pour faire le payement, et que « dans la quittance il soit déclaré que le payement a été fait « des deniers fournis à cet effet par le nouveau créancier..... » (art. 1250 2° C. N.). Si l'emprunt et la quittance sont réunis dans le même acte, faut-il considérer ces deux dispositions comme dépendantes et dérivant nécessairement l'une de l'autre?

II. Lorsqu'une rente viagère est « constituée au profit d'un « tiers, quoique le prix en soit fourni par une autre personne » (art. 1973 C. N.), l'opération est complexe et se décompose ainsi : contrat à titre onéreux entre le bailleur de fonds et le débi-rentier; libéralité du bailleur de fonds envers le crédirentier. Faut-il percevoir cumulativement le droit de constitution de rente et le droit de donation, comme le veut l'Administration; ou au contraire décider, avec la Cour de cassation, que la disposition relative à la libéralité est une dépendance du contrat de rente, et que le droit de ce dernier contrat est seul exigible(1)?

Voilà deux graves questions sur lesquelles nous reviendrons en temps et lieu (V. *infrà* sur l'art. 14, n. 2, et sur l'art. 14, n. 8 et 9.

73. Il y a moins de difficulté dans le cas d'une *dation en payement*. Bien que cette opération contienne, de plus que la vente pure, la libération d'une dette antérieure du cédant envers l'acquéreur, on n'a jamais douté que la libération et la transmission ne soient deux dispositions dépendantes et dérivant nécessairement l'une de l'autre. Donc un seul droit est exigible.

74. Un seul droit encore est exigible, lorsque l'acheteur ou le locataire paye *in continenti* le prix de la vente ou du louage, au moyen d'une cession de créance, car « ces deux dispositions » (la vente et la cession, ou le louage et la cession) « se lient intimement et dépendent l'une de l'autre » (1).

75. Mais tout n'est pas dit encore, lorsqu'on est arrivé à décider sur une opération complexe qu'un seul droit est exigible. Il reste à déterminer quel est ce droit.

En principe, le droit est dû à raison de la stipulation principale.

Mais à quoi reconnaître la stipulation principale? Là est la difficulté.

D'abord on doit s'attacher à la qualification donnée à l'acte par les parties.

Si cette qualification n'a pas été donnée ou est repoussée comme frauduleuse, quelle règle suivre? Tout dépend des faits et des circonstances particulières de chaque espèce. Aucune règle législative n'est, ici, ni ne peut être formulée. Peut-on, du moins, poser doctrinalement une règle générale d'interprétation? Le sujet prête à une subtilité singulière, et les

(72—1) Civ.-rej. 21 juin 1847, — 29 janvier 1850, — 12 avril, — 10 mai 1854.

(74—1) Délibération du Conseil d'administration du 12 juillet 1833.

anciens jurisconsultes, qui s'y sont embarqués, ont souvent échoué contre cet écueil. « On est étonné, par exemple, de « voir un esprit aussi judicieux que Tiraqueau, enseigner que, « dans un doute absolu, on doit se déterminer pour le con- « trat le plus noble. *Actus denominatio semper debet fieri a digniori* « (du *Retrait lignager*, § 30, glose 1, n. 15 et suiv.), appuyer « cette doctrine sur des préceptes de médecine et de pharma- « cie, non moins ridicules, et décider que l'échange est plus « noble que la vente, au moyen de citations d'Homère, d'Ovide « et de Pline-le-Jeune » (1).

76. MM. Championnière et Rigaud (n. 106-108) proposent une règle tout autrement sérieuse. Je la résume ainsi :

« I. Considérer comme principale la stipulation qui a pour objet la transmission d'un corps certain, et comme accessoire la stipulation qui a pour objet des sommes ou valeurs.

« II. A défaut de sommes ou valeurs, rechercher laquelle des deux choses échangées se rapproche le plus d'une valeur, et peut davantage représenter l'argent. »

Cette théorie est conforme à l'esprit général de la loi ; on doit la suivre comme règle de logique judiciaire.

77. Mais quand cette règle vient à manquer, quand il y a doute sérieux dans le discernement de la stipulation principale, que déciderons-nous ?

Dans le doute, disent MM. Championnière et Rigaud (n. 38, 109), on doit interpréter la convention en faveur du contribuable et ordonner la perception la moins élevée.

Dans le doute, dit un document administratif (1), « on ne « peut contester à l'Administration la faculté de percevoir sur « la stipulation la plus avantageuse au Trésor. »

Je crois la prétention de l'Administration bien fondée : il ne s'agit pas, par hypothèse, des deux obligations corrélatives d'un contrat synallagmatique (*suprà*, n. **66**), mais de la combinaison de deux ou plusieurs contrats. *Summo jure*, on concevrait qu'en pareil cas le Législateur eût ordonné de percevoir cumulative-

(**75**—**1**) MM. Championnière et Rigaud, n. 109.

(**77**—**1**) Délibération du 12 juillet 1833. — Cpr. *Répert. gén.*, **4900-2**.

ment l'impôt afférent à chacun de ces contrats (2). Quand il est vraiment impossible de discerner le contrat principal, il paraît raisonnable d'asseoir la perception sur la stipulation la plus avantageuse au Trésor.

78. Appliquons nos principes aux exemples déjà cités.

I. Dans la dation en payement (*suprà*, n. **73**), il faut prendre le droit de vente (5,50 pour 100 pour les immeubles, 2 pour 100 pour les meubles), et non le droit de quittance (0,50 pour 100).

II. Dans le cas où l'acheteur paye le prix comptant au moyen d'une cession de créance (*suprà*, n. **74**), il faut prendre le droit de vente (5,50 ou 2 pour 100), non celui de cession de créance (1 pour 100).

Nulle difficulté, dans ces deux exemples, puisque le droit de la stipulation principale est en même temps le droit le plus élevé.

III. Mais quand c'est le locataire qui paye le prix au moyen d'une cession de créance (*suprà*, n. **74**), le droit de cession est de beaucoup le plus élevé (1 pour 100 au lieu de 0,20 pour 100). Cependant je décide que le droit de bail est seul exigible, car ici je n'admets pas qu'il y ait doute dans le discernement du contrat principal, qui est le louage (*suprà*, n. **76**) (1).

79. Nous avons cherché à éclaircir par quelques exemples le principe suivant lequel un seul droit est dû pour les dispositions dépendantes d'un même acte. Il nous paraît inutile de développer la contre-partie de la question, en recherchant dans quels cas les dispositions d'un même acte sont « indépendantes ou ne dérivent pas nécessairement l'une « de l'autre. » Rapprochons seulement la disposition finale de l'article 57, qui statue en ces termes pour cette dernière hypothèse : « Lorsque l'acte renfermera plusieurs dispositions opé-

(**77**—2) Au contraire, MM. Champ. et Rig. (n. 38, 1554, 2179) tiennent pour constant « que la nature d'une convention ne peut être double. » Là est le principe de notre dissidence.

(**78**—1) V. en sens contraire la Délibération précitée du 12 juillet 1833. Dans l'espèce, j'admets *la majeure* du raisonnement contenu dans ce document, mais je nie *la mineure*.

« rant chacune un droit particulier, le receveur les indiquera « sommairement dans sa quittance, et y énoncera distincte« ment la quotité de chaque droit perçu, à peine d'une amende « de *dix* francs (aujourd'hui *cinq* francs. L. 16 juin 1824, ar« ticle 10) pour chaque omission (1). »

ARTICLE 12.

La mutation d'un immeuble en propriété ou usufruit sera suffisamment établie, pour la demande du droit d'enregistrement et la poursuite du payement contre le nouveau possesseur, soit par l'inscription de son nom au rôle de la contribution foncière, et des payements par lui faits d'après ce rôle, soit par des baux par lui passés, ou enfin par des transactions ou autres actes constatant sa propriété ou son usufruit.

80. Fondement de la théorie des *mutations secrètes*, en matière d'immeubles.
81. Système de la loi de frimaire.
82. Complément apporté à ce système par l'art. 4 de la loi du 27 ventôse an 9.
83. A défaut d'acte, le droit de mutation n'est rendu exigible que par l'*entrée en jouissance du nouveau possesseur*.
84. Explication historique de la disposition de la loi de ventôse sur ce point.
85. *Solution* conforme de l'Administration, en date du 12 novembre 1832.
86. Jurisprudence contraire de la Cour de cassation.
87. Appréciation de cette jurisprudence.
88. Faits constitutifs de la possession, déterminés par la loi.
89. *Première catégorie :* Inscription au rôle, payement de la contribution foncière.
90. *Deuxième catégorie :* Actes constatant la prétention du nouveau possesseur à la propriété ou à l'usufruit.
91. Combinaison de ces deux catégories.
92. Il ne suffit pas de prouver contre le contribuable qu'il est possesseur, l'Administration doit prouver en outre qu'il est un *nouveau possesseur*. — Mode de preuve quant à ce dernier point.
93. *Nouveau possesseur....* Qu'est-ce à dire ?
94. De la preuve contraire, à fournir par le contribuable.
95. Nécessité d'établir le titre de la possession. — De la mutation secrète à titre de donation entre-vifs.
96. La théorie des mutations secrètes s'applique-t-elle aux mutations par décès ?
97. *Quid* en cas d'éviction du nouveau possesseur ?

(79—1) Cpr. *Rép. gén.*, 359.

80. Le droit proportionnel est établi pour toute transmission de propriété de biens meubles et immeubles (art. 4).

Mais, quant aux meubles, la transmission entre-vifs, n'étant assujettie qu'à un *droit d'acte* (*suprà*, n. **13**), échappe le plus souvent à l'impôt. Cela arrive d'une manière parfaitement légale, soit qu'il n'y ait pas d'acte, soit que cet acte ne soit pas volontairement présenté à la formalité ou produit en justice.

Pour les immeubles, au contraire, la transmission donnant par elle-même ouverture à l'impôt, il importe qu'aucune mutation ne puisse être impunément dissimulée, et que l'Administration soit reçue à faire la preuve des mutations secrètes.

81. C'est à quoi la loi a pourvu par les moyens suivants :

En matière de transmission immobilière, 1° la présentation de toute espèce d'actes est obligatoire dans un délai de rigueur (art. 22), à peine d'un droit en sus (art. 38).

2° L'acte, de quelque façon qu'il arrive à la connaissance des préposés, autorise la perception (arg. art. 12).

3° L'introduction d'un « *nouveau possesseur* » fait présumer l'existence de cet acte (art. 12) et par suite donne ouverture à l'impôt.

82. 4° La loi de frimaire n'allait pas plus loin et il restait douteux que la mutation, purement verbale ou déclarée telle, fût passible de l'impôt.

La loi du 27 ventôse an 9 a fait cesser ce doute en décidant (art. 4) :

« Sont soumises aux dispositions des articles 22 et 38 de la « loi du 22 frimaire, les mutations entre-vifs de propriété ou « d'usufruit de biens immeubles, lors même que les nou- « veaux possesseurs prétendraient qu'il n'existe pas de con- « ventions écrites entre eux et les précédents propriétaires ou « usufruitiers.

« A défaut d'actes, il y sera suppléé par des déclarations « détaillées et estimatives, dans les trois mois de l'entrée en « possession, à peine d'un droit en sus. »

Aujourd'hui donc, il est certain que pour les transmissions immobilières, l'impôt est un *droit de mutation*.

83. Cependant il importe encore de distinguer si la mutation est opérée soit par une convention écrite, soit par une convention purement verbale ou déclarée telle.

Dans le premier cas, l'impôt est rendu exigible, indépendamment de tout fait extérieur de possession, par la découverte de l'acte qui fait preuve de la mutation.

Au contraire, la convention verbale ne donne pas ouverture à l'impôt, tant qu'elle n'est pas suivie de l'*entrée en jouissance du nouveau possesseur*.

Ce résultat, qui découle du texte formel de la loi de ventôse an 9, est une anomalie en présence des principes du Droit civil moderne. Aujourd'hui, la convention verbale suffisant pour opérer mutation (art. 1138, 1583 C. N., nonobst. L. 23 mars 1855), devrait donner ouverture à l'impôt; la possession ne devrait être qu'un moyen de preuve, et, quand l'existence de la convention verbale est établie par d'autres moyens (notamment par l'aveu de la partie), il serait conséquent aux principes du Droit civil de ne s'attacher nullement au fait matériel d'entrée en jouissance, désormais étranger à la question de mutation de propriété.

84. Mais la loi de ventôse a suivi exactement les principes du Droit civil en vigueur à l'époque de sa promulgation.

En l'an 9, la tradition était encore nécessaire pour opérer mutation de propriété; mais, à cet effet, il suffisait, sous la plupart des Coutumes, que l'acquéreur fût mis en possession *civile* de la chose, et cette possession civile résultait des clauses de l'acte, lesquelles étaient devenues *de style* (1).

En l'absence d'acte, comme il ne pouvait être question de mise en possession *civile*, il fallait une mise en possession *réelle* pour opérer la mutation de la propriété.

Voilà comment la loi fiscale, modelée sur le Droit civil ancien

(84—1) « La tradition... ne servit plus, dans la plupart des Coutumes, qu'à grossir les clauses d'un contrat, et ne dépendit plus que du style des notaires. » Ricard, *Donations*, 1re partie, n. 902. — Cf. Henrys, tome I, liv. IV, tit. VI, quest. 39. — Argou, *Institution au droit Français*, liv. III, chap. 23. — MM. Championnière et Rigaud, n. 1742.—M. Hureaux, dans la *Revue de Droit français et étranger* (1846), t. III, p. 685 et M. Valette, *ibid.*, p. 781.

et conforme aux règles du droit féodal (2), exige, à défaut d'acte, l'entrée en jouissance du nouveau possesseur, non pas seulement comme un moyen de prouver la convention verbale, mais comme un complément de cette convention, nécessaire pour opérer mutation.

Il est vrai qu'en général la loi fiscale doit être appliquée d'après les principes du Droit civil actuel ; mais cette règle d'interprétation ne peut prévaloir contre un texte précis, alors surtout que le rapprochement des principes de l'ancien Droit ne laisse aucun doute sur la pensée du Législateur. Toutes les fois donc que l'existence d'une convention écrite n'est pas prouvée, l'Administration, pour percevoir l'impôt sur une mutation secrète, doit prouver l'entrée en jouissance du nouveau possesseur.

85. L'Administration a fait l'application de ces principes dans une solution du 12 novembre 1832, que nous rapportons textuellement d'après MM. Dalloz (n. 2071) : « Le 12 août 1832, « les enfants G... ont, par acte notarié, vendu au sieur H... « un bâtiment, moyennant 587 fr. 50 c., laquelle somme de- « vait produire intérêts à partir du 6 mai précédent, époque « à laquelle cette vente avait été verbalement consentie. — Il « a été perçu le double droit, par le motif que l'acte faisait « remonter la vente à plus de trois mois. *Mais cette circonstance* « *n'était pas suffisante*. L'art. 4 de la loi du 27 ventôse an 9 veut « qu'il y ait eu entrée en possession trois mois avant l'acte, et « c'est ce qui ne se rencontre pas ici, puisque l'acquéreur n'en- « tre en jouissance qu'au jour même de l'acte du 12 août 1832. « D'ailleurs, l'acquéreur n'avait pas été inscrit sur les rôles, « et il n'avait fait aucun acte de propriété. C'était donc le cas « d'ordonner la restitution du double droit qui avait été « perçu (1). »

86. La Cour de cassation, qui, la première, avait consacré

(**84**—2) V. la Coutume de Paris, art. 73, et Dumoulin, *sur l'art.* 78, gl. 1, n. 91.

(**85**—1) V. en ce sens, Merlin, *Répertoire*, v° *Enregistrement*, § 1. — MM. Championnière et Rigaud, n. 1663, 1670, 2177. — MM. Dalloz, n. 2063.

cette doctrine (1), l'a depuis abandonnée. Elle décide aujourd'hui d'une façon constante « qu'un fait extérieur de possession n'a pas besoin de se joindre à la propriété constatée, « pour donner ouverture au droit de mutation et faire courir « le délai du double droit, la loi de l'impôt ne considérant « l'entrée en possession comme point de départ du délai de « l'enregistrement, que lorsque la mutation secrète ne peut « être prouvée que par ce moyen (2). »

87. La jurisprudence actuelle de la Cour de cassation a substitué à l'interprétation historique du texte de la loi de ventôse une interprétation purement dogmatique, mieux en harmonie avec les principes de la loi civile moderne (*suprà*, n. **83**). Cette jurisprudence prévient les contestations subtiles, inhérentes aux questions de possession. Elle paraît d'ailleurs inspirée par une considération pratique assez grave, c'est qu'à le bien prendre, il n'y a guère, relativement aux transmissions immobilières, de véritables conventions verbales. Quand une partie argumente en justice de pareilles conventions, elle a effectivement dans son dossier le texte d'une convention écrite, et l'adversaire, qui a par devers lui le double de l'acte sous seing privé, avoue la convention, ne pouvant utilement la nier.

Rien n'est donc plus facile que de dissimuler l'existence d'un acte sous seing privé (nonobstant L. 28 avril 1816, art. 57). La jurisprudence déjoue cet artifice et fait remonter la mutation à sa véritable cause, la convention originaire, dégagée de tout fait extérieur de possession.

Ce système est certainement plus simple et plus franc que le système défendu par nous; mais nous croyons qu'en appliquant d'une manière extensive le texte de la loi, il outrepasse les pouvoirs de l'interprétation doctrinale (*suprà*, n. **9**).

88. Quoi qu'il en soit de cette controverse, il est certain

(**86**—1) Req. 17 vendémiaire an 13 (Dall. 2067), Civ.-rej. 3 septembre 1806 (Dall. 2068).

(**86**-2) C'est ainsi que MM. Dalloz (n. 2070) résument la doctrine des trois arrêts suivants : Cass., 21 octobre 1811, — Civ.-rej. 20 août 1839, — Req. 23 novembre 1840. L'arrêt de rejet du 18 avril 1855, analysé au ***Répert. pér.*** n. 363, paraît rendu dans le même sens.

que la possession étant, le plus souvent, le seul élément pour la preuve d'une mutation secrète, il importe de définir les faits constitutifs de cette possession.

L'art. 12 les ramène aux deux catégories suivantes :

I. L'inscription du nom du nouveau possesseur au rôle de la contribution foncière et *des payements* par lui faits d'après ce rôle;

II. Des actes par lui passés en qualité de propriétaire ou d'usufruitier.

A défaut d'un fait rentrant dans l'une ou l'autre de ces catégories, nulle preuve de la possession n'est admissible en cette matière. Il convient donc de reprendre distinctement chacune d'elles.

89. *Première catégorie.* L'inscription au rôle de la contribution foncière ne suffit pas, par elle seule, pour engendrer la *présomption légale* de possession; car cette inscription peut avoir été opérée à l'insu du prétendu possesseur. Il faut, en outre, que la *présomption simple*, résultant de cette inscription, soit corroborée par des payements faits par lui d'après le rôle.

La loi a-t-elle eu une intention en parlant *des* payements? Faut-il exiger deux ou plusieurs payements distincts, tout au moins le payement de deux ou plusieurs termes? Je ne le pense pas; un seul payement, fait par le nouveau possesseur ou en son nom, doit suffire, s'il est constant que le payement a été fait ou ordonné par lui, en connaissance de cause.

90. *Deuxième catégorie.* Par actes constatant la propriété ou l'usufruit, la loi n'a eu en vue que des actes instrumentaires, non des faits matériels de possession. Cette intention est clairement manifestée par ces mots de l'art. 12 : « *Soit par des baux* « *par lui passés, ou enfin par des transactions ou autres actes, etc.* » Suivant un procédé qui lui est familier, le rédacteur de la loi de frimaire commence par énoncer des exemples et formule, en terminant, le principe général.

Il est donc certain que les exemples cités n'ont rien de limitatif, et bien qu'ils soient pris parmi les actes civils, il est évident que la preuve de la possession pourrait aussi bien résulter d'actes judiciaires ou extrajudiciaires. Par exemple, un jugement qui me maintient au possessoire, constatant ma possession à titre de maître (art. 23 C. Proc.), peut certainement autoriser la poursuite du droit de mutation (1).

Pareil effet peut être même attribué, suivant les circonstances, à une simple sommation (2).

En somme, la poursuite du droit de mutation est autorisée par tout acte instrumentaire constatant la prétention du nouveau possesseur à la propriété ou à l'usufruit du fonds.

91. *Combinaison des deux catégories.* L'inscription au rôle de la contribution foncière, avons-nous dit (n. **89**), ne suffit pas par elle seule pour engendrer la *présomption légale* de possession. Mais le fait de cette inscription peut être pris en considération par le juge, non-seulement quand il est suivi du payement de la contribution, mais encore, et à plus forte raison, quand il est suivi d'actes constatant une prétention à la propriété ou à l'usufruit. Puisque le juge du fait a un pouvoir souverain d'appréciation, pour décider que tel acte constate la prétention du possesseur à la propriété ou à l'usufruit, il peut trouver dans l'inscription au rôle une *présomption simple*, utile pour déterminer le caractère de l'acte en question (1).

92. Tels sont les faits définis par la loi pour constituer, en cette matière, la preuve de la possession.

Mais il ne suffit pas de prouver contre le contribuable qu'il est possesseur ; l'Administration doit prouver en outre qu'il est *un nouveau possesseur*, c'est-à-dire qu'il possède *ex causa nova*, en vertu de la transmission à lui faite par un précédent possesseur (1).

Pour la preuve de ce dernier point, la loi n'ayant tracé aucune règle spéciale, l'Administration peut user de tous les moyens qui sont ordinairement en son pouvoir (V. *infrà* le commentaire de l'art. 65).

(**90**—1) Nonobst. Civ.-rej. 10 février 1813 (Ch. Rig., 1664), nous indiquerons tout à l'heure la portée de cet arrêt.

(**90**-2) V. notamment Req. 23 novembre 1840 (Dall., 2127).

(**91**—1) Jurisprudence constante. V. notamment Civ.-rej. 23 novembre 1853 (I. G. 1999, § 7).

(**92**—1) Telle est la portée exacte de l'arrêt du 10 février 1813, cité *suprà*, au n. **90**-1.

93. *Nouveau possesseur*, comme on voit, ne signifie pas possesseur récent, mais possesseur en vertu d'une transmission qui n'a pas subi l'impôt.

Il ne faut d'ailleurs aucunement se préoccuper ici des règles tracées en matière d'actions possessoires, relativement à la possession annale.

94. La preuve des faits, énumérés par l'article 12, établit contre le défendeur une présomption légale de mutation, sauf à celui-ci la preuve du contraire (art. 1352 C. N.).

L'appréciation de cette preuve contraire étant du ressort des juges du fait et dépendant de l'infinie variété des affaires, il ne faut pas chercher des principes de Droit dans les nombreuses décisions des tribunaux en cette matière; on n'y peut trouver que des exemples (1).

95. Lorsque l'introduction du nouveau possesseur est prouvée, il reste à déterminer le titre de la possession.

Cette possession peut être à titre de vente, d'échange ou de tout autre contrat à titre onéreux. Cela est à apprécier suivant les circonstances.

Peut-elle être considérée comme transmise à titre gratuit?

Au premier abord, on en pourrait douter, puisque en général la loi civile ne reconnaît pas la validité d'une transmission immobilière à titre gratuit, sans la rédaction d'un acte authentique (art. 893, 931, 1339, sauf art. 1340 C. N.). Mais sans qu'il soit besoin d'apprécier ici la nature de cette nullité, sans rechercher si elle est absolue ou relative (*suprà*, n. **47** et suiv.), il suffit de considérer que la non-représentation de l'acte n'en prouve pas la non-existence; or la loi a voulu surtout prévenir l'abus des actes écrits et non représentés (1). Le texte de l'art. 4 de la loi de ventôse est général pour toutes les mutations entre-vifs, et doit être appliqué, suivant les circonstances, aux mutations à titre gratuit.

(**94**—1) Cpr. *Répert. pér.*, n. 470.

(**95**—1) Remarquez la rédaction de l'art. 4. L. vent.... « lors même que « les nouveaux possesseurs ***prétendraient*** qu'il n'existe pas de conventions « écrites, » etc. Cpr. ***suprà***, n. **87**.

96. Que décider lorsque le décès d'une personne n'étant pas prouvé, l'héritier présomptif se met en possession des biens, sans formalité de justice?

Le texte de la loi ne s'applique pas à ce cas, car l'art. 12 ne parle que de la mutation *d'un* immeuble, ce qui doit s'entendre exclusivement d'une mutation à titre particulier, et l'art. 4 de la loi de ventôse, encore plus précis, ne parle que des mutations *entre-vifs*.

Cependant l'Administration étend à ce cas, par analogie, les dispositions de ces deux articles (V. *infrà, sur l'art.* 15, n. 7, le commentaire de l'art. 40 L. de 1816).

97. Qu'arrivera-t-il si le *nouveau possesseur* est évincé?

Il faut distinguer :

1° Si l'impôt a été perçu, il l'a été régulièrement, et ne doit pas être restitué (art. 60).

2° Mais si l'éviction arrive avant la perception, non-seulement l'impôt n'est pas exigible, mais même les poursuites commencées doivent s'arrêter et l'Administration ne peut prétendre qu'au recouvrement des frais de la procédure.

Ces deux solutions découlent des principes posés dans la théorie des conditions et des nullités (*suprà*, n. **43** et **53**).

ARTICLE 13.

La jouissance à titre de ferme, ou de location, ou d'engagement d'un immeuble, sera aussi suffisamment établie, pour la demande et la poursuite du payement des droits des baux ou engagements non enregistrés, par les actes qui la feront connaître, ou par des payements de contributions imposées aux fermiers, locataires et détenteurs temporaires.

98. L'art. 4 L. ventôse an 9 est étranger aux transmissions immobilières de jouissance.
99. Conséquence.
100. Du bail verbal.
101. *Quid* de l'antichrèse ?
102. L'impôt, en cette matière, n'est pas un pur *droit d'acte*.

98. Dans la théorie des mutations secrètes, la loi de frimaire avait entièrement assimilé aux transmissions d'immeubles en propriété ou en usufruit les transmissions en jouissance.

Mais quand la loi de ventôse an 9 a développé cette théorie, elle ne l'a fait que pour les transmissions de propriété ou d'usufruit (*suprà*, n. **82**). Les transmissions immobilières de jouissance restent donc assujetties seulement au système primitif de la loi de frimaire, qui se résume ainsi :

1° La présentation des actes, même rédigés sous seing privé, est obligatoire dans un délai de rigueur (art. 22), à peine d'un droit en sus (art. 38) ;

2° L'acte, de quelque façon qu'il arrive à la connaissance des préposés, autorise la perception, bien qu'il ne soit ni présenté volontairement à la formalité, ni produit en justice ;

3° L'existence d'un acte de bail ou d'engagement peut être prouvée par des circonstances extrinsèques, c'est-à-dire par d'autres actes qui la feraient connaître, ou par des payements de contributions faits par les détenteurs.

99. Mais la transmission de jouissance immobilière purement verbale échappe légalement à l'impôt (1).

100. Cela va sans difficulté pour la transmission à titre de bail, car le contrat de louage est purement consensuel ; l'écriture n'y est exigée que pour la preuve (art. 1714 C. N.). L'existence d'une location purement verbale est donc possible ; elle est parfois vraisemblable ; dans tous les cas la loi ne permet pas aisément d'en suspecter la sincérité (sauf art. 57 L. 1816).

101. Il en est autrement de la jouissance à titre d'engagement. La principale, sinon aujourd'hui la seule forme d'engagement des immeubles, « l'antichrèse ne s'établit que par « écrit » (art. 2085 C. N.). Il semble donc qu'un antichrésiste ne sera pas facilement écouté, s'il vient à prétendre qu'il n'existe pas de convention écrite entre lui et le propriétaire du fonds. Remarquons toutefois que l'écriture n'est pas requise comme élément essentiel du contrat, mais simplement comme un mode de preuve. L'allégation d'une antichrèse purement ver-

(99—1) En ce sens, Cass., 17 juin 1811. Cet arrêt a fixé la jurisprudence.— V. M. Laferrière, *Cours de droit public*, t. 2, p. 238 de la 3e édition.

bale, pour être invraisemblable, n'est donc pas impossible. Mais si un débat s'élève pour constater l'existence d'un acte écrit (*suprà*, n. **98**-3), le principe de l'art. 2085 C. N. peut fournir au juge du fait une présomption grave et précise, abandonnée à ses lumières et à sa prudence (V. art. 1353 C. N.).

102. En exposant la distinction des droits d'acte et des droits de mutation, nous avons dit (n. **24-1**) que la transmission de jouissance immobilière se trouvait, par rapport à cette théorie, dans une situation intermédiaire.

En effet, l'impôt en cette matière n'est pas un droit de mutation, puisqu'il ne peut être percu indépendamment de l'existence d'un acte instrumentaire (*suprà*, n. **13**).

Mais ce n'est pas non plus un pur droit d'acte, puisque l'impôt peut être perçu à raison d'un acte, même sous seing privé, dont l'existence est prouvée par induction de circonstances extrinsèques, sans que matériellement cet acte soit soumis à la formalité ou produit en justice.

TITRE II.

Des valeurs sur lesquelles le droit proportionnel est assis, et de l'expertise.

103. De l'exigibilité, de la fixation des droits et de la liquidation des droits proportionnels.
104. Plan de la loi de frimaire.
105. Réduction des trois termes en deux.
106. Plan du traité des droits proportionnels.

103. La perception de l'impôt de l'enregistrement soulève les questions suivantes :

I. Un droit est-il exigible?

II. A quel taux ce droit est-il fixé?

III. S'il s'agit d'un droit proportionnel, comment ce droit sera-t-il liquidé (*suprà*, n. **28**)?

Exigibilité, fixation, liquidation, voilà donc les trois termes de nos opérations.

104. La loi a traité de l'exigibilité, d'une manière générale, dans les art. 3 et 4 ; de la fixation des droits dans les art. 68 et 69; de la liquidation dans les art. 14, 15, 16, 17, 18 et 19.

105. De ces trois termes les deux premiers rentrent l'un dans l'autre, car un droit n'est exigible que s'il est fixé par la loi; aussi les principes généraux des art. 3 et 4 sont-ils impérieusement circonscrits par les dispositions du tarif porté par les art. 68 et 69, et par les lois postérieures (*suprà*, n. **23** et **27**).

Le traité des droits proportionnels, dans lequel nous allons entrer, peut donc être ramené aux deux termes suivants : Exigibilité, liquidation.

106. Nous aborderons chacun de ces termes dans le détail de chaque matière, en insistant sur le principal, l'exigibilité. Mais, malgré notre désir de respecter l'économie de la loi de frimaire, ce plan nous entraîne à des remaniements. Il devient nécessaire de fondre ensemble l'explication des art. **14**, **15** et **69**.

Voici d'abord, présenté d'une manière synoptique, le texte des art. **14** et **15**, auxquels nous rattacherons la partie la plus importante de nos développements :

ARTICLE 14.

La valeur de la propriété, de l'usufruit et de la jouissance des biens MEUBLES, est déterminée, pour la liquidation et le payement du droit proportionnel, ainsi qu'il suit, savoir :

1° Pour les baux et locations, *par le prix annuel exprimé, en y ajoutant les charges imposées au preneur.*

ARTICLE 15.

La valeur de la propriété, de l'usufruit et de la jouissance des IMMEUBLES, est déterminée, pour la liquidation et le payement du droit proportionnel, ainsi qu'il suit, savoir :

1° Pour les baux à ferme ou à loyer, les sous-baux, cessions et subrogations de baux, *par le prix annuel exprimé, en y ajoutant les charges imposées au preneur.*

Si le bail est stipulé payable en nature, il en sera fait une évaluation d'après les dernières mercuriales du canton de la situation des biens, à la date de l'acte, à l'appui duquel il sera rapporté un extrait certifié des mercuriales.

Il en sera de même des baux à portion de fruits, pour la part re-

ARTICLE 14 (*suite*).

2° Pour les créances à terme, leurs cessions et transports, et autres actes obligatoires, *par le capital exprimé dans l'acte, et qui en fait l'objet.*

3° Pour les quittances et tous autres actes de libération, *par le total des sommes ou capitaux dont le débiteur se trouve libéré.*

4° Pour les marchés et traités, *par le prix exprimé ou l'évaluation qui sera faite des objets qui en seront susceptibles.*

ARTICLE 15 (*suite*).

venant au bailleur, dont la quotité sera préalablement déclarée, et sur la valeur de laquelle le droit d'enregistrement sera perçu.

S'il s'agit d'objets dont la valeur ne puisse être constatée par les mercuriales, les parties en feront une déclaration estimative.

2° Pour les baux à rentes perpétuelles et ceux dont la durée est illimitée, *par un capital formé de vingt fois la rente ou le prix annuel, et les charges aussi annuelles, en y ajoutant également les autres charges en capital, et les deniers d'entrée s'il en est stipulé.* — Les objets en nature s'évaluent comme ci-dessus.

3° Pour les baux à vie, sans distinction de ceux faits sur une ou plusieurs têtes, *par un capital formé de dix fois le prix et les charges annuels, en y ajoutant de même le montant des deniers d'entrée et des autres charges, s'il s'en trouve d'exprimés.* — Les objets en nature s'évaluent pareillement comme il est prescrit ci-dessus.

4° Pour les échanges, *par une*

ARTICLE 14 (*suite*).

5° Pour les ventes et autres transmissions à titre onéreux, *par le prix exprimé et le capital des charges qui peuvent ajouter au prix.*

6° Pour les créations de rentes, soit perpétuelles, soit viagères, ou de pensions, aussi à titre onéreux, *par le capital constitué et aliéné.*

7° Pour les cessions ou transports desdites rentes ou pensions, et pour leur amortissement ou rachat, *par le capital constitué,*

ARTICLE 15 (*suite*).

évaluation qui doit être faite en capital, d'après le revenu annuel multiplié par vingt, sans distraction des charges ;

5° Pour les engagements, *par les prix et sommes pour lesquels ils sont faits ;*

6° Pour les ventes, adjudications, cessions, rétrocessions, licitations, et tous autres actes civils ou judiciaires portant translation de propriété ou d'usufruit, à titre onéreux, *par le prix exprimé, en y ajoutant toutes les charges en capital, ou par une estimation d'experts, dans les cas autorisés par la présente.*

Si l'usufruit est réservé par le vendeur, il sera évalué à la moitié de tout ce qui forme le prix du contrat, et le droit sera perçu sur le total; mais il ne sera dû aucun autre droit pour la réunion de l'usufruit à la propriété : cependant, si elle s'opère par un acte de cession, et que le prix soit supérieur à l'évaluation qui en aura été faite pour régler le droit de la translation de propriété, il est dû un droit, par supplément, sur ce qui se trouve excéder cette évaluation. Dans le cas contraire, l'acte de cession est enregistré pour le droit fixe.

ARTICLE 14 *(suite)*.

quel que soit le prix stipulé pour le transport ou l'amortissement.

8° Pour les transmissions entre-vifs, à titre gratuit, et celles qui s'opèrent par décès, *par la déclaration estimative des parties, sans distraction des charges.*

9° Pour les rentes et pensions créées sans expression de capital, leurs transports et amortissements, *à raison d'un capital formé de vingt fois la rente perpétuelle, et de dix fois la rente viagère ou la pension, et quel que soit le prix stipulé pour le transport ou l'amortissement.*

Il ne sera fait aucune distinction entre les rentes viagères et pensions créées sur une tête et celles créées sur plusieurs têtes, quant à l'évaluation.

Les rentes et pensions stipulées payables en nature seront évaluées aux mêmes capitaux, estimation préalablement faite des objets d'après les dernières mercuriales du canton de la situation des biens, à la date de l'acte s'il s'agit d'une rente créée pour aliénation d'immeubles, ou dans tout autre cas, d'après les dernières mercuriales du canton où l'acte aura été passé.

Il sera rapporté à l'appui de

ARTICLE 15 *(suite)*.

7° Pour les transmissions de propriété entre-vifs, à titre gratuit, et celles qui s'effectuent par décès, *par l'évaluation qui sera faite et portée à vingt fois le produit des biens, ou le prix des baux courants, sans distraction des charges.*

Il ne sera rien dû pour la réunion de l'usufruit à la propriété, lorsque le droit d'enregistrement aura été acquitté sur la valeur entière de la propriété.

ARTICLE 14 (*suite*).

l'acte un extrait certifié des mercuriales.

S'il est question d'objets dont les prix ne puissent être réglés par les mercuriales, les parties en feront une déclaration estimative.

10° Pour les actes et jugements portant condamnation, collocation, liquidation ou transmission, *par le capital des sommes, et les intérêts et dépens liquidés.*

11° L'usufruit transmis à titre gratuit s'évalue à la moitié de la valeur entière de l'objet.

ARTICLE 15 (*suite*).

8° Pour les transmissions d'usufruit seulement, soit entre-vifs à titre gratuit, soit par décès, *par l'évaluation qui en sera portée à dix fois le produit des biens, ou le prix des baux courants, aussi sans distraction des charges.*

Lorsque l'usufruitier qui aura acquitté le droit d'enregistrement pour son usufruit acquerra la nue-propriété, il payera le droit d'enregistrement sur sa valeur, sans qu'il y ait lieu de joindre celle de l'usufruit.

107. Importance de la distinction des biens en meubles et immeubles : — Quant à la liquidation ;

108. — Quant à la fixation des droits proportionnels ;

109. — Quant à la théorie des droits d'*acte* et des droits de mutation.

110. Pourquoi nous ne pouvons nous attacher à cette distinction ; — non plus qu'à l'ordre numérique des textes.

111. Division adoptée.

107. Relativement à la liquidation du droit proportionnel, la distinction des biens en meubles et immeubles est fondamentale. En fait de meubles, la liquidation a lieu sur la valeur exprimée dans l'acte; à défaut, sur une déclaration estimative des parties, contre laquelle, en général, aucun contrôle n'est admis. En fait d'immeubles, au contraire, la valeur exprimée dans l'acte, ou déclarée par les parties, peut être contrôlée par une expertise (V. art. 16, 17, 18, 19).

108. Outre cette différence quant à la liquidation, il en est d'autres relatives à la fixation des droits. Les transmissions immobilières à titre onéreux sont frappées d'un impôt plus élevé que les transmissions mobilières. Cette différence a longtemps existé en toute matière; mais, pour les transmissions à titre gratuit, la loi du 18 mai 1850 a étendu aux meubles le tarif des immeubles. Cette assimilation, quant à la fixation du droit, laisse d'ailleurs subsister en entier la différence relative à la liquidation.

109. Rappelons enfin que les transmissions immobilières, en propriété ou usufruit, sont assujetties à un droit *de mutation*, et que les transmissions mobilières entre-vifs ne sont assujetties qu'à un droit *d'acte* (*suprà*, n. **13, 24, 102**).

110. Malgré ces différences, il est impossible de traiter séparément, dans leur ensemble, la matière des meubles et celle des immeubles; car les contrats et les autres titres d'acquisition, qu'ils aient pour objet des meubles ou des immeubles, ont les mêmes caractères distinctifs et les mêmes éléments de perfection (1).

Nous ne pouvons non plus nous attacher à l'ordre numérique des paragraphes de l'art. 14 ou de l'art. 15. Sauf quelques interversions, le Législateur paraît avoir été guidé, dans son énumération, par le plus ou moins d'élévation du tarif. Cet ordre, assez convenable dans une loi fiscale, ne se prête pas à une exposition didactique.

Nous y avons substitué l'ordre suivant :

111. L'exigibilité du droit proportionnel ayant été ramenée par nous à trois chefs : transmission, — obligation et libération, — condamnation (*suprà*, n. **20-23**), nous suivrons séparément chacun de ces trois chefs, en ce qui concerne seulement les opérations à titre onéreux.

Les opérations à titre gratuit seront l'objet d'une étude spéciale, dans une seconde partie.

(**110-1**) V. MM. Championnière et Rigaud, n. 1723.

PARTIE I.

DES OPÉRATIONS A TITRE ONÉREUX.

Premier chef d'exigibilité du droit proportionnel : Transmission de propriété, d'usufruit ou de jouissance de biens meubles et immeubles. — 1. Transmission de propriété. — 1. Vente.

112. « La vente est une convention par laquelle l'un s'o- « blige à livrer une chose et l'autre à la payer... » (Art. 1582 C. N.)

« Elle est parfaite entre les parties, et la propriété est acquise « de droit à l'acheteur à l'égard du vendeur, dès qu'on est « convenu de la chose et du prix, quoique la chose n'ait pas « encore été livrée ni le prix payé. » (Art. 1583 C. N.)

Ces règles concernent la vente des meubles comme celle des immeubles ; ces deux espèces de ventes ont plusieurs principes communs, mais comme elles diffèrent aussi en des points importants, nous en traiterons séparément.

La vente immobilière est celle qui présente le plus riche développement ; nous l'aborderons donc en premier lieu, posant à propos d'elle les règles communes à toute espèce de vente, et nous ne parlerons de la vente des meubles que par relation à la vente des immeubles.

Premier chef, etc. — 1. Transmission de propriété. — 1. Vente. — 1. Vente immobilière.

113. *Textes détachés.* FIXATION du droit. Art. 69, § 7. *Quatre francs par cent francs.* N. 1 : « Les adjudications, ventes, reven- « tes, cessions, rétrocessions, et tous autres actes civils et ju- « diciaires translatifs de propriété de biens immeubles à titre « onéreux. »

L. 1816, art. 52 : « Le droit d'enregistrement des ventes « d'immeubles est fixé *à cinq et demi pour cent* ; mais la forma- « lité de la transcription au bureau des hypothèques ne don- « nera plus lieu à aucun droit proportionnel. »

LIQUIDATION. Art. 15 : « La valeur de la propriété... est dé- « terminée... n. 6 : pour les ventes, adjudications, cessions, « rétrocessions, licitations, et tous autres actes civils ou judi- « ciaires, portant translation de propriété... à titre onéreux,

« *par le prix exprimé en y ajoutant toutes les charges en capital, ou par*
« *une estimation d'experts, dans les cas autorisés par la présente.* »

SECTION I.

De la translation de la propriété par l'effet du contrat de vente et de la transcription.

114. Notions historiques. — Anciennes controverses.
115. Décision de la loi de frimaire ;
116. — En harmonie avec le système postérieurement établi par le Code Napoléon sur la translation de la propriété.
117. Effets civils de la transcription — sous l'empire de la loi du 11 brumaire an 7 ;
118. — Sous l'empire du Code Napoléon ;
119. — Sous l'empire de la loi du 23 mars 1855.
120. Résumé.
121. Règles du Droit fiscal sur la transcription, en matière de vente immobilière.
122. Loi du 21 ventôse an 7.
123. Art. 834 du Code de procédure, aujourd'hui abrogé.
124. Art. 52 de la loi du 28 avril 1816.
125. Art. 61 de la même loi. — Décrets des 21 septembre 1810 et 24 novembre 1855.
126. Résumé.

114. La vente immobilière est la source la plus ancienne des droits de mutation, d'où ces droits étaient appelés *lods et ventes*, parfois même simplement *ventes*.

Ces droits étaient-ils encourus sur le contrat lui-même ou seulement après la tradition de la chose ? C'était entre les feudistes une longue et célèbre controverse (1).

D'après les principes du Droit romain, qui très-anciennement ont influé sur le développement du Droit féodal, il fallait décider que les lods n'étaient dus qu'après la tradition, car alors seulement il y avait transmission de propriété. Plusieurs cependant enseignaient que le seul fait du contrat donnait ouverture aux profits seigneuriaux, en matière de ventes ; et la pratique féodale, au temps de Dumoulin (2), était conforme à cette opinion. Tout au moins, dans les derniers temps, on s'accordait sur le point suivant, c'est que la tradition purement civile ou feinte, résultant des clauses de constitut et de pré-

(**114**-1) V. Dumoulin, *Fiefs*, § 20, gl. 3, n. 4, 11, 12 et gl. 5, n. 11.

(**114**-2) V. Dumoulin, § 20, gl. 3, n. 12.

caire (*suprà*, n. 84), suffisait pour la translation immédiate de la propriété et, par suite, pour l'exigibilité des lods (3). Or, comme les clauses de constitut et de précaire et autres équivalentes avaient passé dans le style des notaires, la controverse n'avait plus une grande portée. En définitive, par la voie droite ou par la voie oblique on arrivait à percevoir sur le contrat.

La jurisprudence du centième denier ne manqua pas de consacrer l'opinion la plus simple, et d'ordonner la perception immédiate sur le contrat. C'est en ce sens qu'il faut entendre ce que dit l'auteur du *Dictionnaire des Domaines* (v° *Résiliement)* : « L'on n'admet pas en France les formalités de la « tradition, introduites par les lois romaines; tout contrat « est translatif de propriété. » Un autre domaniste, commentateur du tarif de 1722, s'exprime d'une façon moins tranchante, et il est bon de noter en quels termes il entreprend de justifier la jurisprudence établie : « Le centième « denier étant fondé sur la translation de propriété, les ventes « dénuées de tradition ne devraient pas être assujetties à ce « droit, puisqu'il n'y a que la tradition qui transfère la pro- « priété; mais comme cette conséquence souffre des difficultés « dans la pratique, il est nécessaire de les éclaircir. Les ventes « simples, par exemple, n'étant point consommées par la tra- « dition, ne transfèrent point de propriétés; cependant les « commis ne doivent pas hésiter à en percevoir le droit de « centième denier, au moment qu'elles leur sont présentées, « autrement il arriverait que la tradition qui n'est pas néces- « saire pour rendre ces ventes obligatoires (puisqu'elles le sont « par la seule convention) venant à se faire par la suite, ils « auraient abandonné le droit de centième denier d'une vente « qui, par l'événement, se trouverait parfaite et consommée. « Il est vrai que dans les règles ce droit ne devrait être perçu « que par provision, et devrait être rendu dans le cas où le ven- « deur rentrerait dans son héritage avant l'exécution de la « vente; mais cette maxime serait contraire à l'ordre de régie « des fermes, parce que les fermiers ne pourraient jamais « compter sur des productions certaines (4). »

(114-3) Boutaric, *des Lods*, § 13, n. 3, et son Annotateur, *ibid.*, n. 13.

(114-4) Commentaire sur les tarifs du contrôle des actes et de l'insinuation

115. La loi de frimaire, qui résumait à la fois les principes reçus et en matière de lods et en matière de centième denier, coupa court à toutes ces controverses. Elle imposa le contrat de vente en lui-même, bien qu'en l'an 7 la tradition, au moins la tradition feinte, fût encore exigée par le Droit civil pour la translation de propriété.

116. Aujourd'hui la décision de la loi de frimaire se trouve en harmonie avec le Code Napoléon, qui, supprimant l'ancienne subtilité des traditions feintes (1), veut que, par sa seule énergie, le contrat de vente transfère immédiatement la propriété.

117. Toutefois il faut remarquer les termes du seul article du Code qui consacre expressément ce résultat quant aux immeubles. C'est l'art. 1583 précité. (Comparez art. 711, 938, 1138, 1140 C. N.) La vente « est parfaite *entre les parties*, et « la propriété est acquise de droit à l'acheteur *à l'égard du « vendeur*, etc. » Cette restriction fait allusion à la disposition suivante de la loi du 11 brumaire an 7, sur le *régime hypothécaire* (art. 26) :

« Les actes, translatifs de biens et droits susceptibles d'hypo- « thèques, doivent être transcrits sur les registres du bureau « de la conservation des hypothèques dans l'arrondissement « duquel les biens sont situés.

« Jusque-là, ils ne peuvent être opposés aux tiers qui au- « raient contracté avec le vendeur, et qui se seraient confor- « més aux dispositions de la présente. »

118. La loi du 11 brumaire an 7, sur le régime hypothécaire, était en vigueur, lorsque fut voté et promulgué le titre du Code civil sur la vente (15-25 ventôse an 12). Mais, peu de jours après, la loi du 8 germinal an 12, qui forme aujourd'hui le titre des *Priviléges et Hypothèques* au Code, remplaça la loi de brumaire et abrogea implicitement l'effet attribué à la trans-

du 29 septembre 1722 et sur les droits du centième denier. *Paris*, 1766, in-12, page 43. — Notez, en passant, l'origine historique de l'article 60 L. frim.

(116-1). V. M. Valette, dans la *Revue de Droit français et étranger*, tome 3 (1846), page 781, à la note.

cription par cette loi. Le contrat de vente, dès lors, transmit immédiatement la propriété à l'acheteur, non pas seulement *à l'égard du vendeur*, mais à l'égard de tous. Les termes restrictifs de l'article 1583 restèrent comme les *témoins* d'un édifice détruit, et désormais ils furent dénués de tout effet pratique.

119. Aujourd'hui la loi du 23 mars 1855 (1), malgré des différences notables, a remis en vigueur le système de la loi de brumaire sur la transcription. Voici les dispositions fondamentales de la loi nouvelle :

« Art. 1er Sont transcrits au bureau des hypothèques de la situation des biens :

« 1° Tout acte entre-vifs, translatif de propriété immobi- « lière ou de droits réels susceptibles d'hypothèques ;

« 2° Tout acte portant renonciation à ces mêmes droits ;

« 3° Tout jugement qui déclare l'existence d'une conven- « tion verbale de la nature ci-dessus exprimée ;

« 4° Tout jugement d'adjudication, autre que celui rendu « sur licitation au profit d'un cohéritier ou d'un copartageant.

« Art. 2. Sont également transcrits :

« 1° Tout acte constitutif d'antichrèse, de servitude, d'usage « et d'habitation ;

« 2° Tout acte portant renonciation à ces mêmes droits ;

« 3° Tout jugement qui en déclare l'existence en vertu d'une « convention verbale ;

« 4° Les baux d'une durée de plus de dix-huit années ;

« 5° Tout acte ou jugement constatant, même pour bail de « moindre durée, quittance ou cession d'une somme équiva- « lente à trois années de loyers ou fermages non échus.

« Art. 3. Jusqu'à la transcription, les droits résultant des « actes ou jugements énoncés aux articles précédents, ne peu- « vent être opposés aux tiers qui ont des droits sur l'immeu- « ble, et qui les ont conservés en se conformant aux lois.

« Les baux qui n'ont point été transcrits ne peuvent jamais « leur être opposés pour une durée de plus de dix-huit ans. »

(119-1). V. l'explication de cette loi par M. Bressolles, professeur à la Faculté de Droit ; Toulouse, 2e édition, 1856. — Les travaux préparatoires de cette loi importante ont été publiés *in extenso* dans le *Répertoire périodique*, n. 298.

120. En résumé, au point de vue du Droit civil, la transcription est aujourd'hui, comme elle étaient l'an 7, une formalité nécessaire pour opérer à *l'égard de tous* la translation de la propriété. C'est, à proprement parler, le complément de la mutation, et, seulement sous cette réserve, on peut dire avec exactitude que la propriété est transférée par le contrat.

121. Au point de vue de la perception de l'impôt, le droit proportionnel de transcription est aujourd'hui entièrement fondu avec le droit de mutation qui frappe la vente immobilière. Il est perçu lors de l'enregistrement du contrat, indépendamment de l'accomplissement ultérieur de la formalité; bien plus, il est encouru, au cas de mutation verbale (V. *suprà*, n. **80** et suiv.), alors que cet accomplissement est matériellement impossible. Il importe encore cependant de suivre le développement historique de la législation sur cette matière.

122. En l'an 7, le droit de mutation, avons-nous dit (*suprà*, n. **15**), était assis sur le contrat de vente. Quant au droit de transcription, il fut ainsi réglé par la loi du 21 ventôse an 7 (art. 25) : « Le droit sur la transcription des actes emportant « mutation de propriétés immobilières, sera d'un et demi « pour cent du prix intégral desdites mutations, suivant qu'il « aura été réglé à l'enregistrement. »

Ainsi, quoique la transcription fût, en Droit civil, le complément de la mutation, la loi fiscale, à l'origine, y attachait un impôt tout à fait distinct et simplement accessoire au droit d'enregistrement. Le mode de la perception accusait bien cette distinction, car le droit de mutation (4 pour 100) était acquitté entre les mains du receveur de l'enregistrement, et le droit de transcription (1,50 pour 100) entre les mains du conservateur des hypothèques. Nulle mesure coërcitive, nul délai de rigueur n'étaient établis pour l'acquittement de ce dernier droit. Le Législateur alors pouvait penser que l'acquéreur serait suffisamment poussé par son intérêt propre à requérir volontairement la transcription.

123. Mais l'intérêt qu'avait l'acquéreur à requérir la formalité de la transcription fut tellement amoindri par le Code civil (nonobstant art. 2108, 2181 C. N.), que cette prévision du Législateur ne pouvait plus se réaliser.

Depuis la promulgation du titre des hypothèques, au Code, la formalité de la transcription fut généralement négligée; de là une grande diminution dans les produits de l'impôt.

Cet état de choses éveilla la sollicitude du Gouvernement et ce fut, en partie, dans la vue de pourvoir à cette lacune dans la recette du Trésor, que les auteurs du Code de procédure, en l'année 1806, augmentèrent l'efficacité de la transcription quant à ses effets civils. (V. art. 834 Proc., aujourd'hui abrogé par la loi du 23 mars 1855, art. 6.)

124. Le résultat financier de cette mesure n'ayant pas été suffisant, la loi du 28 avril 1816 (art. 52, cité *suprà*, n. **113**) prit une décision purement fiscale, en fondant les deux impôts l'un dans l'autre (*suprà*, n. **121**) et en augmentant ainsi notablement le droit de mutation immobilière.

125. Au moyen de l'augmentation du droit d'enregistrement, « la formalité de la transcription au bureau de la con- « servation ne *donne* plus lieu à aucun droit proportionnel. » (L. 1816, art. 52 *in fine*.)

Cette formalité encourt seulement le droit fixe d'un franc, plus le salaire du conservateur. (V. 1816, art. 61.)

Pour la fixation du salaire du conservateur, voyez les décrets du 21 septembre 1810 et du 24 novembre 1855 (1).

126. En somme, la vente est imposée comme acte translatif de propriété. Bien que la transmission ne soit opérée à *l'égard de tous* que par la transcription, c'est sur le contrat qu'est assis le droit de 5,50 pour 100.

Voilà les points que nous avons tâché d'éclaircir.

Il nous reste à étudier les éléments de perfection du contrat.

SECTION II.

Éléments de perfection du contrat de vente.

127. De la vente et de la promesse *synallagmatique* de vente.
128. De la promesse *unilatérale* d'acheter ou de vendre.

(125-1) V. encore l'*état* des *droits*, *salaires* et *frais*, annexé à l'explication de la loi du 23 mars 1855, par M. Bressolles.

127. Il y a vente dès qu'il y a consentement réciproque des deux parties sur la chose et sur le prix. Dès là que ce consentement réciproque existe, il importe peu que l'acte soit qualifié *vente* ou *promesse de vente* (art. 1589 C. N.). Dans ce dernier cas, la qualification donnée à l'acte ne peut prévaloir sur la réalité; la vente est parfaite, la propriété transférée, le droit de mutation exigible.

Conséquemment, lorsque les parties, comme il arrive souvent, font un acte sous seing privé, qui doit être ultérieurement réitéré devant notaires, le délai fatal de trois mois court du jour de l'acte sous seing privé, si cet acte contient l'obligation réciproque des deux parties, essentielle à la vente. (Cpr. *suprà*, n. **83**, **87**.)

128. Mais si la convention est unilatérale, que l'une des parties seulement s'oblige envers l'autre, soit à acheter, soit à vendre, la convention est valable sans doute (1), mais elle n'encourt aucun droit proportionnel.

Elle n'encourt pas le droit de vente, cela est évident, puisqu'il n'y a pas encore vente. Mais la promesse d'acheter, consistant en une obligation de sommes, encourt-elle le droit proportionnel d'un pour cent (art. 69, § 3, n. 3)? Non, car l'auteur de la promesse n'est obligé qu'éventuellement, à savoir sous la condition que le créancier en exigera l'accomplis-

(**128**-1) On en a douté, mais par une fausse interprétation de l'art. 1174 C. N.; car, par hypothèse, la condition est potestative seulement de la part du créancier. — Voyez cependant Merlin, *Répert.*, vº *Vente*, § 7, n. 5, et *Questions*, vº *Vente* (*Promesse de*).

sement, en s'obligeant lui-même à vendre, auquel cas la vente sera réalisée.

Donc la promesse unilatérale soit d'acheter, soit de vendre, encourt seulement le droit fixe de deux francs, comme acte civil innomé.

129. La détermination du prix est de l'essence de la vente, et en principe, ce prix « doit être déterminé et désigné *par les* « *parties* (art. 1590 C. N.). Il peut *cependant* être laissé à l'arbi- « trage d'un tiers : si le tiers ne veut ou ne peut faire l'esti- « mation, il n'y a point de vente » (art. 1591 C. N.).

Cette disposition tranche de longues et anciennes controverses sur lesquelles il n'est pas inutile de nous arrêter un moment.

130. Les anciens jurisconsultes romains avaient douté qu'une pareille convention fût une vente. Quelques-uns mêmes lui refusaient toute espèce d'effet (1). On n'a cependant jamais douté que la vente ne pût être faite sous condition (2); mais ici le cas est bien différent.

Une condition est une clause accidentelle, apposée à une convention qui renferme d'ailleurs tous les éléments de validité : le consentement, l'objet, la cause. Dans l'espèce, il y a défaut d'un élément essentiel : faute de prix, l'obligation du vendeur n'a pas de cause; celle de l'acheteur n'a pas d'objet. D'où il est rigoureusement exact de conclure que la convention est imparfaite et dépourvue de tout effet. Cependant l'utilité pratique a fait recevoir l'opinion contraire : il a donc prévalu qu'une pareille convention équipolle à une vente.

131. Mais quelle doit être la portée précise d'une pareille

(**130**-1) Gaius III, 140 : « Labeo negavit ullam vim hoc negotium habere. » Pris à la lettre, ces mots semblent indiquer que non-seulement la convention ne constituait pas le contrat de vente, mais qu'elle était même dépourvue de l'effet ordinaire d'une *nuda conventio*, sans doute à cause de l'imperfection du consentement des parties et de l'indétermination de l'objet.

(**130**-2) *Nec obstat* Gaius (III, 146), dont la pensée doit être ainsi traduite : « On ne doute plus aujourd'hui que par l'événement d'une condition, « une convention ne puisse aboutir soit à une vente, soit à un louage. »

convention? En s'en référant à l'estimation d'un tiers déterminé, les parties sont-elles implicitement convenues de s'en référer, à défaut de ce tiers, à l'arbitrage d'experts?

Sur ce point nouvelles controverses.

Justinien décida que si le tiers désigné ne voulait ou ne pouvait faire *lui-même* l'estimation, la vente serait non avenue. Par là, il consacra définitivement l'opinion qui tendait à prévaloir dans la jurisprudence : la convention dont il s'agit équipolle à vente, mais à vente conditionnelle (1).

132. Le Code Napoléon a reproduit littéralement cette décision. Il l'a fait avec une intention marquée, car, malgré l'autorité de la Constitution de Justinien, les controverses que le Législateur avait voulu prévenir étaient venues à renaître dans notre ancien Droit français (1).

133. Si les parties conviennent expressément de laisser la fixation du prix à l'arbitrage d'experts, à nommer par justice, nous sortons de l'hypothèse réglée par la loi, et nous devons décider en vertu des seuls principes du Droit : 1° si la convention est obligatoire ; 2° si elle constitue la vente ou un contrat équipollent.

La raison de douter tient à l'incertitude qui règne sur la manière dont la convention peut aboutir, car on n'est pas d'accord sur les points suivants :

Les juges sont-ils tenus de nommer les experts? Quelques-uns le nient : « C'est, disent-ils, une mission tout amiable « qu'aucune loi ne place dans les attributions des magistrats. » (V. MM. Champ. et Rig., n. 1895.)

Les experts sont-ils tenus de remplir leur mission? On en peut douter par le même motif.

Enfin, l'avis des experts sera-t-il définitif ou pourra-t-il être modifié par le tribunal?

(**131**-1) C. 15, au Code, *de Contrah. empt.* (IV, 38). Pothier, dans ses *Pandectes* (liv. 18, tit. 1, n. 27), analyse ainsi la constitution de Justinien : « Constituit Justinianus ut *quasi* sub conditione facta emptio penderet. » Voyez MM. Championnière et Rigaud, n. 1889.

(**132**-1) V. Automne, sur la loi finale, au Code, *de Contrah. empt.*, et Pothier, *Vente*, n. 24.

Sur toutes ces questions, on ne peut invoquer directement les règles de l'expertise, tracées par le Code de procédure (V. notamment art. 320, 323). Dans les cas ordinaires, la loi a dû pourvoir au moyen de mettre fin aux contestations des citoyens; mais il n'apparaît pas aussi clairement que la société doive intervenir pour leur aider à compléter une convention imparfaite.

Toutefois, s'agissant d'une opération qui n'a rien de contraire à l'ordre public, et dont l'objet est sinon déterminé, au moins déterminable (art. 1129 C. N.), on décide généralement que la convention est obligatoire. J'admets cette solution, mais je ne puis aller jusqu'à dire qu'une convention, dont les effets sont aussi mal définis, constitue immédiatement un acte translatif de propriété. Sans doute, la partie qui refusera d'exécuter la convention encourra des dommages-intérêts; ces dommages-intérêts pourront même consister dans une condamnation à passer vente moyennant tel prix, faute de quoi le jugement vaudra titre et opèrera transmission. Mais cela dépendra des circonstances dont les juges du fait ont l'appréciation souveraine, et le tout pourra aussi bien se résoudre en une condamnation purement pécuniaire.

134. Pothier dit à ce propos (*Vente*, n. 25) : « On peut « vendre une chose pour le prix qu'elle sera estimée par ex- « perts dont les parties conviendront. Si, en ce cas, le prix « n'est pas certain lors du contrat, il suffit qu'il doive le deve- « nir par l'estimation qui en sera faite.

« Quelques interprètes prétendent que ce contrat est un con- « trat *innomé*, qui donne lieu à l'action *præscriptis verbis*, et qui « imite seulement le contrat de vente, plutôt qu'il n'est un « vrai contrat de vente; mais ces subtiles distinctions de con- « trats ne sont point admises dans notre Droit français, et ne « sont d'aucun usage dans la pratique. »

Ce passage est d'une attrayante simplicité, mais est-il bien exact? A force de purger notre Droit des subtilités romaines, ne court-on pas risque de lui enlever la rigueur logique, qui seule peut donner aux décisions judiciaires l'harmonie systématique, la constance, l'unité? Quoi qu'il en soit, et s'il est vrai qu'au point de vue des rapports obligatoires des parties, *ces subtiles distinctions de contrats* sont le plus souvent bannies de la pratique des affaires, on ne peut nier que l'exigibilité des droits d'enregistrement ne dépende de ces mêmes distinctions subtiles.

Cela posé, abordons en détail le règlement de la perception.

135. I. Dans la première hypothèse, lorsque la détermination du prix est laissée à l'arbitrage d'une *telle* personne (n. **129-132**), la convention encourt un droit fixe, et le droit proportionnel est seulement exigible lors de l'estimation.

Ce premier point ne souffre aucune difficulté (**1**).

II. Mais on peut encore se demander à quelle époque il faut se reporter pour la fixation du droit proportionnel. Est-ce au jour du contrat, ou au jour de l'estimation? La question a de l'intérêt, pour le cas d'un changement de tarif survenu entre ces deux moments (V. L. de **1816**, art. 59).

D'après l'observation que nous avons faite ci-dessus (n. **130**) sur la nature de la condition, il serait rigoureusement exact de décider que la vente s'opère seulement du jour de l'estimation, sans effet rétroactif au jour du contrat. Conséquemment, il faudrait appliquer le tarif en vigueur au jour de l'estimation. Mais la simplicité pratique ayant fait considérer la convention originaire comme vente conditionnelle, et le législateur ayant statué en ce sens, il faut appliquer la théorie ordinaire des conditions et percevoir d'après le tarif en vigueur au jour du contrat (*suprà*, n. **34**).

III. Quant au droit fixe encouru à tout événement sur le contrat (*suprà*, n. **35, 36**), on a prétendu (2) appliquer le droit de trois francs qui frappe « les compromis ou nominations d'arbitres » (L. **1816**, art. **44**, n. 2; Cpr. L. fr., art. **68**, § **1**, n. **19**).

Les arbitres dont parle la loi de **1816** sont les arbitres-juges, nommés en vertu d'un compromis (V. art. **1003** et s. C. Proc., et art. **51** et s. C. Com.). Or, l'acte en question n'est pas un compromis, le tiers-estimateur n'exerce aucune juridiction, ce

(**135**-1) V. pourtant, en sens contraire, l'Instr. 566 (12 mars 1812). Mais en ce sens, V. Jugement du trib. de Pamiers du 25 avril 1825, contre lequel l'Administration ne s'est pas pourvue. V. encore la Délibération du 27 septembre-2 décembre 1833 (Dall. 2303, 2305), et *infrà* n. **137**.

(**135**-2) Jugement précité du trib. de Pamiers (*suprà*, **135**-1).

n'est pas un arbitre dans le sens légal. Le contrat encourt donc seulement le droit fixe de deux francs, comme acte civil innomé.

136. Dans la seconde hypothèse (lorsque les parties sont expressément convenues de remettre la détermination du prix à l'arbitrage d'experts à nommer par justice, *suprà*, n. **133**), la loi n'ayant pas réglé la situation, les principes purs du Droit reprennent leur empire. Il faut donc décider que la vente ayant lieu seulement du jour de l'estimation, c'est à ce moment et d'après le tarif de ce jour que le droit proportionnel est encouru.

Quant au droit fixe à percevoir sur le contrat, c'est également le droit des actes civils innomés (deux francs, *suprà*, n. **135**-III).

137. L'Administration concède bien aujourd'hui (*suprà*, n. **135-1**) que, dans la première hypothèse, l'exigibilité du droit proportionnel est suspendue jusqu'au jour de l'estimation, parce qu'il est incertain si le tiers voudra ou pourra faire l'estimation.

Mais, dans la seconde hypothèse, il s'agit, dit-on, « d'une « évaluation qui ne peut manquer d'avoir lieu par l'effet des « précautions prises par les parties (1), » car il ne paraît pas douteux qu'un expert sera nommé et qu'il procédera.

L'événement, n'ayant plus rien d'incertain, n'est plus une condition, mais un terme. Or, le terme n'influe pas sur la perception. Donc le droit proportionnel est immédiatement exigible, et la liquidation doit s'en faire, dès avant l'expertise, sur la déclaration estimative des parties (art. 16 L. fr.).

Ce système est certainement fort plausible, et il a tout au moins le mérite de la simplicité. Je persiste cependant à croire avec *les quelques interprètes* combattus par Pothier (*suprà*, n. **134**), que le contrat en question « est un contrat innomé, « qui imite seulement le contrat de vente, plutôt qu'il n'est « un vrai contrat de vente, », et que *ces subtiles distinctions* de

(**137-1**) Délibération précitée (*suprà*, n. **135-1**) du 27 septembre 1833. V. dans le même sens, *Cass.*, 19 mars 1850 (Dall. 5393).

contrats écartent, dans l'espèce, l'exigibilité immédiate du droit proportionnel.

SECTION III.

Définition stricte des mots* Vente, Adjudication, Revente, Cession, Rétrocession. — *Du Résiliement dans les vingt-quatre heures. — De la Licitation. — De la Dation en payement.

138, 139. Utilité pratique de cette définition pour l'application du droit de transcription.
140. Article 52 de la loi de 1816.
141. Article 54 de la même loi.
142. Loi du 23 mars 1855.
143. Influence indirecte de cette loi sur la controverse antérieure.
144. Transition.
145. De la vente, *stricto sensu.*
146. De l'adjudication.
147. De la revente.
148. De la cession.
149. De la rétrocession.
150. Des résiliements dans les vingt-quatre heures. — Application à la vente immobilière.
151, 152. Origine historique des dispositions de la loi sur les résiliements.
153. Transition aux lois modernes.
154. Règlement de la perception : 1° sur l'acte de résiliement;
155-161. 2° sur l'acte résilié.
162. De la licitation.
163. De la dation en payement.

138. Le mot *vente,* dans le sens large où nous l'avons employé jusqu'à présent, comprend toute aliénation d'une chose, moyennant un prix en argent ou valeurs équivalentes. Cependant la loi de frimaire (art. 69, § 7, n. 1 ; art. 15, n. 6, *suprà* n. **113**) énumère, outre la vente proprement dite, les *adjudications, reventes, cessions, rétrocessions,* enfin les *licitations*. Il importe de fixer le sens exact de ces mots et de rechercher si ces différents actes rentrent tous dans la famille de la vente.

139. Au premier abord, on n'aperçoit pas l'utilité pratique de cette recherche ; car l'énumération des actes cités n'est pas limitative : après avoir parlé des adjudications, ventes, etc., la loi assujettit au même droit d'enregistrement (4 pour 100)

« tous autres actes civils ou judiciaires, translatifs de propriété « ou d'usufruit de biens immeubles, à titre onéreux. »

Mais, pour l'application du droit de transcription, il importe grandement de distinguer, parmi les actes translatifs à titre onéreux, quels sont ceux qui rentrent ou ne rentrent pas dans la catégorie des ventes.

140. En effet, aux termes de l'art. 52 de la loi de 1816, (*suprà*, n. **124**) le droit d'enregistrement des *ventes* d'immeubles est fixé à 5,50 pour 100, sans qu'il soit besoin de rechercher si la formalité de la transcription offre, ou non, quelque utilité aux parties.

On conclut de là avec raison que, dans le cas même où une vente d'immeubles est expressément dispensée de la transcription, comme au cas de l'art. 2189 du Code Napoléon, le droit d'enregistrement demeure néanmoins fixé à 5,50 pour 100, car le texte de l'art. 52 de la loi de 1816 ne comporte aucune distinction.

141. Au contraire, pour tout titre d'acquisition d'immeubles qui n'est pas une vente, l'art. 54 de la même loi de 1816 statue en ces termes : « Dans tous les cas où les actes seront de « nature à être transcrits au bureau des hypothèques, le droit « sera augmenté d'un et demi pour cent, et la transcription « ne donnera plus lieu à aucun droit proportionnel. »

Pour percevoir le droit supplémentaire d'un et demi pour cent, le receveur doit donc examiner si l'acte, présenté à la formalité de l'enregistrement, est, ou non, *de nature à être transcrit*, c'est-à-dire, d'après l'interprétation constante de la Cour de cassation, si, au point de vue du Droit civil, la transcription présente aux parties une utilité quelconque.

142. Cet examen soulevait naguère des questions fort délicates ; aussi est-il peu de matières qui prêtent plus à la controverse et offrent un plus grand nombre de décisions judiciaires.

La loi du 23 mars 1855, (*suprà*, n. **119**) a réglé plusieurs des points controversés, quant au Droit civil, en déterminant expressément les actes qui sont de nature à être transcrits. Mais cette loi, dont le but est exclusivement civil, laisse subsister toutes les difficultés, soulevées antérieurement, en Droit fiscal.

En effet, la loi ne se borne pas à énumérer les actes qui précédemment étaient de nature à être transcrits; elle statue, en outre, par une disposition entièrement nouvelle, en assujettissant à la transcription des actes qui jusqu'alors n'en étaient pas susceptibles (notamment les baux d'une durée de plus de dix huit ans, L. 1855, art. 2, n. 4); puis, par une disposition transitoire, seule relative au droit fiscal, le législateur décide (art. 12) : « Jusqu'à ce qu'une loi spéciale détermine « les droits à percevoir, la transcription des actes ou juge- « ments qui n'étaient pas soumis à cette formalité avant la « présente loi est faite moyennant le droit fixe d'un franc. »

Donc pour l'application de l'art. 54 de la loi de 1816, le receveur doit toujours se demander quels actes, avant la loi de 1855, étaient ou non *soumis à la transcription*, en d'autres termes, quels actes étaient de *nature à être transcrits*, c'est-à-dire dans quel cas la transcription, avant la loi de 1855, et abstraction faite des dispositions novatrices de cette loi, présentait aux parties une utilité quelconque.

La controverse des quarante dernières années subsiste donc toujours dans les mêmes termes; le législateur de 1855 a évité de s'y engager.

143. Voici pourtant un point où la loi nouvelle me paraît devoir modifier indirectement la jurisprudence antérieurement établie :

Bien qu'un acte ne soit pas de nature à être transcrit, il peut arriver que les parties, par excès de précaution, requièrent la formalité. Dans ce cas, le droit proportionnel d'un et demi pour cent, n'ayant pu être perçu par le receveur de l'enregistrement, doit-il être exigé par le conservateur des hypothèques? Oui, dit la Cour de cassation « il a suffi que *les par- « ties* aient, dans leur intérêt, bien ou mal entendu, requis « cette transcription, pour que la régie de l'enregistrement « *soit* autorisée à exiger des droits que la loi du 21 ventôse « an 7 et celle du 28 avril 1816 appliquent à cette formalité, « parce que le préposé de la régie auquel la transcription d'un « acte est demandée, loin de pouvoir se permettre d'apprécier « les motifs de cette demande, et de se rendre juge de l'uti-

« lité ou de l'inutilité de la transcription, est tenu de déférer « à cette réquisition sous les peines portées en l'art. 2199 du « Code civil, ce qu'il ne peut faire sans percevoir le droit que « la loi applique à cette formalité (1). »

Cette décision était justement fondée sur l'art. 61 de la loi de 1816, ainsi conçu : « Les actes de transmission d'immeu-« bles et droits immobiliers, susceptibles de transcription, ne « seront assujettis à cette formalité que pour un droit fixe d'un « franc, outre le droit du conservateur, lorsque les droits en « auront été acquittés de la manière prescrite par les art. 52 « et 54 de la présente loi. » C'est-à-dire *lorsque* les droits en ont été perçus d'avance par le receveur de l'enregistrement ; sinon, non. En somme, la transcription supposait toujours l'acquittement du droit proportionnel d'un et demi pour 100, soit entre les mains du receveur, soit subsidiairement entre les mains du conservateur.

Aujourd'hui il n'en est plus ainsi. Toutes les fois que la transcription est requise en vertu des dispositions novatrices de la loi de 1855, le droit fixe d'un franc (outre le salaire) est seul encouru. Lors donc que les parties surabondamment, par erreur de Droit, requièrent la transcription d'un acte pour lequel cette formalité est inutile, on ne peut plus dire, comme autrefois, que la perception du droit proportionnel soit le préalable nécessaire de la formalité. Ainsi désormais le fondement de la jurisprudence vient à manquer, et par cela seul que, en Droit, l'acte n'est pas de nature à être transcrit, la transcription qui est requise, en fait, doit avoir lieu pour le droit fixe d'un franc.

144. Maintenant que nous avons déterminé l'intérêt pratique de notre recherche (n. **140**, **141**), procédons aux définitions dont il s'agit.

145. Le mot *vente*, dans son acception la plus étroite, désigne la vente amiable, faite de gré à gré.

146. L'adjudication est une vente aux enchères ; si elle est

(**143**-1) Arrêt du 11 mars 1829 (MM. Champ. et Rig., n. 4031). — Le même principe est consacré incidemment dans un arrêt de rejet de la Chambre civile du 5 février 1850 (MM. Champ., Rig. et Pont, *Supplément*, n. 682).

volontaire, il est évident qu'elle n'est rien autre chose qu'un contrat de vente; mais alors même qu'elle a lieu par ordre du juge, en sa présence ou devant un notaire commis par justice, elle ne cesse pas d'être une vente et tient plus de la nature des contrats que de celle des jugements.

On en conclut avec raison que l'adjudication sur saisie encourt le droit de 5,50 pour 100 (1), bien qu'il soit très-douteux qu'avant la loi du 23 mars 1855 le jugement d'adjudication, en ce cas, fût un acte de *nature à être transcrit* (V. art. 686, 692 C. Pr.).

147. La revente est une vente pure et simple, considérée par rapport à un vendeur originaire. Ainsi *Primus* vend à *Secundus*, *Secundus* vend à *Tertius*; le second contrat est une revente par rapport à *Primus*.

148. Le mot *cession* s'applique ordinairement à la vente des créances. En matière immobilière, il faut l'appliquer à la vente d'une action en revendication, et plus généralement d'une action quelconque en reprise d'un immeuble. Cette matière donne lieu à une théorie délicate que nous aborderons ultérieurement.

149. La rétrocession est une revente faite par l'acheteur au vendeur. Elle donne ouverture à un nouveau droit de mutation, car il importe peu que le fonds circule de Pierre à Paul et de Paul à Jacques, ou de Pierre à Paul et de Paul à Pierre. Dans les deux hypothèses, le fonds a deux fois changé de mains et doit subir deux fois le droit de mutation.

150. Notons cependant ici la disposition de l'art. 68, § 1, n. 40, qui frappe d'un droit fixe (porté à deux francs par la loi de 1816, art. 43, n. 20) « les résiliements purs et simples, « faits par actes authentiques dans les vingt-quatre heures des « actes résiliés. »

« Cette disposition, fort simple et d'une application facile en apparence, dit Championnière (1), est le résultat d'une des

(146-1) Civ.-rej. 25 juillet 1821 (Dall. 2275).

(150-1) *Revue étrangère et française*, tome 10 (1843), page 286. Cette

controverses les plus vives que présente la matière des droits féodaux. » Arrêtons-nous un moment sur son origine, pour en mieux déterminer la portée.

151. D'après les principes du Droit romain, le contrat de vente est seulement créateur d'obligations, la transmission de la propriété résulte de la tradition du fonds. Tant que les choses sont entières, c'est-à-dire tant qu'il n'y a eu ni tradition, ni payement du prix, les obligations, nées du seul consentement des parties, peuvent être dissoutes par l'accord des mêmes parties en sens contraire. L'accord des parties pour s'obliger est un *contrat*, l'accord des parties pour se libérer est un *distrat*; l'antithèse, devenue classique dans le langage des jurisconsultes modernes, se rencontre déjà dans quelques textes du Droit romain. Or, puisque le contrat, non suivi de tradition, n'a opéré aucune translation de propriété, le distrat n'opère aucune retranslation.

A l'inverse, si la tradition a suivi, la chose peut, sans doute, par un nouvel accord, revenir aux mains du vendeur; mais alors la seconde convention n'est plus un distrat, c'est un second contrat de vente : «*Actus priori similis retro agens venditionem* (1), » en un mot, d'après le langage moderne, une rétrocession. La seconde tradition, faite en vertu du second contrat, opère retranslation de la propriété.

152. L'application pure de ces principes à la matière des droits seigneuriaux aurait amené cette double conséquence :

1° Avant la tradition, aucune mutation, aucuns lods;

2° Après la tradition, double mutation, doubles lods (1).

dissertation est une des œuvres les plus remarquables de Championnière. J'y renvoie pour l'indication des sources dont elle m'a fourni l'indication. Cependant, en vérifiant ces sources, je suis arrivé à quelques légères dissidences dans mon exposition historique. Ce sont des nuances qu'un observateur attentif pourra saisir en y regardant à la loupe, et dont j'avertis pour n'être pas accusé de résumer inexactement la pensée propre de Championnière.

(**151**-1) Loi 1, au Code, *Quando liceat ab emptione discedere* (IV, 45). — Les feudistes ont méconnu le véritable sens de cette loi; ils ont assimilé le distrat et l'*actus priori similis retro agens venditionem*, qui en est précisément l'opposé. — V. notamment Fonmaur, n. 621.

(**152**-1) Comparez Fonmaur, n. 626 bis, qui prétend appliquer les principes purs du Droit romain.

Logiquement, il n'y a nul compte à tenir de l'intervalle de temps écoulé entre les deux conventions.

Mais cette simplicité logique est trop souvent étrangère au développement pratique du Droit.

Dans l'espèce, outre que l'on ne s'accordait pas sur l'affranchissement du contrat, non suivi de tradition (*suprà*, n. **114**), la subtilité des traditions feintes (*suprà*, n. **84** et **114**) introduisait dans la matière d'infinies complications. Les jurisconsultes ne s'entendaient ni sur les principes, ni sur les conséquences de la théorie des distrats; mille distinctions arbitraires étaient proposées. L'annotateur de Boutaric fait à ce propos cette réflexion excellente, qui est toujours de saison :

« On n'est que trop accoutumé, dans toute cette matière des « fiefs, à voir abandonner sans peine les grands principes, « pour suivre des vues arbitraires. Il faut avoir des règles « fixes, invariables et certaines; autrement on ne fait que « brouiller les choses, et porter le désordre dans la so- « ciété (2). »

Dans la discordance des théories doctrinales, dans la divergence des textes des Coutumes, un point finit par surnager, c'est que le retour de la chose aux mains du vendeur n'encourait aucuns droits, s'il s'opérait dans un bref intervalle. Cette considération du temps, tout à fait étrangère à la théorie romaine, fut appuyée sur un motif purement dogmatique, c'est qu'un consentement retiré aussitôt que donné, incontinent, avant de divertir à autres actes, est comme non avenu. *Non videtur factum quod non durat factum*, disait-on d'après Dumoulin (§ 78, gl. 1re, n. 32 et suiv.); il parut raisonnable d'étendre la règle à un délai très-court, « comme de huit, « quinze jours, un mois même si les circonstances sont favo- « rables (Guyot, chap. 18). » Certaines Coutumes avaient à cet égard une disposition expresse : Rheims et Vermandois disaient huit jours, Auxerre et Valois vingt-quatre heures (3).

Ce délai de vingt-quatre heures fut admis par quelques-uns sous les Coutumes muettes (4); il fut accueilli par la juris-

(**152**-2) Sudre, sur Boutaric, § 13, n. 8.

(**152**-3) Rheims, art. 137 ; — Vermandois, art. 138 ; — Auxerre, art. 73 et 90 ; — Valois, art. 22.

(**152**-4) Duparc-Poullain, ***Principes du Droit français***, tome 2, p. 362.

prudence du *Conseil*, en matière de centième denier (5); de là il a passé dans la loi moderne.

Non videtur factum, quod non durat factum, ou encore : *Momentanea non considerantur, et paria sunt non esse aut desinere* (Delalande, sur Orléans). Tel est donc le principe qui prévaut, dans les derniers temps de la controverse. Or ce principe ne tend pas seulement à affranchir du droit l'acte de résiliement, mais aussi bien à affranchir le contrat résilié, car ce contrat, dit Fonmaur, « est effacé et anéanti, comme s'il n'avait jamais « existé. Il résulte de cette *annihilation* que les créanciers hy- « pothécaires de l'acheteur n'ont acquis aucune sorte d'hypo- « thèque sur le bien acheté.....» Il en résulte encore que « le « droit du seigneur est résolu et anéanti comme le contrat « dont il est l'accessoire.....» Sur ce point, « la jurisprudence « des arrêts confirme la doctrine unanime des auteurs, tant « des pays coutumiers que des pays régis par le Droit « écrit (6). »

Voilà où avait abouti cette longue controverse.

153. Examinons maintenant, sous l'empire des lois modernes, ces deux points distincts :

1° Perception sur l'acte de résiliement;

2° Perception sur l'acte résilié.

154. I. — Quant à l'acte de résiliement, il n'est pas considéré comme une rétrocession et est soumis au droit fixe à ces trois conditions précises :

1° Qu'il soit *pur et simple*, c'est-à-dire que le vendeur, ni l'acheteur ne tire aucun profit ni du contrat, ni du distrat;

2° Qu'il soit fait *par acte authentique*... Il ne suffirait donc pas d'un acte sous seing privé ayant date certaine;

3° Dans les *vingt-quatre heures de l'acte résilié*... Ce délai doit se compter d'heure à heure; tout est ici d'interprétation stricte.

(**152**-5) Championnière, ***dissertation précitée***, page 306. — Comparez Bosquet, ***Dictionnaire des domaines***, v° ***Résiliement***, et le commentateur anonyme ***des Tarifs de*** 1722 (Paris, 1766, in-12), page 325.

(**152**-6) Fonmaur, n. 616, 617.

A défaut d'une de ces trois conditions, l'acte qualifié résiliement encourt le droit proportionnel, comme rétrocession.

155. II. — Quant à l'acte résilié, il est incontestable que si le droit est déjà perçu au moment du résiliement, ce droit l'a été régulièrement et ne peut être restitué (art. 60).

Cette hypothèse se présentait seule sous l'empire de la loi du 22 frimaire, car, « aux termes de l'art. 42 de cette loi, le « résiliement, étant un *acte en conséquence* du contrat résilié, ne « pouvait être reçu sans enregistrement préalable de ce der- « nier ; dès lors le droit de cet acte était perçu nécessairement. « Le résiliement ne devait donc faire naître qu'une difficulté « de restitution évidemment résolue pour la négative par « l'art. 60, aux termes duquel tout droit régulièrement perçu « ne peut être restitué, quels que soient les événements ul- « térieurs.

« Mais aujourd'hui la loi de 1816 (art. 56) permet de pré- « senter simultanément à l'enregistrement le résiliement et « l'acte résilié ; ce n'est plus une question de restitution, c'est « une question d'exigibilité qui s'élève. Doit-on percevoir un « droit de vente, de marché, d'obligation, sur une vente, un « marché, une obligation qui n'existent plus (1)? »

156. Pour régler la perception sur ce point, il faut préalablement nous fixer sur les effets purement civils de la convention de résiliement, spécialement sur la question suivante :

En l'absence d'une clause expresse de l'acte, le résiliement, opéré dans les vingt-quatre heures, produit-il un effet rétroactif au préjudice des tiers, par exemple, au préjudice des créanciers hypothécaires de l'acheteur ?

157. Pour décider cette question, il faut écarter entièrement l'autorité des textes du Droit romain qui ont servi de point de départ à la théorie féodale des distrats.

Puisqu'aujourd'hui la propriété est transférée par le seul effet du consentement des parties sur la chose et sur le prix (*suprà*, n. **116**, **120**), il n'y a plus un seul moment où les par-

(155-1) Championnière, *dissertation précitée*, pages 307 et 308.

ties puissent discéder *rebus integris*; il n'y a plus lieu de distinguer, avec la loi romaine, le *contrarium voluntatis adminiculum* et l'*actus priori similis retro agens venditionem* (1). Pour distinguer le résiliement de la rétrocession, il faut recourir à des moyens nouveaux.

158. Voici comment il me semble possible d'établir cette distinction : Les parties pourraient certainement, au moyen d'une clause expresse, se réserver la faculté de résilier le contrat par un accord mutuel. Cette clause devrait être considérée comme une condition résolutoire, opérant un effet rétroactif au préjudice des tiers (art. 1179, 1183, 2125 C. N.).

Or, en présence des habitudes de la pratique, alimentées par la disposition de la loi fiscale, je pense qu'on peut aller plus loin et, dans le silence de l'acte, considérer tout résiliement dans les vingt-quatre heures comme opéré en vertu d'une condition résolutoire implicite. C'est une déduction de la règle *Non videtur factum quod non durat factum*. Cette règle, proclamée par notre ancienne jurisprudence, est raisonnable; elle est conforme à l'intention présumée des contractants; il y a lieu de l'appliquer au Droit moderne.

159. Si on l'écarte, on arrive à des résultats tout à fait contraires à l'utilité pratique.

L'acte de résiliement étant considéré comme une pure rétrocession, il s'ensuit, en Droit civil :

Que cet acte doit être transcrit au bureau des hypothèques;

Que le vendeur, réintégré *ex causa nova*, doit procéder à la purge des hypothèques légales;

Que toute personne incapable de vendre est par là même incapable de résilier un achat, etc., etc.

N'est-ce pas attribuer des effets trop importants à un contrat qui n'a pas duré un jour ? *Momentanea non considerantur !*

160. Quoi qu'il en soit, voici les conséquences des deux systèmes quant au règlement de la perception.

Dans le dernier système il faut raisonner ainsi :

(157-1) L. 1, au Code, *Quando liceat* (IV, 45). Comp. L. 2 *eodem* et le § 4 des Institutes de Justinien, *Quibus modis obligatio tollitur* (III, 29).

Le résiliement n'est au fond qu'une rétrocession, exceptionnellement affranchie du droit proportionnel. Mais l'acte résilié subsiste, et doit subir encore, après le résiliement, le droit proportionnel (5,50 pour 100) irrévocablement encouru (1).

Il faut même aller plus loin, et puisque le résiliement, dans ce système, est un acte *de nature à être transcrit*, il faut ajouter au droit fixe (2 fr.) le droit proportionnel de transcription (1,50 pour 100). C'est le *summum jus !*

161. Pour nous, considérant le résiliement dans les vingt-quatre heures comme procédant d'une condition résolutoire implicite, nous devons faire ici l'application des principes généraux de la théorie des conditions.

Nous avons établi ci-dessus : 1° que lorsqu'à l'événement de la condition résolutoire, le droit proportionnel n'est pas encore perçu sur l'acte résolu, il n'y a plus ni cause ni base de perception quant à ce droit (n. **43**); 2° que tout au moins cette proposition doit être admise lorsque la résolution arrive dans le délai légal de l'enregistrement (*suprà*, n. **45**).

Il s'ensuit, dans l'espèce, que l'acte résilié encourt seulement un droit fixe comme acte innomé (1 fr. ou 2 fr., suivant que cet acte est judiciaire ou civil, *suprà*, n. **17**).

162. Pour terminer la définition des actes translatifs à titre onéreux, énumérés par la loi, il nous reste à parler de la licitation.

La licitation est la vente aux enchères d'une chose indivise (V. art. 1686 C. N.). Le caractère de cet acte varie suivant que l'adjudication est prononcée :

1° Au profit d'un étranger ;

2° Au profit d'un seul des copropriétaires ;

3° Au profit de deux ou plusieurs des copropriétaires.

Dans le premier cas, c'est une vente pure et simple : le droit de 5,50 pour 100 est certainement exigible.

Dans le second cas, c'est une opération de partage : comme telle, la licitation encourt le droit fixe (5 fr.) ou le droit pro-

(**160**-1) En ce sens, Cass. 9 avril 1844 (Dall. 490). Remarquez toutefois que la Cour se garde de préjuger aucunement les graves questions de Droit civil que nous avons soulevées.

portionnel de 4 pour 100, suivant des distinctions que nous exposerons plus loin. Mais jamais, dans ce cas, elle n'encourt le droit supplémentaire de 1,50 pour 100, car, d'une part, elle n'est pas une vente, et, d'autre part, elle n'est pas un acte de nature à être transcrit (V. art. 883, 2125 C. N.; art. 1, n. 4, L. 1855) (1).

Enfin, dans le troisième cas, la licitation, ne faisant pas entièrement cesser l'indivision, n'est plus considérée comme une opération de partage; d'après la jurisprudence établie, c'est un acte translatif, par suite, un acte de nature à être transcrit.

Bien plus, tandis que le droit d'enregistrement (4 pour 100) est perçu seulement sur la part de propriété nouvellement acquise par les coadjudicataires, le droit de transcription (1,50 pour 100) est perçu sur l'intégralité du prix de l'adjudication.

Telle est la jurisprudence constante de la Cour de cassation (2). Nous éclaircirons ce point dans la théorie du partage.

163. La loi fiscale n'a pas nommément tarifé la *dation en payement*, c'est-à-dire, suivant la définition de Pothier (*Vente*, n. 601), « un acte par lequel un débiteur donne une chose à « son créancier, qui veut bien la recevoir à la place et en « payement d'une somme d'argent ou de quelque autre chose « qui lui est due. »

« Cet acte, ajoute Pothier, est fort ressemblant au contrat « de vente. La chose qui est donnée en payement tient lieu de « la chose vendue; et la somme, en payement de laquelle elle « est donnée, tient lieu du prix : c'est pourquoi la loi 4, au « Code, *de Evictionibus*, dit que *dare in solutum est quasi vendere*..... C'est en conséquence de la ressemblance qu'a la dation en payement avec le contrat de vente, qu'elle donne « lieu au profit de vente et au retrait. » (Pothier, *ibid.*, n. 601 et 607. — V. *suprà*, n. **73**.)

Aujourd'hui, il est certain que la dation en payement d'un immeuble, comme acte translatif à titre onéreux, et comme acte *de nature à être transcrit*, encourt le droit de 5,50 pour 100. Nous pensons même que ce contrat rentre pleinement dans la

(**162**-1) V. M. Garnier, *Rép. pér.*, n. 634.

(**162**-2). V. notamment Cass. 7 juillet 1852 (I. G. 1946, § 1).

définition large de la vente (argument de l'art. 1595 C. N.) et qu'ainsi il encourt le droit de 5,50 pour 100, non pas seulement en vertu de l'art. 54 de la loi de 1816, mais, sans aucune distinction, en vertu de l'art. 52 de la même loi, comme étant une vente d'immeuble.

SECTION IV.

Des conditions en matière de vente.

164. Ayant traité précédemment (*suprà*, n. **30-46**) la théorie générale des conditions, nous devons seulement ici aborder les plus importantes des conditions spécialement réglées par la loi en matière de vente. Nous les rattacherons aux cinq chefs suivants : 1° pacte de réméré ; — 2° résolution pour défaut de payement du prix ; — 3° folle enchère ; — 4° surenchère ; — 5° déclaration de command.

§ 1.

Du Pacte de Réméré.

165. Textes détachés.
166. Notion du pacte de réméré d'après le Code Napoléon.
167. Réméré exercé en temps utile, ***retrait*** proprement dit.
168. Réméré tardif, pure rétrocession.
169. Conséquences quant à la perception. — Éclaircissement sur le droit de 0,50 pour 100, imposé sur le retrait. C'est un droit de quittance, un droit d'*acte*.
170. ***Quid*** en cas de retrait verbal ?
171. Du retrait opéré par acte. L'acte doit avoir acquis date certaine pendant le délai utile.
172. L'acte sous seing privé peut acquérir date certaine autrement que par l'enregistrement (art. 1328 C. N.).
173. De la prolongation conventionnelle du délai de réméré.
174. Délibération du comité des finances du 13 janvier 1830.

165. *Textes détachés*. Art. 69, § 2. — *Cinquante centimes par cent francs*. N. 11.... : « Les retraits exercés en vertu de réméré « par actes publics, dans les délais stipulés, ou faits sous si- « gnature privée, et présentés à l'enregistrement avant l'ex- « piration de ces délais. »

Art. 69, § 7. — *Quatre francs par cent francs* (aujourd'hui 5,50 pour 100, L. 1816, art. 52). N. 6 : « Les retraits exercés « après l'expiration des délais convenus par les contrats de « vente sous faculté de réméré. »

166. Suivant la définition du Code Napoléon (art. 1659), le pacte de réméré ou de rachat est « un pacte par lequel le « vendeur se réserve de reprendre la chose vendue moyennant « la restitution du prix principal, et le remboursement dont « il est parlé à l'art. 1673. » Cet article 1673 est ainsi conçu : « Le vendeur qui use du pacte de rachat doit rembourser « non-seulement le prix principal, mais encore les frais et « loyaux coûts de la vente, les réparations nécessaires, et « celles qui ont augmenté la valeur du fonds, jusqu'à concur- « rence de cette augmentation. Il ne peut entrer en possession « qu'après avoir satisfait à toutes ces obligations. — Lorsque « le vendeur rentre dans son héritage par l'effet du pacte de « rachat, il le reprend exempt de toutes les charges et hypo- « thèques dont l'acquéreur l'aurait grevé : il est tenu d'exécu- « ter les baux faits sans fraude par l'acquéreur. »

Pour compléter la notion du pacte de réméré, lisons encore les trois articles suivants du même Code :

« Art. 1660. La faculté de rachat ne peut être stipulée « pour un terme excédant cinq années. — Si elle a été stipu- « lée pour un terme plus long, elle est réduite à ce terme. »

« Art. 1661. Le terme fixé est de rigueur, et ne peut être « prolongé par le juge. »

« Art. 1662. Faute par le vendeur d'avoir exercé son action « de réméré dans le terme prescrit, l'acquéreur demeure « propriétaire irrévocable. »

167. Voici le principe inclus dans les dispositions qui précèdent.

L'exercice du réméré, dans le délai stipulé, est l'accomplissement d'une condition résolutoire. La propriété intérimaire de l'acheteur est anéantie. Le vendeur est restauré dans le domaine *ex causa primæva et antiqua*. Il n'y a pas seconde mutation de l'acheteur au vendeur. Tout au contraire, par l'effet rétroactif de la condition, la mutation, effectivement opérée du vendeur à l'acheteur, est réputée non avenue.

Le mot *retrait*, anciennement usité, et conservé par la loi fiscale, caractérise bien cette opération. A proprement parler, le vendeur ne *rachète* pas la chose, car il ne la reçoit pas de l'acheteur par l'effet d'un second contrat; il la *retire* des mains de cet acheteur par l'énergie du droit propre qu'il s'est réservé dans le contrat primitif.

168. A l'inverse, si l'acte qualifié *retrait* intervient après l'expiration du délai stipulé dans le contrat (ou, ce qui revient au même, après l'expiration du délai légal de cinq ans, article 1660 C. N.), ce n'est plus un retrait véritable, exercé contre l'acheteur bon gré mal gré, c'est un retour consenti à nouveau par lui, une pure *rétrocession*.

169. Les conséquences quant à la perception se déduisent d'elles-mêmes.

Eliminons d'abord la dernière hypothèse.

Le retrait tardif, aboutissant à une pure rétrocession, le droit ordinaire de mutation (5,50 pour 100) est perçu tant sur le premier contrat que sur le second. Cela va sans difficulté.

Dans la première hypothèse (*retrait exercé en temps utile*), la perception est ainsi réglée:

I. Le droit perçu sur le contrat primitif n'est pas restitué (art. 60 L. frim.).

II. Si, en fait, le droit n'a pas été perçu, nous pensons qu'il ne peut pas être exigé (*suprà*, n. 43).

III. Quant à l'acte de retrait, il ne subit pas le droit de mutation; cela va de soi, puisqu'il n'opère pas mutation. Il subit pourtant un droit proportionnel de 0,50 pour 100. Voilà ce que nous avons promis d'expliquer (*suprà*, n. 42 à la note).

L'explication est simple. La condition *sine quâ non* du retrait, c'est le remboursement intégral du vendeur en principal et accessoires (art. 1673 C. N.). L'acte de retrait contient donc ordinairement la preuve de la libération du vendeur envers l'acheteur; c'est une *quittance*, c'est à ce titre qu'il est tarifé par la loi. (V. article 60, § 2, n. 11.)

Mais il peut en arriver autrement. Si, par exemple, le retrait s'opère sans remboursement de deniers, parce que le prix de la vente n'a pas été payé, l'acte de retrait n'est plus passible du droit proportionnel (1) ; il doit donc être enregistré au droit fixe, comme acte innomé.

170. Puisque le retrait est imposé seulement à titre de quittance, il n'est assujetti qu'à un *droit d'acte* (*suprà*, n. **13** et **24**). Conséquemment, le retrait, opéré verbalement, ne subit aucun impôt. Mais le vendeur, en ce cas, court un danger. Rentré en possession sans acte, il peut être poursuivi comme *nouveau possesseur* (art. 12) après l'expiration du délai de réméré, et s'il ne prouve pas que sa rentrée en possession est antérieure au délai fatal, il peut être contraint au payement du droit de mutation (1).

171. Quand le réméré est constaté par un acte, cet acte, pour être opposable à l'Administration, doit avoir acquis date certaine avant l'expiration du délai utile. C'est l'application du Droit commun. Or, d'après le Droit commun, les actes authentiques acquièrent date certaine par la signature de l'officier public compétent, dont l'attestation fait foi jusqu'à inscription de faux (art. 1319 du C. N.). Il suffit donc que l'acte de retrait soit signé par le notaire ou l'huissier dans le délai utile. (V. au surplus art. 33 et 34 L. frim.)

Quant aux actes sous seing privé, ils acquièrent date certaine :

1° Par l'enregistrement;

2° Par la mort de l'un de ceux qui les ont souscrits ;

3° Du jour où leur substance est constatée dans des actes dressés par des officiers publics, tels que *procès-verbaux de scellé ou d'inventaire* (art. 1328 C. N.).

172. De ces trois cas, l'art. 69, § 2, n. 11, ne mentionne qu'un seul, l'enregistrement. Est-ce à dire qu'un acte de retrait, ayant acquis date certaine par l'un des deux autres modes (1), ne soit pas opposable à l'Administration et, à son

(**169**-1) En ce sens, Civ.-rej. 26 août 1823 (Dall. 2792).

(**170**-1) Comparez *Cass*. 2 août 1808 (Dall. 2771).

(**172**-1) Spécialement quant à la relation dans un inventaire, voyez le *Répertoire général*, n. 7679, et notre commentaire de l'art. 41.

égard, soit présumé tardif ? Quelques-uns le soutiennent en considérant comme restrictive l'énonciation de la loi à cet égard (2). Je ne puis admettre cette solution.

Sans doute, la loi fiscale doit être interprétée strictement aussi bien dans l'intérêt du Trésor que dans l'intérêt des contribuables. Mais c'est par une interprétation stricte que je repousse la solution indiquée. En effet, les deux textes dont il s'agit sont la contre-partie l'un de l'autre. L'un (art. 69, § 2, n. 11) frappe du droit de quittance « les retraits exercés en « vertu de réméré, — par actes publics, dans les délais sti- « pulés, — ou faits sous signature privée et présentés à l'en- « registrement avant l'expiration de ces délais. » L'autre (art. 69, § 7, n. 6) frappe du droit de mutation « les retraits « exercés *après l'expiration des délais convenus*, etc. » Notre hypothèse ne rentre pas dans la lettre du premier, mais elle ne rentre pas davantage dans la lettre du second. L'acte en question, ne faisant pas l'objet d'une énonciation spéciale, doit être classé, d'après sa nature et ses effets civils, dans une des catégories générales établies par la loi. Or, d'une part, il ne rentre pas dans la catégorie générale des actes translatifs, cela suffit pour écarter le droit de mutation ; d'autre part, il rentre dans la catégorie générale des actes de libération, cela suffit pour autoriser la perception du droit de 0,50 pour 100.

En somme, quand la loi fiscale accorde un dégrèvement *contrà rationem juris*, il faut regarder comme condition *sine quâ non* de ce dégrèvement l'accomplissement littéral des formalités prescrites (3).

Mais, dans l'espèce, ce n'est pas par faveur ou rémittence que le retrait, exercé en temps utile par acte ayant date certaine, est tarifé comme acte purement libératoire. La perception est conforme à la nature et aux effets civils de cet acte. Les exemples, donnés par la loi, d'actes ayant acquis date certaine doivent être considérés comme purement énonciatifs. Quant aux cas semblables non prévus, il n'est pas besoin que la loi les affranchisse du droit de mutation ; il suffit qu'elle ne les y soumette pas.

(**172**-2) V. le ***Dictionnaire de l'enregistrement***, v° ***Réméré***, n. 23.

(**172**-3) Nous avons fait l'application de ce principe *suprà* n. **154**, à propos des résiliements dans les vingt-quatre heures.

173. Le délai du réméré pouvait jadis être indéfini, et dans ce cas, la faculté de rachat ne s'éteignait que par la prescription ordinaire de trente ans. Bien plus, la fixation expresse d'un délai conventionnel étant parfois considérée comme une clause purement comminatoire, le délai pouvait être prolongé par le juge. Aujourd'hui, au contraire, le délai conventionnel ne peut excéder cinq ans; ce délai, quel qu'il soit, ne peut être prolongé par le juge; après l'expiration de ce délai, l'acquéreur demeure propriétaire irrévocable. C'est la contre-partie des règles anciennes.

Mais, si le délai du réméré ne peut être prolongé par le juge, peut-il l'être du moins par un nouvel accord des parties?

Tout le monde reconnaît que le nouveau délai ne doit jamais dépasser cinq ans à partir du contrat primitif. Mais, même avec cette restriction, on peut douter que le réméré, exercé après le délai originairement stipulé, constitue un retrait proprement dit, anéantisse la propriété intérimaire de l'acheteur, en un mot, qu'il opère, à titre de condition résolutoire, un effet rétroactif au préjudice des tiers.

Ce système est présenté par M. Mourlon avec une concise énergie : « Le délai, dit-il (1), ne peut pas même être prolongé « par les parties. En effet, si le réméré a été stipulé, par exem« ple, pour trois ans, la propriété est entrée dans le patrimoine « de l'acheteur, pour y rester irrévocablement, si le vendeur « n'exerce pas le réméré dans les trois ans. La femme de l'a« cheteur s'il est marié, son mineur s'il est tuteur, ses créan« ciers judiciaires ont acquis une hypothèque sous la même « condition (art. 2125), qui sera consolidée et incommutable, « si le vendeur laisse passer le délai de trois ans sans exercer « le réméré.

« Il en est de même des hypothèques, des servitudes con« senties par l'acheteur depuis la vente et avant la prolonga« tion du délai. Or, l'acheteur ne peut pas, par des faits « postérieurs, modifier, détruire les droits légitimes qui éma« nent de lui. Les actes sont ce que les parties les ont faits. « On ne peut pas plus rendre conditionnelle une vente qui a « été faite purement et simplement qu'on ne peut la détruire « quand elle a été régulièrement formée. On peut sans doute

(173-1) *Répétitions écrites*, sur les art. 1660, 1665 du Code Napoléon.

« faire des actes postérieurs qui seront valables *inter partes*, mais « qui resteront sans effets à l'égard de ceux qui déjà avaient, « du chef de l'acheteur, acquis des droits sur la chose vendue. « Ainsi la prolongation vaudra, non pas comme condition ré- « solutoire de la vente, mais comme promesse unilatérale de « revendre faite par l'acheteur et acceptée par le vendeur. »

Voici les conséquences de ce système quant à la perception :

1° Sur l'acte de prorogation ;

2° Sur le rachat :

I. L'acte de prorogation, consistant dans une promesse unilatérale de vente, ne subit aucun droit proportionnel, si la prorogation est consentie sans bourse délier (*suprà*, n. **128**). Si la convention est faite moyennant un prix actuellement payé ou stipulé à tout événement, appliquez les distinctions que nous exposerons dans la théorie de la cession des actions immobilières.

II. L'exercice du réméré dans le cours du second délai, constituant pour le vendeur une acquisition *ex causa nova*, encourt le droit de 5,50 pour 100 sur le montant des sommes remboursées.

174. L'Administration a longtemps pratiqué ce système (1), qui me paraît conforme à l'enchaînement logique des principes du Droit civil. Mais une délibération du comité des finances du 13 janv. 1830, approuvée par le Ministre le 22 fév. suivant, a statué en sens contraire. Voici les termes de ce document, qui semble avoir réglé la perception jusqu'à ce jour :

« Considérant que la faculté de rachat, dans les ventes à « réméré, peut être stipulée pour cinq ans (art. 1660 C. Civ.) ; « que le terme fixé dans le contrat ne peut être prolongé par « le juge, mais que pareille défense n'étant pas faite aux con- « tractants, ils ont la faculté de proroger les délais fixés dans « le contrat de vente, pouvu que la faculté de rachat ne s'é- « tende pas au delà de cinq années ; — Qu'ainsi, toutes les « fois que les parties, avant l'expiration du délai fixé pour « exercer le réméré, le prorogent, cette prorogation suspend « le droit qu'a l'acquéreur de devenir propriétaire irrévocable,

(**174**-1) Décisions des 19 novembre et 5 décembre 1809, 20 mars 1819 ; délibération du 28 juillet 1824.

« et si le retrait s'effectue dans le temps prescrit, qui ne saurait dépasser cinq années, il n'opère pas plus de mutation que s'il eût été fait dans les délais convenus dans le contrat primitif; — Considérant qu'aux termes de la loi du 22 frim. an 7, les retraits exercés en vertu de réméré ne sont passibles que du droit de 50 cent. pour 100 fr. comme quittance et remboursement, mais que ceux qui s'exercent après l'expiration des délais sont assujettis au droit de 4 pour 100 comme les ventes; — D'où il suit que la loi du 22 frim. a eu évidemment pour but de n'astreindre qu'au droit de 50 cent. pour 100 fr. tout retrait opéré avant que l'acquéreur soit devenu propriétaire irrévocable; — Que la prorogation d'un acte de réméré ayant le même effet que si le nouveau délai stipulé eût été porté dans le contrat de vente, le droit de mutation ne peut être dû quand le retrait est opéré dans le terme de la loi, bien que le § 7, n. 6, de l'art. 69 ne parle que du délai porté dans le contrat de vente; — Que l'acte qui proroge ne fait qu'un seul acte avec le contrat de vente, et qu'exiger, dans un cas semblable, le droit de mutation, se serait être en opposition avec le § 2, n. 11, du même art. 69 de la loi du 22 frim. an 7, qui veut qu'en cas de retrait on ne paye que 50 cent. pour 100 fr.; — Considérant, quant au droit de 1 et demi pour 100, que, d'après l'article 54 de la loi du 28 avril 1816, ce droit ne doit être exigé que dans les cas où les actes seront de nature à être transcrits au bureau des hypothèques; qu'en cas de retrait dans les délais, d'une part, que la mutation ne s'est pas opérée irrévocablement; de l'autre, que le vendeur doit rentrer dans son héritage exempt de toutes charges et hypothèques; qu'ainsi il n'y a pas lieu à transcription; — Qu'il n'en serait pas de même si le retrait avait lieu après le terme prescrit, puisque, dans ce cas, la première vente serait devenue irrévocable et que la rétrocession serait une nouvelle aliénation; — Considérant, dans l'espèce, que le contrat de vente porte le délai de réméré à un an; qu'avant l'expiration de ce délai, les contractants l'ayant prorogé d'une seconde année, le retrait a eu lieu avant le terme fixé par les parties, lequel n'excédait pas le délai de cinq ans;

« Est d'avis que le retrait opéré dans un délai de moins de cinq ans, soit que ce délai ait été porté au contrat de vente,

« soit qu'il ait été prorogé avant l'expiration du premier délai, « n'est passible que du droit de 50 cent. pour 100 fr. »

En résumé, ce système mène aux conséquences suivantes :

I. L'acte de prorogation, considéré comme *acte de complément*, encourt le droit fixe de deux francs (art. 68, § 1, n. 6, L. fr.; — art. 8 L. 1850).

II. L'acte qui constate l'exercice du réméré dans le délai *légal* (et non pas seulement dans le délai *stipulé par le contrat*) encourt le droit proportionnel de 0,50 par 100 francs.

Ce système se justifie mieux par des considérations d'économie sociale que par des arguments de pur Droit civil. La position des vendeurs à réméré est digne de grande faveur. En réalité, la vente à réméré c'est le crédit foncier à l'état rudimentaire. Le vendeur est un emprunteur, l'acheteur un prêteur à gros intérêts (2). Ce contrat est surtout usité dans les campagnes par les petits propriétaires. Il serait équitable de le dégrever par mesure législative, et, dans l'état, il est digne de l'Administration supérieure de relâcher ici quelque chose de la rigueur du Droit. En général, ces considérations sont et doivent rester étrangères à la jurisprudence fiscale; il est d'autant plus remarquable de les trouver en germe dans une décision émanée d'une juridiction financière.

§ 2.

De la résolution pour défaut de payement du prix.

175. Art. 12 de la loi du 27 ventôse an 9, contraire aux principes généraux ci-dessus posés.
176. Origine historique. — Droit romain.
177. Ancienne jurisprudence française.
178. Controverse sous l'empire de la loi du 22 frimaire.—Arrêt du 13 vendémiaire an 10.
179. Relation des termes de l'art. 12 de la loi de ventôse an 9 avec l'état de la controverse ancienne.
180. Contrariété flagrante avec les règles de Droit civil formulées par le Code Napoléon.
181. Conséquences pratiques : 1° l'article 12 doit être appliqué strictement aux *jugements* portant résolution de contrats de *vente*.
182. 2° Le droit de transcription n'est pas exigible sur ces jugements.

(**174**-2). Nous reviendrons sur ce côté de la question en traitant des ***engagements*** d'immeubles.

183. L'art. 12 s'applique nécessairement au cas où la condition résolutoire est *sous-entendue* dans le contrat de vente. (Art. 1184 C. N.)
184. Mais non au cas où la condition résolutoire est *expresse*. (Art. 1656 C. N.)
185. *Quid* si le vendeur rentre dans le fonds sans acte?
186. *Quid* s'il obtient un acquiescement de l'acheteur?
187. *Quid* en cas de résistance de l'acheteur? — Compétence du juge des référés.
188. La pratique administrative et la jurisprudence des arrêts sont, en général, contraires au système exposé. — Renvoi.

175. *Texte détaché.* — Loi du 27 ventôse an 9, art. 12. « Les jugements portant résolution de contrats de ventes pour « défaut de payement quelconque sur le prix de l'acquisition « lorsque l'acquéreur ne sera point entré en jouissance, ne « seront assujettis qu'au droit fixe d'enregistrement, tel qu'il « est réglé par l'art. 68 de la loi du 22 frimaire an 7, § 3, n. 7, « (*trois* francs porté à *cinq* francs, L. 1816, art. 45, n. 5) pour « les jugements portant résolution de contrats pour cause de « nullité radicale. »

Le défaut de payement du prix peut amener la résolution de la vente, soit en vertu d'un pacte exprès (voy. art. 1656 C. N.) que la doctrine encore aujourd'hui appelle *pacte commissoire*, soit en vertu de la condition résolutoire « *toujours « sous-entendue dans les contrats synallagmatiques.* » (Art. 1184. Comp. art. 1655 C. N.)

Dans l'un comme dans l'autre cas, la résolution produit un effet rétroactif : le fonds revient au vendeur franc et quitte de toutes charges établies du chef de l'acquéreur (art. 2125 C. N.). Puisque ce retour s'opère *ex causa primæva et antiqua*, nous devrions, en vertu des principes, arriver aux résultats ordinaires (*suprà*, n. 41, 42) :

1° Droit proportionnel sur le contrat;

2° Droit fixe sur le jugement de résolution;

3° Non-restitution du droit régulièrement perçu sur le contrat.

Pourtant il en est autrement : le jugement encourt un droit proportionnel, et cela en vertu d'un texte formel de la loi dont il importe de suivre la filiation historique.

176. D'après le Droit romain, le pacte commissoire amenait seulement la résolution du *contrat* de vente; mais, comme tout pacte, il n'avait pas d'effet direct sur la translation de la propriété. Si donc l'acheteur était précédemment devenu propriétaire par l'effet de la tradition, le pacte commissoire encouru, il était obligé à retransférer la chose au vendeur : cela faisait deux mutations.

Ce résultat était dangereux pour le vendeur. N'ayant qu'une action personnelle pour réclamer sa chose, il ne pouvait prétendre aucune préférence sur les autres créanciers de l'acheteur, ni exercer aucun droit de suite contre les sous-acquéreurs de cette chose.

Mais le vendeur pouvait éviter ce résultat, en combinant avec le pacte commissoire le pacte de précaire. La tradition, faite en vertu de ce dernier pacte, ne transférait pas la propriété à l'acheteur; faute de payement, le vendeur *revendiquait* sa chose et la reprenait comme n'ayant jamais cessé d'être sienne. Ce n'était pas là une fiction comme la rétroactivité attachée par la loi moderne à l'accomplissement de la condition. En réalité, il n'y avait eu aucune mutation (1).

177. Dans l'ancienne pratique française, la clause de précaire était tellement usitée dans les contrats de vente, que les arrêts l'y suppléaient, lorsque les parties l'avaient omise.

Mais l'effet de cette clause était bien différent de ce qu'il était à Rome. « A la rigueur et suivant les principes du Droit, « dit Boutaric (1), la clause de précaire empêche ou suspend « toute translation de propriété, jusqu'à ce que le vendeur soit « payé de l'entier prix. *Ea quæ distracta sunt*, dit le jurisconsulte (Ulp. L. 20, au Digeste, *de Precario*, XLIII, 26), *ut precario penes emptorem essent quoad pretium universum persolveretur, si per emptorem stetit quominus persolveretur, venditorem posse consequi*. Et par cet ordre il semble qu'on ne devrait « adjuger aucuns lods des contrats de vente qui contiennent « une semblable clause, ou dans lesquels on la supplée. Cependant telle est la jurisprudence des arrêts, qu'on adjuge « les lods, non-seulement de la vente, mais encore lorsque le « vendeur, faute de payement du prix, est obligé de repren-

(**176**-1) J'ai traité ce point avec quelque développement dans la ***Revue critique,*** tome 4, page 448.

(**177**-1) Boutaric, ***des Lods***, § 11, n. 2. — Quand nos anciens auteurs disent ***le Droit***, ils veulent dire le Droit romain.

« dre les biens vendus; la clause de précaire n'étant regardée « dans l'usage que comme une clause de précaution pour l'in- « térêt du vendeur, et la sûreté du payement du prix : une « clause de précaution, dont l'effet n'est autre que de donner « au vendeur une hypothèque privilégiée et une préférence à « tous autres créanciers sur le prix provenant de la vente ju- « diciaire du fonds par lui vendu, et qu'il peut à cet effet « faire ordonner séparément la vente des autres biens de « l'acheteur. »

Ainsi la clause de précaire, laissée à son énergie native, eût empêché que, jusqu'au payement du prix, la tradition transférât la propriété à l'acheteur. Par suite, il n'eût été dû aucuns lods.

Mais dès là qu'en France elle n'empêchait plus la tradition d'opérer translation de la propriété, il était juridique de décider qu'après la résolution du *contrat de vente*, l'acheteur devait retransférer la propriété au vendeur. Par suite, il était dû doubles lods.

C'est bien ainsi que l'entend Sudre (2), dans le passage suivant : « L'opinion de Dumoulin qui dispense le vendeur de « payer un second lods, lorsqu'il rentre en possession de la « chose, faute de payement du prix, est contraire aux vrais « principes; parce que l'acquéreur étant devenu propriétaire, « il s'ensuit que la reprise qui est faite par le vendeur est pour « lui un second transport de la dominité et un transport qui a « un prix, par la rétrocession de celui dont l'obligation avait « été acquise par le contrat de vente. C'est donc une revente « véritable qui doit produire de nouveaux lods; et c'est ainsi « que le parlement de Toulouse l'a jugé par deux arrêts des « années **1633** et **1651**. »

Mais à son tour, Sudre est repris par Fonmaur (3), qui gourmande aussi bien Catellan, d'Olive, Livonière et Guyot. La question se rattache à la théorie des *distrats* dont nous avons signalé les difficultés et les ambages (*suprà*, n. **152**). On ne peut espérer de ramener cette controverse à un principe

(**177**-2) Sudre, *sur Boutaric*, § **11**, n. 8.

(**177**-3) Fonmaur, n. 625, 678, 680. Ailleurs (n. 620), le même Fonmaur dit de Catellan que « ce savant magistrat n'a pas même entrevu les principes « de la matière. »

unique; elle se complique de considérations diverses. Un point cependant paraît se détacher de l'infinie contrariété des doctrines, c'est que la résolution nécessaire est exempte des droits, et que la résolution volontaire les encourt (4).

Mais l'application de ce principe à la résolution pour défaut de payement du prix ne va pas sans difficulté. Il est, en effet, impossible de discerner à coup sûr si le non-payement du prix par l'acheteur résulte d'une impossibilité absolue de sa part, ou au contraire, d'un accord secret avec le vendeur, désireux de reprendre la chose. Les jurisconsultes posaient à cet égard plusieurs présomptions. On distinguait si la vente avait été faite à terme ou sans terme; si la résolution intervenait avant ou après l'échéance du terme, si le vendeur avait fait des diligences peu après cette échéance; si des intérêts avaient été payés sur le prix; si l'exécution de la vente avait duré plus ou moins longtemps; si l'acheteur était solvable; si le pacte commissoire était exprès ou tacite, etc., etc. Les feudistes se combattent et se contredisent sur toutes ces questions. Ce qu'il y a de certain, c'est qu'en nombre de cas, on prenait les lods sur la vente et de nouveaux lods sur la résolution (5).

178. La loi de frimaire n'avait aucune disposition spéciale sur la question; elle contenait seulement la disposition générale de l'art. 68, § 3, n. 7, assujettissant au droit fixe « les jugements portant résolution de contrat ou de clause de contrat pour cause de *nullité radicale.* »

Le jugement portant résolution pour défaut de payement du prix rentre-t-il dans cette catégorie? La question ne tarda pas à s'élever.

Par jugement du 2 ventôse an 7, le sieur Boirot avait obtenu la résolution de la vente par lui faite au sieur Cadet. L'Administration perçut le droit proportionnel. Le tribunal de première instance ordonna la restitution. Le tribunal de cassation annula le jugement, par le motif que si, à défaut du

(177-4) La *résolution nécessaire*, nous l'appelons aujourd'hui *résolution proprement dite ;* la *résolution volontaire*, nous l'appelons *rétrocession*.

(177-5) Comparez Championnière, dans la *Revue étrangère* (1843), t. 10, p. 521.

payement du prix, « les tribunaux autorisent la rentrée du « vendeur en sa propriété, ce n'est pas à raison de la nullité « de la vente, que cette rentrée a lieu, mais uniquement pour « lui tenir lieu du prix qui lui est dû, et *sans préjudice des droits « qui, depuis la vente, auraient pu être acquis à des tiers sur l'objet « vendu* (1). »

Je ne garantis pas l'exactitude de ce motif en ce qui concerne le Droit civil ancien (2), mais ce qu'il y a de certain, c'est que ce même motif serait insoutenable en présence des art. **1183** et **2125** du Code Nap., qui attribuent formellement à la résolution dont il s'agit un effet rétroactif au préjudice des tiers. Aujourd'hui donc, si la question avait été laissée à l'empire des seuls principes, la doctrine de l'arrêt précité produirait un résultat diamétralement opposé à son dispositif.

179. Mais déjà, au moment où était rendu cet arrêt, le Législateur averti avait réglé la situation par un texte formel et précis (L. 27 vent. an 9, art. **12**, *suprà*, n. **175**). On retrouve dans ce texte la trace des anciennes controverses, que la loi tranche, comme toujours, dans le sens de la perception la plus avantageuse. Ainsi, tandis qu'autrefois certains jurisconsultes déclaraient la résolution exempte des lods, quand il y avait eu tradition sans payement du prix, ou payement sans tradition (1); la loi moderne exige à la fois qu'il n'y ait eu ni *payement quelconque* sur le prix, ni entrée en jouissance de l'acquéreur.

Quoi qu'il en soit, la disposition de l'art. **12** de la loi de ventôse se conciliait encore parfaitement avec les principes du Droit civil, en vigueur à l'époque de sa promulgation (*suprà*, n. **177**. Comparez n. **84**, **114**, **151**).

180. Mais depuis la promulgation du Code Napoléon, cet article est en opposition flagrante avec les règles du Droit civil. Aujourd'hui, ce n'est plus par la subtilité du style des notaires, c'est franchement et directement que le contrat de vente transfère la propriété (*suprà*, n. **84** et **114**). Ce n'est plus

(**178**-1) Cass., 13 vend. an 10 (Dall. 2504).

(**178**-2) Voy. ma dissertation précitée (*Revue critique*, t. 4, p. 448).

(**179**-1) V. Fonmaur, n. 622, 626 bis.

par l'insertion expresse ou présumée du pacte commissoire et de la clause de précaire que, la vente résolue, le fonds revient franc et quitte au vendeur. La translation et la résolution de la propriété sont produites immédiatement par la formation ou la résolution du contrat.

Puisque aujourd'hui la circulation de la propriété est tout à fait indépendante du payement d'un à-compte sur le prix, et de l'entrée en jouissance de l'acquéreur, il est inconséquent de faire dépendre de l'une de ces circonstances l'exigibilité du droit proportionnel sur le jugement de résolution. Mais la loi a statué.

181. La loi fiscale a statué sous l'empire des principes du Droit civil ancien; elle se trouve en désaccord avec les principes du Droit civil moderne. Cette considération n'est pas de pure curiosité. Il s'ensuit une conséquence pratique fort grave, c'est que l'article 12 de la loi de ventôse doit, sans doute, être appliqué dans sa lettre; mais puisqu'il subsiste aujourd'hui *contrà rationem juris*, il ne saurait jamais tirer à conséquence et doit être strictement renfermé dans le cas qu'il prévoit. Nous nous garderons donc d'appliquer à la résolution d'une donation, d'un louage, ou de tout autre contrat, une disposition toute spéciale *aux jugements portant résolution de contrats de vente.*

182. Voici une autre conséquence : Le droit proportionnel de transcription ne doit pas être perçu sur l'enregistrement du jugement; car, d'une part, n'opérant pas vente, ce jugement ne tombe pas sous le prescrit de l'art. 52 de la loi de 1816 (*suprà*, n. **140**), et, d'autre part, il n'est pas un *acte de nature à être transcrit*, car les hypothèques et autres droits réels, procédant de l'acheteur, se résolvent avec la propriété de celui-ci (art. 2125 du C. N.); il ne tombe donc pas sous le prescrit de l'art. 54 de la même loi (*suprà*, n. **141**).

La jurisprudence de la Cour de cassation était déjà établie en ce sens avant la loi du 23 mars 1855 sur la transcription (1).

(**182**-1) V. *Cass.*, 26 août 1839 (I. G. 1601, § 4 — Dall., 6002. — *Cass.*, 6 mars 1855. (I. G. 2042, § 11. — *Rép. pér.* 355.) La question a été tranchée seulement dans les motifs de ces arrêts, mais très-explicitement.

La loi nouvelle consacre cette jurisprudence en décidant que le jugement de résolution doit être, non pas transcrit, mais mentionné en marge de la transcription de l'acte résolu (art. 4 L. 1855). Sur ce point donc le doute n'est plus permis. Le droit de 4 pour 100 est seul exigible.

En général, l'exigibilité du seul droit de 4 pour 100 indique une divergence entre la loi civile et la loi fiscale.

Logiquement on ne peut concevoir ce résultat ; car si l'acte est translatif de propriété immobilière, il est de nature à être transcrit; le droit de 5,50 pour 100 devrait être exigé.

S'il n'est pas translatif, il ne devrait encourir aucun droit proportionnel.

Mais les remaniements successifs de la législation expliquent cette antinomie.

Le droit d'enregistrement a été coulé dans le moule du Droit civil ancien, qui voyait dans le jugement de résolution un acte translatif.

Au contraire, l'application du droit de transcription est entièrement dominée par les principes du Droit civil moderne, qui voit dans ce jugement une cause de résolution radicale.

La diversité des prémisses entraîne la diversité des conséquences.

183. Tout ce que nous avons dit jusqu'à présent s'applique incontestablement au cas où la résolution est opérée en vertu de la condition, toujours *sous-entendue dans les contrats synallagmatiques*. Dans ce cas, en effet, la résolution doit être *demandée en justice*, et les juges ont à faire l'appréciation des circonstances (art. 1184). En l'absence d'un pacte commissoire exprès, une résolution amiable serait une rétrocession pure. Il faut donc, de toute nécessité, recourir à un *jugement portant résolution du contrat de vente;* la disposition de l'art. 12 de la loi de ventôse est littéralement encourue.

184. Mais en est-il de même au cas où la condition résolutoire est expresse (art. 1656 C. N.), au cas où, par exemple, suivant un style usité, les parties ont stipulé que, faute du payement du prix à telle échéance, la vente sera résolue de plein droit, quinzaine après un commandement infructueux, sans qu'il soit besoin de recourir à la justice? Dans ce cas, le retour de la chose aux mains du vendeur, pouvant s'opérer sans jugement, n'échappe-il pas régulièrement au droit proportionnel? C'est ce que nous allons examiner.

185. Et d'abord, si ce retour s'opère sans acte d'aucune espèce, l'Administration peut-elle poursuivre le vendeur comme *nouveau possesseur* (art. 12)? Nullement, car le vendeur est restauré *ex causa primæva et antiqua;* il n'est pas le successeur de l'acheteur insolvable, il reprend le fonds, franc et quitte de toutes charges imposées du chef de cet acheteur; il n'est donc pas un nouveau possesseur.

186. Même, si l'acheteur consent expressément à la résolution, l'acte qui constate ce consentement est un *acquiescement*, non une rétrocession. Il n'est pas au pouvoir de l'acheteur de faire évanouir les *droits réels* conférés de son chef, et tel est pourtant l'effet de la résolution. En acquiesçant à la résolution, il ne confère pas au vendeur un droit nouveau, il se borne à vérifier l'accomplissement de la condition résolutoire; mais le principe de la restauration du vendeur est dans le contrat originaire de vente qui a déjà subi l'impôt. A quoi donc sert l'acquiescement de l'acheteur? A une seule chose: il assure le vendeur contre les querelles que pourrait soulever l'acheteur sur l'accomplissement de la condition résolutoire.

Donc c'est un acquiescement pur et simple, soumis au droit fixe de 2 francs (art. 68, § 1, n. 4, L. frim., et L. 1816, art. 48, n. 1).

187. Bien plus, si l'acheteur ne déguerpit pas de bonne grâce, le vendeur n'est pas tenu de requérir jugement, pour être réintégré dans son fonds. Il a dans le contrat un titre exécutoire à cet effet (1), et s'il s'élève des difficultés d'exécution, c'est affaire de la compétence du juge des référés (art. 806 C. Proc.).

L'*ordonnance* de référé, qui interviendrait, en ce cas, pour vider ces difficultés d'exécution, ne saurait être considérée comme *un jugement portant résolution du contrat de vente*. Elle

(187-1) En ce sens V. Bordeaux, 28 janv. 1855.

échapperait donc à la lettre de la loi de ventôse. Cela suffit pour écarter la perception du droit proportionnel.

188. L'art. 12 de la loi de ventôse doit être strictement renfermé dans sa lettre et ne saurait tirer à conséquence pour tout autre cas. Voilà le principe de toutes les solutions qui précèdent. L'Administration abonde dans le sens diamétralement contraire : elle étend l'art. 12 à tous les cas analogues, et la jurisprudence des arrêts a, sur plus d'un point, consacré la pratique administrative. C'est ce que nous verrons ultérieurement.

§ 3.

De la folle enchère.

189. Textes détachés.
190. Des droits du vendeur non payés en matière de vente amiable. — Résolution. — Revente.
191. Sévérité plus grande de la loi, en matière de ventes judiciaires. — Caractère exorbitant de la revente sur folle enchère. — Résolution de la propriété du fol enchérisseur ; maintien de ses obligations quant au prix.
192. Règlement de la perception. — Mitigation apportée par la loi de frimaire à la jurisprudence du centième denier.
193. Le fol enchérisseur, nonobstant la revente, demeure personnellement tenu de l'acquittement des droits encourus par sa propre adjudication. — Conséquence.
194. Toutefois, la propriété intérimaire du fol enchérisseur est résolue rétroactivement par la revente ; cet effet rétroactif opère à son profit, aussi bien qu'à son détriment. — Conséquence, en Droit civil, quant aux servitudes ; en Droit fiscal, quant aux droits de mutation par décès. — Conciliation de l'arrêt du 2 février 1819 et de celui du 22 août 1853.
195. Conclusion.

189. *Textes détachés*. Art. 69, § 7. *Quatre francs par cent francs* (aujourd'hui 5 fr. 50 c. pour 100. L. du 28 avril 1816, art. 52, *supra* n. 140,146). « 1° Les adjudications, ventes, re- « ventes, cessions, rétrocessions, et tous autres actes civils et « judiciaires translatifs de propriété ou d'usufruit de biens im- « meubles à titre onéreux. — *Les adjudications à la folle enchère « de biens de même nature sont assujetties au même droit, mais seu- « lement sur ce qui excède le prix de la précédente adjudication, si le « droit en a été acquitté.* »

Aux termes de l'art. 68, § 1, n. 8, sont soumises à un droit fixe (porté à 3 *francs* par la loi de 1816, art. 44, n. 1) : « Les « adjudications à la folle enchère, lorsque le prix n'est pas su- « périeur à celui de la précédente adjudication, si elle a été « enregistrée. »

Avant d'expliquer ces textes, nous devons nous fixer sur la nature et les effets de la folle enchère, en Droit civil ; et, pour comprendre ce que cette institution a d'exorbitant, il faut examiner préalablement quels sont, en matière de vente amiable, les droits du vendeur non payé.

190. En matière de vente amiable, le vendeur non payé a le choix entre les deux moyens suivants : intenter l'action en résolution pour rentrer dans le fonds ; ou poursuivre la revente, pour s'en faire attribuer le prix par privilége jusqu'à concurrence du prix de la vente primitive.

La résolution du contrat de vente anéantit la propriété de l'acheteur ; mais en même temps elle le délie de ses obligations ; si le fonds a augmenté ou diminué de valeur, c'est le profit ou la perte du vendeur.

La revente, au contraire, laisse subsister tous les effets de la propriété de l'acheteur, mais elle le laisse tenu de toutes ses obligations. Si le montant du prix de la revente ne suffit pas pour payer le vendeur primitif, le premier acheteur demeure tenu personnellement de la différence ; comme aussi, si le prix de la revente est supérieur à celui de la vente, l'excédant profite à ce premier acheteur.

191. Il n'en va pas ainsi dans les ventes judiciaires. Comme la vente est forcée et comme, à raison de la publicité des enchères, la personne de l'acquéreur n'a pu être choisie ni par le vendeur, ni par ses ayants cause, la loi, pour écarter les spéculations téméraires, a déployé la plus grande rigueur contre l'adjudicataire insolvable, *le fol enchérisseur*. Elle combine contre lui les effets de la résolution et ceux de la revente. Aux termes de l'art. 740 du Code de procédure, « le fol enché- « risseur est tenu par corps de la différence entre son prix et « celui de la revente sur folle enchère, *sans pouvoir réclamer* « *l'excédant, s'il y en a.* »

La Cour de cassation, développant dans le sens le plus rigoureux les conséquences de ce principe, a décidé, par arrêt du 14 février 1835 (1), que non-seulement le fol enchérisseur est tenu *de la différence entre son prix et celui de la revente*, mais que même il reste obligé au payement du prix entier de son adjudication si le prix de la revente n'est pas payé par le second adjudicataire. En un mot, « la revente sur folle enchère « résout la propriété de l'acquéreur primitif, mais non ses « obligations (2). » La raison en est que « si la position d'un « fol enchérisseur ne doit pas être aggravée par la témérité « d'un second... le fait de celui-ci ne saurait améliorer la po- « sition du premier jusqu'au point de l'exonérer complète- « ment des suites de sa propre témérité, ce qui, dans le cas « d'insolvabilité du second acquéreur, priverait les créanciers « des droits que déjà, et par le seul fait du premier adjudica- « taire, ils avaient acquis contre lui (3). »

192. Appliquée à la perception par voie doctrinale, cette théorie amènerait la conséquence suivante :

Le fol enchérisseur demeurerait irrévocablement débiteur du droit de mutation sur le montant intégral de son adjudication, sans que l'événement ultérieur de la revente pût même indirectement diminuer son obligation. Cette solution rigoureuse était admise par la jurisprudence du centième denier sous la distinction suivante : « Si, faute de consignation dans « le temps de l'ordonnance, on procède incontinent à une « nouvelle adjudication à la folle enchère du premier adjudi- « cataire, il n'y a qu'une mutation effective, de laquelle le « droit du centième denier doit être exigé seulement; en sorte « que s'il a été payé pour la première, la seconde n'y est su- « jette qu'à raison de l'augmentation du prix qui s'y trouve; « mais si le prix de la seconde est inférieur à celui de la pre- « mière, l'excédant du droit ne doit pas être restitué; c'est une « partie des frais de la folle enchère que supporte le premier « adjudicataire. *Si ce premier adjudicataire a été fait propriétaire*

(**191**-1) *V.* M. Chauveau, ***sur Carré***, n. 2432 ***quinquies***.

(**191**-2) M. Colmet-Daage, ***sur l'article*** 740 C. Pr.

(**191** 3) Arrêt précité du 14 février 1835. En ce sens, voyez M. Rodière, ***Exposition raisonnée des lois de la compétence et de la procédure en matière civile***, t. 3, p. 201.

« *et qu'il ait joui, il est incontestablement dû deux droits* (1). »

La loi de frimaire, inclinant cette fois dans le sens le moins rigoureux, décide *sans aucune distinction* que le droit de mutation, encouru par le premier adjudicataire, fol enchérisseur, est imputé sur le droit de la seconde adjudication. Si donc le fol enchérisseur a payé le droit de mutation par lui encouru, il peut, en principe général, répéter le montant de ce droit contre le second acquéreur dont il a fait l'affaire, et de même que dans ses rapports avec le précédent propriétaire ou ses ayants cause, il ne supporte en définitive (si le second adjudicataire est solvable), que *la différence entre son prix et celui de la revente*, il ne doit supporter aussi, en définitive, pour ce qui est de l'impôt des mutations, que la différence entre le droit de son adjudication et le droit de la revente.

193. Mais le recours qu'il peut avoir contre le second adjudicataire n'empêche pas qu'il ne demeure personnellement tenu envers l'Administration du montant des droits encourus par sa propre adjudication.

D'où il suit 1° que s'il n'a pas payé dans le délai fatal (art. 20 L. fr.), il encourt à tout événement le *droit en sus* non-seulement sur *la différence entre son prix et celui de la revente*, mais sur la totalité de son prix (1).

2° Si le second adjudicaire est insolvable, l'Administration peut poursuivre le fol enchérisseur non seulement pour le *droit en sus*, mais pour le droit dû originairement sur l'intégralité de son prix. Cette proposition est virtuellement contenue dans la précédente, car on ne peut être poursuivi pour un *droit en sus*, si l'on n'est débiteur du droit primitif.

Ces solutions découlent du principe ci-dessus posé : « La « revente sur folle enchère résout la propriété de l'acquéreur « primitif, mais non ses obligations (2). » Ce qui a été décidé pour son obligation quant au prix, doit être aussi bien décidé

(**192**-1) *Dictionnaire des Domaines*, v° *Adjudication à la folle enchère.*

(**193**-1) Jurisprudence aujourd'hui constante. V. notamment Cass. 24 août 1853. (I. G. 1986, § 2.)

(**193**-2) Voilà pourquoi il n'y a pas à argumenter de la folle enchère aux cas de résolution entière et complète, spécialement à la surenchère. (V. *suprà*, **43**-1.)

pour son obligation quant à l'impôt, accessoire du prix. Tout cela est sévère, mais exact.

194. Toutefois, n'exagérons pas cette sévérité.

La revente sur folle enchère ne résout pas les obligations du fol enchérisseur, mais elle résout rétroactivement la propriété intérimaire qui effectivement a reposé sur sa tête. C'est comme débiteur du prix qu'il est tenu de payer « *l'enregistrement du titre de cette dette* (1). » Mais quand il ne s'agit plus d'assurer le payement du prix, le fol enchérisseur peut invoquer à son avantage, comme on peut invoquer à son détriment, les effets ordinaires de la résolution de son titre.

Ainsi, en Droit civil, si le fol enchérisseur est propriétaire d'un fonds voisin et qu'il existe entre les deux fonds quelques servitudes actives ou passives, ces servitudes renaissent après la revente, parce qu'elles sont censées n'avoir jamais été éteintes par la confusion. Il n'y a nul motif de déroger ici au Droit commun (comparez art. 2177 C. N.).

En Droit fiscal, si le fol enchérisseur vient à mourir et *que la revente ait lieu dans les six mois de son décès* (art. 24 L. fr., *suprà*, n. **45**), ses héritiers ne sont tenus d'aucun droit de mutation *par décès*, à raison du fonds fol enchéri (2).

Si la revente n'a pas eu lieu dans les six mois, les héritiers peuvent être poursuivis; s'ils payent, ils ne peuvent répéter (art. 60). Mais si, en fait, ils n'ont pas encore payé au moment de la revente, je décide même dans ce cas (*suprà*, n. **43**, **44**) qu'ils sont quittes du droit de mutation par décès (3), car après la résolution de la propriété de leur auteur, il n'existe plus contre eux *ni cause ni base de perception*.

195. En somme, on comprend la rigueur de la loi et la sévérité de la jurisprudence contre le fol enchérisseur, en tant

(**194**-1) Arrêt précité du 24 août 1853.

(**194**-2) V. en ce sens un arrêt de la Chambre des requêtes rendu sous la présidence de Henrion de Pansey, le 2 février 1819. (*Rép. gén.* **1221**.) Les motifs de l'arrêt portent plus loin, mais avec les restrictions que nous y mettons, la doctrine de cet arrêt se concilie parfaitement avec l'arrêt precité du 24 août 1853. C'est donc avec grande raison qu'en ce qui concerne les droits de mutation par décès, l'arrêt de 1819 sert encore de règle à la perception. (Comparez le *Rép. gén.* n. **1228**.)

(**194**-3) Même sur cette déduction extrême, je puis invoquer l'arrêt du 2 février 1819. (V. l'espèce de cet arrêt, *Dall.* 2596.)

qu'il s'agit de l'exécution de son obligation quant au prix et quant à l'impôt, accessoire du prix. Mais dès qu'il ne s'agit plus de la stricte exécution du contrat d'adjudication, il n'y a plus lieu, à tout autre égard, de diviser les effets ordinaires de la résolution du titre, et puisque le fol enchérisseur n'a pas les avantages de la propriété, il n'en doit pas supporter les charges.

APPENDICE AUX PARAGRAPHES 2 ET 3.

D'une condition expresse fréquemment usitée.

196. Observation sur un arrêt du 9 juillet 1855.

196. « Il arrive souvent, dit M. Garnier (*Rép. gén.* **1099**), « que l'on insère dans le cahier des charges une clause d'après « laquelle l'adjudication ne sortira à effet et n'opérera trans- « mission de propriété qu'autant que les droits d'enregistre- « ment seront consignés par l'adjudicataire, soit à l'instant de « l'adjudication, soit dans les vingt-quatre heures, soit dans « tout autre délai déterminé. Une pareille condition peut « avoir pour effet de résoudre la transmission de la propriété, « mais elle ne la suspend pas, car dès que l'acte a été signé, « l'acquéreur ne pouvait se délier de son engagement en s'abs- « tenant de consigner les droits d'enregistrement de la mutation « puisque, même dans ce cas, le vendeur pouvait maintenir « la vente. Il n'y a donc pas condition suspensive, et les droits « proportionnels d'enregistrement sont exigibles. » Ce système a été développé au nom de l'Administration, à l'appui d'un pourvoi formé contre un jugement du tribunal de Bordeaux du 7 juillet 1852; mais la Cour de cassation (chambre civile) a rejeté le pourvoi par arrêt du 9 juillet 1855 (*Rép. pér.* **446**). La Cour a décidé que la condition dont il s'agit pouvait être considérée, par appréciation des circonstances de la cause, comme suspensive et non comme résolutoire; par suite, que l'adjudication n'avait produit aucune mutation de propriété et que le droit proportionnel n'était pas dû.

Il est fort à remarquer que cet arrêt est intervenu à propos d'une adjudication *volontaire*. Il ne saurait être étendu aux ventes judiciaires dont la procédure et les effets sont impérativement tracés par la loi. (V. art. 741, 742 C. Proc., et *infrà*

n. 199.) Dans les adjudications de cette nature, c'est-à-dire dans toutes les ventes qui se font soit à la barre du tribunal, soit devant un notaire commis par justice, il arrive aussi fréquemment qu'une clause du cahier des charges oblige l'adjudicataire à acquitter les droits dans un délai préfix; en pareil cas, la clause autorise la poursuite de la folle-enchère (art. 733 C. Proc.), mais elle ne saurait être considérée comme suspensive, ni, par conséquent, empêcher l'exigibilité du droit proportionnel sur l'acte d'adjudication (*suprà*, n. 193.)

§ 4.

Des surenchères.

197. Division.

§§ 1.

De la surenchère ouverte à toute personne.

198. Cette espèce de surenchère se produit à la suite de toutes les ventes judiciaires.

199. Le premier adjudicataire devient immédiatement propriétaire, sous condition résolutoire.

200. La résolution est opérée seulement par la seconde adjudication.

201. Effets de cette résolution.

202. Règlement de la perception. Le premier adjudicataire devient immédiatement débiteur du droit de mutation.

203. Toutefois le droit perçu sur la première adjudication s'impute sur le droit qu'encourt la seconde.

204. *Quid* si la seconde adjudication encourt un droit moins élevé que la première? Exemple tiré du cas de licitation.

205. *Summo jure*, le premier adjudicataire est encore débiteur du droit de mutation entre le moment de la surenchère et celui de la seconde adjudication. *Solutions* contraires de l'Administration justifiées par des considérations d'utilité pratique.

§§ 2.

De la surenchère ouverte aux seuls créanciers hypothécaires.

206. Dans quels cas a lieu cette surenchère *spéciale*.

207. En quel sens il est vrai de dire que cette surenchère peut se produire dans un délai indéfini, à partir de la première aliénation.

208. La propriété intérimaire du premier acquéreur n'est pas résolue d'une manière absolue.

209. Toutefois le droit perçu sur la première aliénation est imputable sur le droit encouru par la seconde.

197. Aucun texte des lois fiscales ne réglant la perception du droit proportionnel en cas de surenchère, nous devons, avant tout, rechercher la nature et les effets civils de cette opération. Nous verrons ensuite jusqu'à quel point sont applicables ici les principes généraux du droit fiscal.

La surenchère se produit dans deux situations distinctes :

1° De la part de toute personne, dans un délai préfix, voisin de la première adjudication ;

2° De la part des seuls créanciers hypothécaires, dans un délai indéfini à partir de l'acte d'aliénation.

Il convient d'examiner séparément ces deux situations.

§§ 1.

De la surenchère ouverte à toute personne.

198. A la suite des ventes judiciaires, la faculté de surenchérir appartient à toute personne. Ordinairement le délai est de huit jours et le montant de la surenchère est du sixième au moins du prix principal (*V.* art. 708, 743, 965, 973, 987, 997, 1001 C. Proc.). En matière de faillite, le délai est de quinze jours et le minimum de la surenchère est du dixième du prix (art. 573 Code Commerce). Sauf ces différences, les principes que nous allons exposer régissent toute surenchère intervenue à la suite d'une vente judiciaire. Nous prendrons toujours pour exemple le cas le plus fréquent, c'est-à-dire la surenchère intervenue dans la huitaine.

199. Quoiqu'on ait parfois équivoqué sur ce point, il me paraît certain que le premier adjudicataire devient immédiatement propriétaire du fonds, sauf résolution ultérieure de sa propriété. Il ne serait pas exact de dire qu'il sera propriétaire, seulement s'il ne survient pas de surenchère. En un mot, il s'agit, en cette matière, non de condition suspensive, mais de condition résolutoire.

En effet, dans l'état civilisé, un immeuble ne peut un seul instant demeurer sans maître, et comme la partie saisie est forcément dépouillée de la propriété à partir de l'adjudication (*V.* art. 712 C. Proc.), il s'ensuit que l'adjudicataire en est aussitôt investi.

Ce que nous disons de la *partie saisie* doit s'étendre à tous ceux dont les biens sont vendus judiciairement, car toute vente judiciaire est une vente forcée, entraînant au jour marqué le dévêtissement du vendeur et par suite l'investissement immédiat de l'adjudicataire.

200. Le fait qui résout la propriété du premier adjudicataire, ce n'est pas l'acte de surenchère, passé au greffe dans le délai préfix ; ce n'est pas même la notification de cet acte (art. 709 C. Proc.), mais bien la seconde adjudication. C'est à ce jour seulement que « s'il ne se présente pas d'enchérisseur, « le surenchérisseur sera déclaré adjudicataire (art. 710 C. « Proc.). » Jusque-là, il n'a acquis encore aucun droit sur le fonds ; jusque-là donc le premier adjudicataire n'est aucunement dévêtu : il subit les risques de la chose ; il a aussi les chances avantageuses, résultant de l'annulation de la surenchère (art. 706 C. Proc.) ou du désistement du surenchérisseur (*V.* art. 2188 C. N.) ; en un mot, il est encore propriétaire (1).

201. Par le fait de la seconde adjudication, la propriété du premier adjudicataire est entièrement résolue, et le second succède directement à la partie saisie (1). Du premier acte d'adjudication, il ne subsiste même aucun rapport obligatoire : le premier adjudicataire est entièrement dégagé de l'o-

(**200**-1) Voyez, en ce sens, Grenier, *Hypothèques*, n. 465 ; M. Troplong, *Hypothèques*, n. 949. — M. Garnier, *Rép. gén.*, n. 1253-2. — Comparez Pothier, *Vente*, n. 490, 494.

(**201**-1) Une fois pour toutes, ce que nous disons de la *partie saisie*, étendez-le à toute personne dont les biens sont vendus judiciairement.

bligation de payer le prix (2), et, d'un autre côté, il ne peut prétendre à aucune garantie pour éviction (3), car la seconde adjudication est la continuation de la première audience; dès que les feux sont rallumés, le premier adjudicataire est dans la même position que si son enchère eût été couverte incontinent, à la face du juge; or d'une enchère une fois couverte il ne reste plus rien.

202. Appliquons ces principes au règlement de la perception.

Puisque le premier adjudicataire devient immédiatement propriétaire, il devient aussi immédiatement débiteur des droits de mutation, et le délai fatal pour le payement (art. 20 L. frim.) court du jour de l'adjudication et non pas seulement du jour où il est certain qu'il n'y aura pas de surenchère. C'est l'application du principe général, unanimement admis pour les actes affectés d'une condition résolutoire (*suprà*, n. 41).

203. Mais voici une déduction particulière au cas de surenchère, et admise aussi unanimement, malgré le silence des textes.

Le droit, perçu régulièrement du premier adjudicataire, est imputé sur le droit auquel la seconde adjudication donne ouverture. La raison en est que la surenchère est la continuation des enchères, ouvertes à la première audience, et que le second adjudicataire, succédant immédiatement à la partie saisie et devant pourtant rembourser au premier les frais et loyaux coûts du premier acte, ne peut être raisonnablement astreint à payer deux droits pour une seule mutation (1).

204. Il peut se faire que la seconde adjudication, quoique prononcée pour un prix nécessairement supérieur au premier, donne pourtant ouverture à un droit moins élevé. Ainsi, dans le cas de licitation, si la première adjudication est prononcée

(**201**-2) *Secus*, en cas de folle-enchère, V. art. 740 C. Proc., et *suprà*, n. 191, 193.

(**201**-3) *Secus*, au cas de l'art. 2185 C. N. *infrà*, n. 208.

(**203**-1) M. Garnier, *Rép. gén.*, n. 1236. — Comp. les motifs de *Cass.* 10 février 1852 (I. G. 1920, § 5).

au profit d'un étranger, le droit est de 5,50 pour 100; et si la seconde est prononcée au profit d'un colicitant, le droit proportionnel est de 4 pour 100, parfois même c'est un droit fixe (*suprà*, n. 162).

Dans l'espèce, si le droit de la première n'est pas encore perçu lors de la seconde, il cesse d'être dû (*suprà*, n. 43); mais s'il l'a été effectivement, quoique, par hypothèse, il excède le droit encouru par la seconde adjudication, il paraît difficile d'ordonner la restitution de l'excédant (art. 60 L. frim). Il faudrait donc admettre ici une exception au principe généralement reçu, à savoir que l'imputation d'un droit sur un autre doit seulement être admise, lorsque la restitution elle-même pourrait l'être (*suprà*, n. 36).

205. De ce que le premier adjudicataire reste effectivement propriétaire jusqu'au jour de la seconde adjudication, il suit que, nonobstant l'existence de la surenchère, l'Administration peut encore lui réclamer le droit encouru sur son adjudication. Tel est le *summum jus*. Mais, comme une semblable perception aurait quelque chose de vexatoire, l'Administration a sagement admis un tempérament à la rigueur des principes et décidé, en plusieurs circonstances (1), que lorsque l'adjudication première est présentée à l'enregistrement dans le délai, après avoir été frappée de surenchère, elle n'est passible que du droit fixe. « Le motif de ces décisions, dit M. Garnier (*Rép.* « *gén.* 1239), est que, lorsque la surenchère précède l'enregis- « trement de la vente, le nouveau propriétaire, par suite de la « connexité des deux actes, n'a plus qu'un titre atteint dans son « principe, qui, ne transmettant aucune propriété, ne peut plus « être considéré que comme une adjudication préparatoire. »

Dans la subtilité des principes, ce motif peut être contesté, mais, au fond, le résultat se justifie *benigniter* par des considérations d'utilité pratique.

§§ 2.

De la surenchère ouverte aux seuls créanciers hypothécaires.

206. La faculté de surenchérir appartient spécialement aux

(205-1) Sol. 26 déc. 1846, — 2 mars 1848, — 28 sept. 1850 (*Rép. gén.*, 1239.)

créanciers hypothécaires, à la suite des aliénations volontaires (art. 2183 et suiv. C. N.; art. 832 et suiv. C. Proc.). Cette espèce de surenchère n'a pas lieu à la suite des ventes sur saisie immobilière, parce que les créanciers hypothécaires (au moins les créanciers inscrits) étant *partie* dans la procédure (art. 691 C. Proc.), ont toute facilité pour enchérir à la première audience, ou surenchérir dans la huitaine. Mais ce motif n'ayant pas d'application dans les autres ventes judiciaires, on en conclut avec raison que, s'il n'y a pas eu déjà adjudication à la suite d'une surenchère *commune* (art. 710, al. 2, C. Proc.), la surenchère *spéciale* des créanciers hypothécaires peut encore avoir lieu.

207. Cette surenchère spéciale, avons-nous dit (*suprà*, n. 197), se produit dans un délai indéfini, à partir de l'acte d'aliénation. Elle doit pourtant être formée dans un délai fatal de quarante jours, à partir de l'acte de notification, signifié aux créanciers à la requête du tiers acquéreur (art. 2185 C. N). Cette notification elle-même (si le tiers détenteur juge convenable d'y procéder) doit avoir lieu dans le mois, au plus tard, à compter des premières poursuites intentées par les créanciers hypothécaires (art. 2183 C. N.); mais comme aucun délai particulier ne circonscrit le temps dans lequel ces poursuites peuvent être commencées, notre proposition se trouve par là démontrée.

208. Par le fait de l'adjudication intervenue à la suite de la surenchère, la propriété du tiers acquéreur est résolue; mais son titre d'acquisition n'est pas ici résolu d'une manière absolue. Il continue d'être opposable au précédent propriétaire. Si donc les créanciers hypothécaires, antérieurs à la première aliénation, sont entièrement désintéressés, sans que le prix soit épuisé, le tiers acquéreur peut réclamer cet excédant du prix. Les hypothèques, conférées par lui, sont maintenues à leur rang. En un mot, sa propriété intérimaire n'est pas entièrement effacée.

209. Ce caractère incomplet de la résolution du titre du tiers acquéreur établit une différence notable entre ce cas et celui de la surenchère commune (*suprà* n. 201). Cependant, le même principe fondamental domine la perception. Le droit, perçu sur le premier acte d'aliénation, est imputé sur le droit encouru par l'adjudicataire. La raison en est que ce premier acte est la *base* du jugement d'adjudication. Ce n'est pas là une figure de rhétorique, mais une proposition qui doit se prendre dans son acception matérielle. En effet, aux termes de l'art. 837 C. Proc., l'acte d'aliénation est déposé au greffe, et tient lieu de *minute d'enchère*. C'est à la suite de cet acte qu'est libellé le jugement d'adjudication qui fait corps avec le contrat primitif. L'adjudicataire, qui s'approprie ainsi le titre du tiers acquéreur, doit assurément lui en rembourser les *frais et loyaux coûts*, ce qui comprend en première ligne les droits d'enregistrement. Obligé au remboursement de ces droits, l'adjudicataire ne peut être raisonnablement astreint à les payer encore intégralement sur son prix.

Sur ce point, malgré la diversité de nature, la surenchère *spéciale* convient avec la *commune*.

210. Voici où apparaît l'intérêt de la distinction :

Lorsque le premier acquéreur conserve le fonds surenchéri, en se portant dernier enchérisseur, doit-il le droit de mutation sur la somme qui fait la différence entre le prix de son acquisition primitive et le montant de la dernière adjudication?

Oui, assurément, en cas de surenchère *commune*, car le premier acte d'adjudication étant résolu d'une manière absolue, le second est désormais le seul titre de sa propriété.

On ne peut raisonner ainsi en cas de surenchère *spéciale*. Sauf en ce qui concerne les créanciers hypothécaires, le contrat primitif subsiste et demeure toujours le titre de la propriété de l'acquéreur. Quant à la différence, elle est remboursable par le vendeur (art. 2191 C. N.). « C'est la condition de la purge et non celle de l'aliénation; dès lors elle « ne fait point partie du prix qui seul peut servir de base à « la liquidation du droit (MM. Championnière et Rigaud, « n. 2157). »

Cela est encore plus manifeste au cas où le contrat primitif est une donation. Nonobstant l'adjudication, provoquée par les créanciers hypothécaires, l'adjudicataire continue à posséder *pro donato*. Son titre demeure révocable pour ingratitude ou survenance d'enfants (art. 957, 960 C. N.), réductible en cas d'excès de la quotité disponible (art. 921 et suiv. C. N.), etc., etc. Aussi l'art. 2189 C. N., statuant sur l'hypothèse, décide expressément : « L'acquéreur ou le donataire qui con-« serve l'immeuble mis aux enchères, en se rendant dernier « enchérisseur, n'est pas tenu de faire transcrire le jugement « d'adjudication. »

Pourquoi cela ? C'est que l'acheteur ou le donataire qui *conserve* l'immeuble mis aux enchères, ne pouvant acquérir à nouveau la propriété qui est déjà sienne, l'adjudication en ce cas n'est pas un acte translatif.

De toutes ces considérations il paraît résulter que le droit proportionnel de mutation n'est pas exigible sur la différence en question.

Cependant la pratique est contraire.

L'adjudication, dit-on, porte la chose à sa véritable valeur; donc l'acheteur, qui la conserve moyennant un prix supérieur, nonobstant le recours en garantie qu'il a de ce chef contre son vendeur, doit le droit de mutation sur la différence; et, s'agissant d'un supplément de prix de vente, le droit exigible n'est pas seulement de 4, mais de 5,50 pour 100 (1).

Par la même raison, il a été décidé que le donataire, sur la différence en question, doit non pas un droit de mutation à titre onéreux, mais un supplément au droit encouru sur l'acte de donation (2).

MM. Championnière et Rigaud (n. 2157) répondent à cette doctrine : « La loi ne reconnaît d'évaluation autre que le prix « exprimé, que celle qui résulte de l'expertise, et quant aux « donations, la valeur vénale ne peut jamais servir de base à « l'établissement du droit. »

Cette objection est grave, surtout en ce qui concerne le donataire; mais la jurisprudence n'applique pas avec cette rigueur les principes de l'expertise. Nous reviendrons sur ce point dans le commentaire des articles 17 et 19.

(**210**-1) V. en ce sens *Cass.*, 3 juill. 1849 (Dalloz, *périod.*, 49, 1, 151). Le principe admis, cette dernière déduction me paraît inattaquable (*suprà*, n. 140). V. cependant M. Dalloz, n. 6034.

(**210**-2) Tribunal de la Seine, 11 mai 1836 (Dalloz, 5974, et M. Garnier, *Rép. gén.*, 1242-1).

APPENDICE AU § 4.

211. Lorsque le tiers détenteur subit l'expropriation en cette qualité ou procède au *délaissement par hypothèque* (1), l'adjudication, provoquée par les créanciers hypothécaires est une aliénation indépendante de la première. Les raisons sur lesquelles, dans le silence des textes, on appuie en cas de surenchère l'imputation du droit de la première acquisition sur la seconde, viennent à manquer; donc le droit est dû intégralement sur l'adjudication dont il s'agit (2).

Cela est incontestable quand l'adjudication est faite au profit d'un nouvel acquéreur.

Mais si c'est le tiers détenteur qui demeure adjudicataire, comme il ne peut acquérir une chose qui, même au cas de délaissement, n'a pas cessé d'être sienne, le droit de mutation n'est aucunement dû suivant quelques-uns (3); d'après la jurisprudence, rapportée ci-dessus (n. 210), il est dû seulement quant à l'excédant du prix de la seconde acquisition sur le prix de la première (4).

§ 5.

De la déclaration de command ou élection d'ami.

212. Textes détachés.
213. Rapport de cette théorie avec celle du mandat et de la gestion d'affaires.
214. Du mandat.— Double procédé d'opération du mandataire : 1° au nom de son mandant; 2° en son nom propre.
215. De la gestion d'affaires.— Double procédé d'opération du gérant : 1° au nom du *maître;* 2° en son nom propre.
216. Situation intermédiaire dans la déclaration de command.
217. Ancien Droit.
218. Économie de la Loi de frimaire.
219. Aucun mode de preuve ne peut exonérer du droit proportionnel une déclaration tardive. — Exemple tiré de la production d'une procuration, ayant date certaine antérieurement à la vente.

(**211**-1) M. Garnier, ***Rép. gén.***, 4428 et s.

(**211**-2) En ce sens, MM. Championnière et Rigaud, 2159.

(**211**-3) MM. Championnière et Rigaud, 2022, 2024.

(**211**-4) Comparez Délib. 19 août et 17 nov. 1818, — 25 mai 1825, — 5 mai 1829, — 13 juin 1830, — 1er et 9 avril 1842. — Sol. 31 oct. 1842.

220. Le droit proportionnel sur une déclaration tardive est en général de 5,50 pour 100.
221. Hypothèse, fort rare en pratique, où le droit de 4 pour 100 pourrait être seul exigible.
222. Développement des trois conditions auxquelles la loi subordonne la non exigibilité du droit proportionnel sur une déclaration de command.
223. Ces trois conditions accomplies, il importe peu que l'existence d'un mandat ou d'une gestion d'affaires soit incompatible avec les circonstances de la cause.
224. La théorie de la déclaration de command n'est pas sans analogie avec celle du résiliement dans les vingt-quatre heures.
225. Comme le résiliement, la déclaration de command doit être *pure et simple*. — Fondement de ce principe.
226. Sa portée.
227. Ses limites. — Exemples divers.
228. Observation sur l'origine historique, assignée par quelques-uns à la déclaration de command.

212. *Textes détachés.* Art. 68, § 1, n. 24. *Droit fixe* (porté à *trois francs*, L. 1816, art. 44, n. 3) : « Les déclarations ou élec- « tions de command ou d'ami, lorsque la faculté d'élire un « command a été réservée dans l'acte d'adjudication ou le « contrat de vente, et que la déclaration est faite par acte « public, et notifiée dans les vingt-quatre heures de l'ad- « judication ou du contrat. »

Art. 69, § 7, n. 3. *Quatre francs par cent francs* (aujourd'hui, en général (1), 5, 50 p. 100, L. 1816, art. 52 et 54) : « Les dé- « clarations ou élections de command ou d'ami, par suite d'ad- « judications ou contrats de vente de biens immeubles, autres « que celles des domaines nationaux, si la déclaration est « faite après les vingt-quatre heures de l'adjudication ou du « contrat, ou lorsque la faculté d'élire un command n'y a pas « été réservée. »

213. La théorie de la *déclaration de command* découle des règles générales du mandat, mais le droit fiscal lui a donné un développement particulier et une physionomie tout-à-fait originale. Dans la parfaite exactitude du langage, l'*élection d'ami* est à la gestion d'affaires ce que la déclaration de command est au mandat. Mais aujourd'hui il n'y a plus d'intérêt pratique à distinguer ces deux locutions, et le Législateur mo-

(212-1) V. ci-dessous n. 220, 221.

derne les emploie comme absolument synonymes. Quoiqu'il en soit, avant de nous engager dans le développement particulier de cette théorie, remontons aux principes généraux du mandat et de la gestion d'affaires.

214. Parlons d'abord du mandat, en limitant notre étude au mandat relatif à l'achat d'un immeuble.

Le mandataire peut agir de deux façons diverses : 1° au nom de son mandant, 2° en son nom propre.

1° Quand il agit au nom de son mandant, il demeure de sa personne complétement étranger aux effets de l'acte dans lequel il figure. Spécialement, dans le mandat relatif à l'achat d'un immeuble, la propriété de cet immeuble est acquise immédiatement au mandant, sans aucune incertitude ni éventualité, et puisqu'il s'opère une seule transmission du vendeur au mandant, il est clair qu'un seul droit de mutation est exigible. L'intervention du mandataire donne seulement ouverture a un droit fixe.

2° Mais le mandataire peut agir aussi bien en son nom propre, sans désignation de son mandant, sans indication de sa qualité de mandataire. Dans ce cas, il assume sur sa personne, vis-à-vis des tiers, toutes les conséquences actives et passives de l'acte par lui passé, sauf à compter avec son mandant. Spécialement, dans notre hypothèse, c'est vraiment lui qui devient propriétaire du fonds acheté ; l'obligation, qu'il a contractée vis-à-vis son mandant, de lui remettre ce fonds, ne modifie pas ce résultat, car la procuration, non exhibée lors de l'achat, n'est qu'une contre-lettre, non opposable aux tiers (art. 1321 C. N.). Par conséquent, tous les effets de la propriété du mandataire, notamment les hypothèques, établies de son chef, subsistent après que la procuration a été produite ; la remise du fonds, faite en exécution du mandat, est une véritable retranslation de la propriété. En réalité, il y a eu dans l'espèce deux transmissions : du vendeur au mandataire ; du mandataire au mandant. Deux droits de mutation sont donc encourus (1).

(214-1) Comparez, en ce sens, *Cass.* 28 janvier 1811, 6 décembre 1813, 7 février 1838 (Dall. 2565-2567), et l'arrêt des Chambres réunies, du 29 décembre 1821 (Dall. 2496).

Ce mode d'agir en son nom propre était, dans la pureté des principes du Droit romain, le seul procédé du mandataire. Aujourd'hui, au contraire, le mandat réveille plus habituellement l'idée d'opérations accomplies au nom du mandant. C'est même exclusivement sous cette face que le Code Napoléon envisage le contrat de mandat, c'est de ce point de vue qu'il le définit (art. 1984). En matière commerciale, un nom particulier a été donné au mandataire agissant en son nom propre, c'est un *commissionnaire* (art. 91 C. com.). D'une manière plus générale, la doctrine l'appelle un *prête-nom*. Mais de même que le contrat de commission n'est qu'une espèce particulière de mandat (art. 92 C. com.), il me paraît certain, malgré l'absence d'une formule législative sur ce point, qu'en toute matière les devoirs et les droits du *prête-nom*, vis-à-vis de son commettant, sont réglés par les principes généraux du mandat (2).

215. On peut agir pour le compte d'autrui spontanément, sans mandat. L'agent, dans ce cas, est appelé *gérant d'affaires*, et celui pour le compte duquel l'opération est faite, est appelé le *maître* (v. art. 1372, 1375 C. N.).

Comme le mandataire, le gérant peut agir d'une double façon : 1° soit en déclarant ouvertement le nom du maître; 2° soit en son nom propre, en gardant *in petto* le nom de l'ami qu'il a l'intention de choisir pour maître de l'affaire.

1° Dans le premier cas, il diffère grandement du mandataire, en ce qu'il ne peut nouer aucune affaire, sans s'engager de sa personne au cas où le maître ne ratifierait pas. Autrement tout demeure à l'état de simples pourparlers. Si, par exemple, Pierre sans mandat achète un fonds pour le compte de Paul, il faut, pour qu'il y ait vente actuelle, que dès à présent Pierre achète en son nom propre, si Paul ne ratifie pas l'opération. La ratification ultérieure ou le refus de Paul déterminera rétroactivement lequel des deux est l'acquéreur ; mais dès à présent il y a une mutation certaine, dont le principe est dans le premier acte, celui où figure le gérant *porte-fort*. Donc ce premier acte encourt le droit proportionnel de

(**214**-2) Comp. Dumoulin, § 33, gl. 2, n. 21. — Toullier, tome 6, n. 179. — M. Garnier, *Rép. gén.*, n. 10043.

5 50 p. 100 (1) ; et l'acte de ratification, s'il a lieu, n'est passible que d'un droit fixe (*deux* francs, art. 68, § 1, n. 38 L. frim. ; L. 1850, art. 8).

Ainsi, dans ce cas, il n'y a à tout événement qu'une seule mutation : car, si le maître ne ratifie pas, il est évident qu'il demeure entièrement étranger à toutes les conséquences de l'acte passé par le gérant, et ce gérant reste propriétaire incommutable ; s'il ratifie, l'effet rétroactif de la ratification fait entièrement disparaître la personne du gérant, et le premier acte devient le titre de la propriété du maître.

2º Lorsque le gérant a acquis en son nom propre, sans désignation actuelle du maître qu'il se réserve de choisir, la désignation ultérieure et la ratification de ce maître ne peuvent, vis-à-vis des tiers, opérer aucun effet rétroactif. Le maître ne peut trouver un titre de propriété dans un acte où il n'est aucunement désigné. Les effets de la gestion sont limités à des rapports obligatoires purement personnels entre le maître et le gérant. Quant à la propriété, ayant une fois reposé *purement* sur la tête du gérant, elle repasse au maître par un second acte translatif. Deux droits de mutation sont donc encourus dans l'espèce.

216. Le mandataire ou le gérant, agissant au nom d'autrui ; le mandataire ou le gérant, agissant en son nom propre, voilà les deux points extrêmes de notre étude.

Voici une situation intermédiaire :

L'acheteur déclare qu'il achète soit pour lui, soit pour un tiers qu'il se réserve de nommer ultérieurement. Si ce tiers lui a donné mandat, c'est un *command*, c'est-à-dire un mandant, et l'acheteur *commandé* (1) est tenu de faire la *déclaration* de ce command. Si aucun mandat n'est intervenu, l'acheteur *élit* spontanément l'*ami* qu'il prend pour maître de l'affaire.

(**215**-1) Comp. *Req.* 17 avril 1816, *Cass.* 4 février 1839 (Dall. 191). — Jugement de Douai, 31 août 1854, *Délib.* 17 novembre 1854 (Dall. *périod.* 55, 3, 14). — Champ. et Rig., n. 208. — V. toutefois la *Revue de législation* (première série), tome 5, p. 70.

(**216**-1) Le mot *commandé* est très-expressif ; il est français et rend bien la pensée. On ne doit donc pas hésiter à le naturaliser dans la langue du Droit, avec l'autorité de M. Troplong (*Vente*, n. 64) qui, lui-même, cite Dufresne, sur l'art. 259 de la *Coutume d'Amiens*. V. M. Garnier, *Rép. gén.* 2763.

Dans tous les cas, pendant l'intervalle, l'acheteur est propriétaire du fonds, car la propriété ne peut demeurer un seul instant sans maître ; or, à tout événement, par hypothèse, le vendeur en est dévêtu ; le command ou l'ami, étant inconnu des tiers, n'en peut être encore investi ; il faut donc que celui qui a figuré au contrat soit propriétaire.

217. La déclaration ultérieure du command produira-t-elle un effet rétroactif, si bien que, la propriété intérimaire du *commandé* étant réputée non-avenue, aucun droit de mutation ne soit exigible pour le passage du fonds des mains de l'un en celles de l'autre ? La chose n'allait pas sans difficulté d'après les principes du Droit romain. Mais dans l'ancienne pratique française il avait prévalu *contra rationem juris*, c'est-à-dire, contrairement à la pureté des principes de ce Droit, que la résolution de la propriété du *commandé*, étant une *résolution nécessaire*, ne subissait aucuns lods. Ce motif venait à manquer au cas de gestion d'affaires. Aussi Dumoulin (1) exigeait-il absolument un mandat préexistant à la vente. Mais, le mandat étant un contrat purement consensuel, on en vint à décider qu'il n'était pas besoin d'un acte en forme, qu'il suffisait d'un mandat verbal, ou tacite, ou présumé d'après les circonstances (2). Une telle doctrine prête à de grandes subtilités. Entre le mandat tacite ou même simplement présumé, et la gestion d'affaires la différence réside le plus souvent *in apicibus juris*. Quand on est arrivé là, il n'y a plus qu'un pas à franchir pour étendre au gérant, faisant *élection d'ami*, ce qui est admis du mandataire faisant *déclaration de command*. La pratique s'établit en ce sens. Sudre (3) l'expose en ces termes, reprenant magistralement Dumoulin : « Dumoulin est parti d'un faux principe : il « a cru qu'il fallait, pour donner lieu à une vraie élection d'ami, « que les choses fussent dans des termes où l'on peut présu- « mer un mandat verbal de la part de celui en faveur de qui « a été faite dans la suite l'élection ; au lieu que le principe « sur lequel cette jurisprudence des élections d'amis a été éta-

(**217**-1) Dumoulin, § 33, gl. 2, n. 24. — Comparez Dargentré *de Laudimiis*, n. 21.

(**217**-2) V. le *Répertoire de Merlin*, V° Vente, § 3, n. 4.

(**217**-3) Sudre, sur Boutaric *des Lods*, § 2, n. 27.

« blie, c'est qu'*il suffit qu'il paraisse que l'adjudicataire n'ait pas « eu le dessein d'acquérir par lui-même.* » Désormais il n'y a nul intérêt à distinguer la *déclaration de command* et l'*élection d'ami*. Les effets de ces deux opérations étant reconnus identiques, les deux locutions elles-mêmes se confondent et se prennent indifféremment l'une pour l'autre.

C'est dans cet état que la loi de frimaire a recueilli les traditions de l'ancien droit.

218. Le Législateur moderne subordonne la non-exigibilité du second droit de mutation aux trois conditions suivantes :

1° Que la faculté d'*élire un command* ait été réservée dans l'acte d'acquisition ;

2° Que la déclaration soit faite par *acte public ;*

3° Que cette déclaration soit *notifiée* dans les vingt-quatre heures de l'adjudication ou du contrat (*supra* n. **212**).

La Loi remplace par des conditions d'une constatation facile, d'une vérification presque matérielle, les principes, beaucoup plus déliés sur lesquels l'ancienne jurisprudence fondait la théorie de la déclaration de command. Moyennant l'accomplissement strict de ces trois conditions, droit fixe ; une seule venant à manquer, droit proportionnel ; voilà l'économie de la loi (1).

219. On ne saurait donc aujourd'hui, par aucune espèce de preuve, exonérer du droit de mutation une déclaration tardive ; on ne le pourrait notamment en justifiant d'une procuration, ayant date certaine antérieurement à la vente. Que résulterait-il de cette circonstance ? Que le rapport obligatoire des parties serait régi par les principes du contrat de mandat ; la remise du fonds par l'acquéreur à son mandant ne serait pas une revente ; par suite, il ne serait dû à celui-ci aucune garantie par son mandataire. Mais il ne suit pas de là qu'il n'y

(**218**-1) La doctrine, exposée au texte et développée ci-après, est radicalement opposée à celle de MM. Champ. et Rig. (n. 1935 et s.) et à celle de MM. Dall. (n. 2551 et s.). Quant aux arrêts, cités par ces auteurs, ils fournissent seulement dans leurs motifs quelques arguments *a contrario* d'une valeur très-contestable. Appréciés dans leur dispositif, ils rentrent beaucoup mieux dans le système que je défends. — Comp. le *Rép. gén.* 2775.

aurait pas mutation, car il n'implique nullement que la propriété ait effectivement reposé sur la tête du mandataire et que ce dernier, pour obéir à son mandat, en opère la retranslation (1).

D'ailleurs, indépendamment de toute autre considération, le texte de la loi (art. 69, § 7, n. 3) est formel, et cela seul justifie suffisamment dans l'espèce, la perception, du droit de 4 p. 100.

220. Mais *quid* du droit de transcription ?

La question revient à savoir si les tiers, autres que l'Administration, peuvent se prévaloir de la tardiveté de la déclaration.

Je pense qu'ils le peuvent.

La propriété du mandataire acheteur, conditionnelle pendant vingt-quatre heures, s'est purifiée après ce délai. Donc les hypothèques, établies de son chef, subsistent et doivent être purgées ; donc la remise du fonds par le mandataire au mandant est un acte *de nature à être transcrit*, et le droit supplémentaire de 1,50 p. 100 est exigible par le receveur de l'Enregistrement (art 54 L. 1816).

On peut objecter que le délai de vingt-quatre heures n'est établi comme délai fatal que par la loi fiscale et par rapport à l'Administration seule. Mais cette disposition de la loi fiscale, à moins d'une clause expresse en sens contraire, doit servir à interpréter l'intention des contractants. Les tiers ne peuvent rester indéfiniment en présence d'une propriété résoluble. Il est donc raisonnable de présumer qu'en stipulant la réserve de déclarer command (réserve insérée surtout en vue de l'application des droits de mutation), les parties, si elles n'ont pas fixé un autre délai, ont tacitement limité à vingt-quatre heures l'exercice de cette faculté.

Au surplus, dans la pratique, on évite toute difficulté à cet égard en imposant expressément à l'acquéreur le délai de vingt-quatre heures comme délai fatal.

221. A plus forte raison, s'il n'est pas justifié d'un mandat antérieur à la vente, le droit exigible sur une déclaration tardive est de 5,50 p. 100 ; soit que l'on considère l'acte comme

(219-1) Comp. Dumoulin, § 33, gl. 2. n 22, *in fine*.

une revente (art. 52 L. 1816), soit tout au moins comme un acte *de nature à être transcrit* (art. 54 L. 1816). La seule exception à cette règle serait au cas où les parties auraient expressément inséré dans l'acte un délai plus long que vingt-quatre heures. La clause serait nulle quant au droit d'enregistrement, à cause du texte formel de la loi de frimaire ; mais étant d'ailleurs opposable aux tiers, elle ferait du second acte un acte non susceptible de transcription. Le droit de 4 pour 100 serait exigible. J'ai suivi cette hypothèse par forme d'exemple didactique; car, dans les habitudes actuelles de la pratique, elle est à peu près dénuée de tout autre intérêt.

222. Reprenons maintenant en détail les trois conditions édictées par la Loi pour la non-exigibilité du droit proportionnel.

1° Il faut que la *faculté d'élire un command* ait été réservée dans *l'acte d'adjudication* ou le *contrat de vente*.

Lorsque la réserve a été insérée dans le cahier d'enchères, est-il nécessaire que l'acquéreur, au moment de l'adjudication, en réitère l'expression ? Il semble que non, car l'adjudicataire accède complètement à toutes les clauses du cahier d'enchères, qui fait partie intégrante de l'*acte d'adjudication*. Il est toutefois prudent de réitérer expressément cette réserve, pour obéir aux exigences outrées d'une décision ministérielle du 11 janvier 1814 (1).

2° Il faut que la déclaration soit faite par *acte public*.

Le but de la loi serait atteint tout aussi bien par un acte sous seing privé, puisque cet acte, devant être *notifié* dans les vingt-quatre heures, acquerrait par cela même nécessairement date certaine avant l'expiration de ce délai fatal. Mais on ne raisonne pas contre une disposition réglementaire qui dépend de l'arbitraire du Législateur. C'est donc avec raison que plusieurs décisions judiciaires ont maintenu strictement sur ce point la lettre de la Loi (2).

(**222** 1) Voyez l'analyse de cette décision dans le Recueil de M. Carette, tome 1, p. 484, note 6.

(**222** 2) Chartres, 23 décembre 1833 ; Clermont, 21 février et 29 août 1845. — V. toutefois Dall., 2583, et M. Garnier, *Rép. gén.* 2789. — Comp. *suprà*, n. 154 et 172.

3° Enfin la déclaration doit être *notifiée* dans les vingt-quatre heures de l'adjudication ou du contrat.

C'est à l'Administration, en la personne du receveur, et non pas au command élu, que doit être faite la notification ; car il n'importe nullement pour la perception que la déclaration soit ou non acceptée par ce command. Que résulte-t-il, en effet, de sa non-acceptation ? Que l'acheteur primitif demeure propriétaire. A tout événement il n'y a toujours qu'une seule mutation et, puisque le droit en a été acquitté, l'Administration n'a rien à rechercher au delà.

Remarquons le surcroît de précaution exigé par la Loi. La signature de l'officier public, qui reçoit la déclaration, ne suffit pas ici pour lui conférer date certaine vis-à-vis de l'Administration (*secus* n. **171** *suprà*). La Loi pourvoit ainsi à ce que le notaire ou le greffier ne se prête pas, par une coupable complaisance, à une antidate que la brièveté du délai eût rendue facile et sans contrôle.

D'un autre côté il eût été trop sévère d'exiger l'enregistrement de la déclaration dans les vingt-quatre heures, parce que les bureaux sont fermés pendant une partie du temps où court ce délai fatal. De là la faculté, offerte aux parties, de faire au receveur notification par huissier de la déclaration (V. au surplus le commentaire de l'art. 42). Que si l'enregistrement a eu lieu effectivement dans les vingt-quatre heures, il est évident que la déclaration est rendue suffisamment notoire à l'Administration. Mais à défaut d'enregistrement effectif, rien ne peut suppléer à une notification par huissier (3).

223. Une seule de ces conditions venant à manquer, la déclaration de command, avons-nous dit, subit le droit proportionnel.

Réciproquement, les trois conditions accomplies, on ne devra pas rechercher si l'acheteur primitif agissait, ou non, pour le compte d'autrui. Quand même il serait constant, en fait, que l'*électeur* et l'*élu* étaient absolument étrangers l'un à l'autre au moment de l'achat, la déclaration de command ou l'élection d'ami n'encourrait pas le droit proportionnel, bien que l'hypothèse soit exclusive de toute idée de mandat ou de ges-

(**222**-3) V. en ce sens I. G. 1631, et M. Garnier, *Rép. gén.* 2324.

tion d'affaires. Quand la Loi positive a formulé les conditions d'existence d'une institution juridique, il n'est plus permis d'en limiter l'application par les considérations doctrinales qui lui ont servi d'introduction.

224. D'ailleurs la présomption d'un mandat ou d'une gestion n'est pas le seul fondement de la théorie qui nous occupe. Cette théorie n'est pas sans analogie avec celle du résiliement dans les vingt-quatre heures (*suprà*, n. **150-161**). Le vendeur, en insérant dans le cahier d'enchères ou dans le contrat la réserve de déclarer command, consent par là même au résiliement vis-à-vis du premier acquéreur, et s'oblige d'ores et déjà à revendre le fonds au command déclaré (1).

Dans l'un comme dans l'autre cas, les dispositions réglementaires sont les mêmes, la loi exige la rédaction d'un acte authentique et la conclusion de l'affaire dans les vingt-quatre heures.

225. Il faut en outre, d'après une jurisprudence constante (1), que la substitution du *command* au *commandé*, de l'*élu* à l'*électeur* soit pure et simple, c'est-à-dire que le command ou l'élu prenne le fonds sous les clauses et conditions du contrat passé avec le commandé ou l'électeur. Ce principe n'est par formellement écrit dans la Loi, mais il résulte de l'essence de l'institution dont il s'agit. Si la substitution n'est pas pure et simple, si le command prend le fonds à des conditions différentes, par exemple, à un prix plus élevé, le contrat originaire ne peut être le titre de propriété de ce prétendu command. Il y a contradiction manifeste entre la réalité de l'acte et son apparence ; la prétendue déclaration de command est une revente, passible du droit de 5,50 pour 100, et ce droit n'est pas seulement exigible quant à l'excédant du prix de la seconde acquisition sur le prix de la première, il l'est intégralement sur le prix de cette seconde acquisition. Vainement on objecterait que le prétendu commandé bénéficie seulement de la différence des prix.

Puisqu'il bénéficie de cette différence en qualité de vendeur,

(**224**-1) Cet aperçu est indiqué par Fonmaur, n. 208 et s.

(**225**-1) V. *Civ.-rej.* 18 février 1839 et tous les documents cités par M. Garnier, *Rép. gén.*, n. 2800 et s.

sa propriété n'est point annihilée ; quoiqu'elle ait duré seulement quelques heures, elle n'en a pas moins fait impression sur sa tête ; il y a donc eu dans l'espèce deux transmissions indépendantes, d'où les deux droits de mutations sont justement exigibles.

226. On doit être prudent dans l'application de ce principe, sans quoi on rouvrirait la porte à toutes les anciennes controverses que la Loi a voulu trancher. Encore une fois, il ne faut pas s'attacher avec Dumoulin, à l'existence d'un mandat antérieur, ni exiger, avec Sudre, « qu'il paraisse que l'ad« judicataire n'ait pas eu l'intention d'acquérir pour lui« même (*suprà*, n. **217**). » Il suffit que les conditions légales soient accomplies, mais du moins faut-il que l'acte d'élection ne jure pas par son contexte même avec l'essence des actes purement déclaratifs. En un mot, il faut que le command trouve dans l'acquisition du commandé son titre *immédiat* de propriété.

227. Cette formule, en donnant la raison du principe, rend assez bien compte des limites qui y sont généralement assignées (1).

Ainsi : 1° quand l'acquéreur d'un fonds, vendu en un seul lot, le divise entre deux ou plusieurs commands, cette circonstance ne fait pas encourir un second droit proportionnel. La raison en est que le partage, en général, est considéré comme acte non-translatif. Or, si la déclaration eût été faite en bloc au profit des commands, ces derniers, devenus propriétaires par indivis, auraient pu partager, moyennant un droit fixe ; l'effet rétroactif, attaché au partage, faisait remonter immédiatement à l'acte d'acquisition par indivis la propriété de chacun des copartageants ; cet acte d'acquisition par indivis restait donc, par la fiction de la loi, le titre immédiat de la propriété de chacun d'eux. Le même résultat doit se produire quand le partage a lieu *in continenti* dans la déclaration de command. Donc un seul droit de mutation est encouru.

2° On doit raisonner de même quand l'acquéreur, au moyen d'une ventilation sur le prix, déclare command pour une par-

(**227**-1) V. le *Rép. gén.*, 2810 et s.

tie du fonds acheté, sauf à l'Administration le droit de contrôler par l'expertise la sincérité de la ventilation, car il ne faut pas que l'acquéreur conserve une partie du fonds sans un prix sérieux (2).

3° On se demandait jadis si, en cas de vente d'un fonds en plusieurs lots, l'acquéreur d'un lot pouvait valablement déclarer pour son command l'acquéreur d'un autre lot. Il semblait à quelques-uns que l'hypothèse était incompatible avec la présomption d'un mandat, car le mandant ne peut figurer de sa personne dans l'acte auquel il est représenté.

Mais, outre que cette incompatibilité ne me paraît pas absolue dans l'espèce, et qu'on peut avoir des raisons très-sérieuses pour ne pas enchérir tel lot à visage découvert, alors même qu'on enchérit tel autre ostensiblement, l'objection ne doit aucunement nous arrêter aujourd'hui. Pour que la propriété du command remonte immédiatement à l'acte d'acquisition du commandé, il n'est pas nécessaire que le commandé ait eu dès le principe en vue de déclarer telle personne déterminée, ni même qu'il ait eu la pensée d'exercer la faculté d'élire; il suffit que par sa déclaration il s'efface entièrement, qu'il sorte du fonds sans y avoir fait acte de maître, sans rien retenir sur le prix.

La déclaration, dans l'espèce, est parfaitement régulière et doit être tarifée au droit fixe.

4° De même, en cas de refus d'un premier command, l'acquéreur, tant que le délai fatal de vingt-quatre heures n'est pas expiré, peut en déclarer un second, un troisième, etc.

On objecterait vainement que, vu l'opposition d'intérêt des divers enchérisseurs, le mandat donné par Paul est exclusif du mandat donné par Pierre, par Jacques, etc.

Peu importe aujourd'hui l'existence, ou même la possibilité, de ce mandat. La Loi moderne a coupé court à toutes ces recherches, et l'on irait contre son esprit en ravivant les controverses, qui ont signalé les premières phases de la jurisprudence ancienne.

5° Quand l'acquéreur primitif consent à rester obligé vis-à-vis du vendeur au payement du prix, cette circonstance ne fait pas obstacle à la résolution de sa propriété; il s'ensuit

(227-2) V. toutefois *Rép. gén.*, 2813.

seulement que le commandé est tenu accessoirement de l'obligation du prix, qui incombe principalement au command. Cette obligation accessoire donne lieu, dans tous les cas, au droit proportionel de **0,50** pour **100**, ainsi que nous le verrons ultérieurement dans le traité des *actes obligatoires* (3). Mais un seul droit de mutation est exigible dans l'espèce.

228. On attribue souvent l'origine des déclarations de command à la répugnance qu'éprouvaient les nobles à voir figurer leurs noms dans les actes de vente publique. Bien que cette opinion s'appuie sur le témoignage de quelques anciens jurisconsultes, je n'en ai tenu nul compte dans le cours de cette étude. Il n'est pas besoin de recourir aux préjugés de la noblesse pour expliquer l'intérêt sérieux, et toujours subsistant, que peut avoir un acquéreur à ne pas contracter, surtout à ne pas enchérir, à visage découvert. On donne à cet intérêt une entière satisfaction en recourant au ministère d'un mandataire agissant en son nom propre, d'un *prête-nom*. Mais alors on encourt deux fois l'impôt des mutations. C'est pour éviter ce danger que les feudistes ont développé la théorie des déclarations de command ou élections d'amis. Cette circonstance nous explique à la fois et l'absence de cette théorie dans les sources du Droit romain, et la grande importance qu'elle a prise dans le Droit féodal et qu'elle conserve encore dans le Droit fiscal contemporain.

SUITE DU § 5.

De la déclaration d'adjudicataire dans les ventes judiciaires.

229. Différence de la déclaration d'adjudicataire et de la déclaration de command, quant aux conditions de forme.
230. Identité quant au fond.
231. Examen d'un arrêt de la Cour de Cassation du 3 septembre 1810, dont les *motifs* sont contraires à la doctrine exposée.

(**227**-3) Sur cet exemple, qui est un des plus pratiques, voyez les trois arrêts suivants de la Cour de cassation : 16 novembre 1846 (I. G. 1786, § 2), 28 décembre 1847 (I. G. 1814, § 4), 20 août 1850 (I. G. 1875, § 2). — V. au surplus le *Rép. gén.* 2808.

232. De même qu'un *commandé* pur, l'avoué peut, en cas de refus d'un premier adjudicataire, en déclarer un second.

233. Dans les ventes judiciaires, renvoyées devant un notaire commis, le ministère des avoués, quoique facultatif, conserve son caractère public.

229. Dans les ventes judiciaires, qui se font à la barre du Tribunal, les enchères sont faites exclusivement par le ministère d'avoués (art. 705 C. Proc.). « L'avoué dernier enchéris- « seur, dit l'article 707 du même Code, sera tenu, dans les « trois jours de l'adjudication, de déclarer l'adjudicataire et « de fournir son acceptation, sinon de représenter son pouvoir, « lequel demeurera annexé à la minute de sa déclaration ; « faute de ce faire, il sera réputé adjudicataire en son nom. »

Au fond, l'avoué est purement un adjudicataire commandé.

En la forme, nous relevons entre la déclaration de command, proprement dite, et la déclaration d'adjudicataire les différences suivantes :

1° Le délai est de trois jours, au lieu de vingt-quatre heures.

2° La qualité de *commandé* résultant de la nature des fonctions de l'avoué, la faculté d'élire n'a pas besoin d'être expressément réservée.

3° La déclaration de l'avoué, reçue par le greffier, n'a pas besoin d'être notifiée à l'Administration. La Loi n'ayant pas dérogé ici au principe général, la signature du greffier confère date certaine à la déclaration.

4° Dans les cas ordinaires, le command déclaré ne peut à son tour user de la faculté d'élire et déclarer un second command. Ici, au contraire, l'adjudicataire déclaré par l'avoué peut, sous les conditions communes, déclarer un command. Dans ce cas, le délai de vingt-quatre heures court à partir de la déclaration faite par l'avoué (1).

5° La déclaration faite par l'avoué, ne rentrant pas sous le prescrit des Lois fiscales, doit être tarifée, non pas au droit de trois francs (*suprà* n. **212**), mais au droit fixe d'un franc, comme acte judiciaire innomé (*suprà* n. **15** et **17**).

230. Au fond, avons-nous dit, l'avoué est purement un

(**229**-1) En ce sens *Cass.*, 1er février 1854 (*Rép. pér.* 8).

adjudicataire *commandé*. Il s'ensuit que, sauf le cas spécial de l'article **711** du Code de procédure, il devient immédiatement propriétaire en son nom, sauf résolution de la propriété dans les trois jours.

Notre raisonnement, pour arriver à ce résultat, est toujours le même *(suprà*, n.**216**) : Le vendeur est immédiatement dévêtu, l'adjudicataire n'est pas encore investi ; le fonds ne peut demeurer un seul instant sans maître ; donc l'avoué est actuellement le seul propriétaire possible, propriétaire sous condition résolutoire, mais enfin propriétaire

Voilà l'analyse de la situation, au point de vue civil.

Quant à la perception, en l'absence des textes, l'applicaplication de la théorie générale des conditions suffit pour amener le résultat expressément indiqué par la Loi, dans la déclaration de command proprement dite, à savoir qu'un seul droit de mutation est encouru pour la transmission du fonds des mains du vendeur en celles de l'adjudicataire déclaré.

231. Ainsi formulée, notre doctrine est en opposition directe avec les motifs d'un arrêt de la Cour de cassation du 3 septembre 1810; et comme cet arrêt a fixé la jurisprudence, que c'est, comme on dit au Palais, un *arrêt principe*, qu'il est suivi par les auteurs les plus considérables (1), nous devons nous y arrêter un peu plus longuement que ne le comporte habituellement le cadre de cet ouvrage.

On lit dans les motifs de cet arrêt : « Dans le cas où l'avoué « dernier enchérisseur aura déclaré, dans les trois jours, la per- « sonne de son mandant, et où, aux termes de la loi, il aura « fourni son acceptation, ou représenté le pouvoir qu'il en « aura reçu ; dans ce cas, la déclaration de cet avoué ne pré- « sente pas une déclaration de command ; car pour qu'il soit « possible de faire une telle déclaration, pour qu'il soit pos- « sible de transmettre à un tiers le bénéfice d'une adjudication, « il faut avoir été soi-même adjudicataire ; et la loi ne re- « connaît point ce titre à l'avoué dernier enchérisseur, avant « l'expiration du délai de trois jours. Au contraire, on peut « dire que la loi le lui refuse expressément, en reconnaissant

(**231**-1) V. M. Troplong, *Vente*, n. 76.

« que l'adjudicataire doit être une personne autre que cet « avoué. — *L'avoué dernier encherisseur*, porte l'art. 709 (2) du « Code de procédure, *sera tenu, dans les trois jours de l'adjudica- « tion, de déclarer l'adjudicataire.* Il suit de là que, d'après les « dispositions de la loi nouvelle concernant les enchères ju- « diciaires, aucune déclaration de command, aucune muta- « tion de propriété ne peut résulter du ministère particulier « que cette loi confère aux avoués dans ces sortes de pro- « cédure... (3). »

En général, la valeur des arrêts doit s'apprécier plus par le dispositif que par les motifs; le dispositif seul émane de la sagesse collective des corps judiciaires; en réalité, les motifs sont l'œuvre personnelle du rédacteur, et souvent ils dépassent le but assigné. Dans l'espèce, le dispositif de l'arrêt de 1810 est irréprochable. De quoi s'agissait-il en effet? d'exonérer la déclaration de l'avoué d'un second droit proportionnel. La justice de ce résultat est manifeste; mais les textes de la Loi de frimaire pouvaient jeter quelque trouble dans l'esprit. La Loi fiscale a subordonné l'exonération à des conditions réglementaires strictes et impératives; le Code de procédure change, quant aux avoués, ces conditions réglementaires, mais il est muet sur les effets fiscaux de la nouvelle declaration qu'il organise. L'analyse rationnelle découvre, il est vrai, l'analogie des deux institutions; mais dans une matière d'interprétation stricte, à une époque d'ailleurs où les Tribunaux se croyaient plus enchaînés, qu'on ne le pense aujourd'hui, à la lettre de la Loi, cette analogie des deux institutions suffisait-elle pour les assimiler par rapport au Droit fiscal? La question pouvait paraître délicate.

En cet état, la Cour a suivi un procédé familier aux interprètes des Lois, qui est d'exagérer, pour les besoins de la cause, les nuances qui distinguent deux institutions voisines. De là cette séparation tranchée, établie entre la déclaration de command et la déclaration d'adjudicataire.

232. Cette complète scission a donné lieu à une contro-

(**231**-2) Depuis la réforme du Code de procédure, opérée en 1841, l'art. 709 est devenu l'art. 707.

(**231**-3) Civ.-rej. 3 septembre 1810 (Dall. 2608. — *Rép. gén.* 2829).

verse, facilement évitée, si l'on n'eût pas refusé d'appuyer la déclaration d'adjudicataire sur le même fondement que la déclaration de command, à savoir la substitution *rétroactive* de l'élu à l'électeur dans le titre de la propriété.

Ainsi, en cas de refus d'un premier command, l'acquéreur peut sans difficulté en élire un second (*suprà*, n. **227-4°**). Quelques-uns contestent ce droit à l'avoué. L'avoué, disent-ils, est nécessairement un mandataire, jamais un *porte-fort;* or le même avoué n'a pu convenablement recevoir mandat d'enchérir le même fonds pour deux personnes consécutives; si le premier adjudicataire déclaré refuse, il est constant par là même que le second a été élu postérieurement à l'adjudication; donc l'avoué, étant sorti des limites de son ministère, ne peut plus invoquer les règles spéciales du Code de procédure, la matière est régie par le Droit commun, et la déclaration, faite après les vingt-quatre heures, est tardive.

Tout cela repose sur une pétition de principes.

Sans doute l'avoué contrevient aux règles disciplinaires de sa profession, lorsqu'il engage sciemment sa responsabilité personnelle, et sa réputation est quelque peu notée lorsqu'il demeure adjudicataire en son nom, faute de fournir l'acceptation de son client ou de représenter son pouvoir. C'est donc de sa part une sage précaution, qui lui est toujours recommandée, de ne pas aller aux enchères sans un pouvoir écrit. Mais toutes ces règles sont de pure discipline. En Droit, l'avoué (sauf la disposition de l'art. 711 relative à l'avoué poursuivant) a pleine et entière capacité pour s'obliger de sa personne comme *porte-fort* ou autrement. Il n'importe donc nullement, quant à la perception, que l'avoué fasse *élection* d'adjudicataire postérieurement à l'adjudication; il suffit pour que sa personne disparaisse et s'efface entièrement, que dans les trois jours il fournisse l'acceptation d'une personne capable d'acquérir (1).

233. Dans les ventes judiciaires, renvoyées devant un notaire commis, les enchères, dit le Code de procédure (art. 964), *pourront être faites par toutes personnes sans ministère d'avoué.* D'où l'on s'est demandé si l'avoué, qui enchérit devant un

(232-1) Comp. *Dél.* 5 déc. 1814,— Champ. et Rig. 2000,— *Rép. gén.* 2841.

notaire, agit en qualité d'officier ministériel ou comme simple particulier. Il a prévalu que, malgré son rôle purement facultatif, l'avoué conserve encore son caractère public (1). Il faut donc étendre à toutes les ventes judiciaires, sans distinction, les règles spéciales de la déclaration d'adjudicataire.

SECTION V.

Des nullités en matière de vente.

234. Plan.

§ 1.

Retour sur la théorie générale des nullités.

235. Résumé de la doctrine exposée ci-dessus sur les nullités.
236. De la nullité absolue, en matière de vente.
237. Des nullités relatives.
238. Développements quant au jugement, prononçant la nullité ou la rescision.
239. Application de la règle générale aux cas d'incapacité, d'erreur ou de violence. — Difficulté particulière au cas de dol.
240. De la rescision pour lésion. — Doctrine de Merlin. — Jurisprudence de la Cour de cassation.
241. Spécialement, de la rescision de la vente pour lésion de plus des sept douzièmes.
242. *Quid* du droit de transcription?
243. Du cas où l'acheteur fournit le supplément du prix. — Le droit de 5,50 est encouru sur ce supplément.
244. Le droit de condamnation ne l'est pas. — Utilité de surveiller à cet égard la rédaction du jugement. — Renvoi.
245. *Quid* si la nullité est reconnue par une convention?
246. Cette convention est de sa nature purement déclarative et n'encourt qu'un droit fixe.
247. Objection tirée de la facilité de la fraude. — Ressource de l'Administration en cas de fraude.
248. Des jugements arbitraux.
249. Des jugements *d'expédient.*
250. De l'action révocatoire des créanciers.

§ 2.

Des nullités spéciales à la vente.

251. De la vente entre époux (art. 1595 C. N.).

(233-1) *V.*, en ce sens, une circulaire du ministre de la justice, du 10 août 1841, et un arrêt de la Cour de Cass. du 18 nov. 1844 (*Rép. gén.*, 2830-1).

234. Nous devons procéder pour les nullités comme pour les conditions; nous référer aux principes généraux, ci-dessus posés (n. 47-59), et faire l'application particulière de ces principes à la vente immobilière.

Toutefois, la vente étant la plus importante des conventions *translatives* à titre onéreux, nous prendrons occasion de développer ici notre doctrine, et nous traiterons successivement des causes de nullité qui sont communes à toutes les conventions et de celles qui sont spéciales à la vente.

§ 1.

Retour sur la théorie générale des nullités.

235. Résumons préalablement la doctrine exposée ci-dessus, afin qu'en cette matière, si fort rebattue par la controverse, nous arrivions tout au moins à mettre en lumière la position des questions.

La théorie des nullités avons-nous dit, peut être ramenée aux trois questions suivantes :

1. Perception sur l'acte nul.
2. Perception sur le jugement qui annule.
3. Restitution du droit perçu sur l'acte annulé.

Les deux premières questions sont entièrement indépendantes l'une de l'autre; mais la troisième rentre dans la première, car, en général, un droit ne peut être restitué, que s'il a été irrégulièrement perçu à l'origine (art. 60).

Pour la solution de ces questions, il faut rechercher si la nullité est *absolue* ou *relative*.

En cas de nullité absolue : aucun droit proportionnel ni sur l'acte, ni sur le jugement; restitution du droit, perçu irrégulièrement par hypothèse.

En cas de nullité relative : droit proportionnel sur l'acte; droit fixe sur le jugement; non-restitution du droit, perçu régulièrement par hypothèse.

236. Pour trouver l'application à la vente de notre doctrine sur la nullité absolue, il faut supposer un acte, qualifié *vente*, auquel manque un des trois éléments de ce contrat : *pretium, res, consensus.*

Telles seraient la vente d'un fonds au prix qu'il plaira à l'acheteur d'en donner; la vente d'une chose hors du commerce, comme un grade militaire, un siége de magistrature, et même, suivant nous, d'une succession future. Dans le premier exemple, il n'y a pas de prix; dans les autres, pas de chose vénale.

Quant au surplus, il est assez difficile de trouver un exemple d'un acte, qualifié vente, et portant *en lui-même* la preuve *intrinsèque* (*suprà*, n. 54 note 1) du défaut de consentement des parties soi-disant contractantes.

Quoi qu'il en soit, les cas de nullité absolue sont fort rares dans la matière des opérations à titre onéreux; nous en trouverons plutôt des exemples dans la matière des opérations à titre gratuit.

Là, le Législateur moderne ayant maintenu le système des actes solennels et ayant ainsi assujetti les opérations des parties à des éléments de perfection artificiels, il arrive plus souvent qu'une opération sérieuse se trouve, par la subtilité du Droit, considérée comme inexistante.

237. Concentrons donc pour le moment notre étude sur les cas de nullité relative.

Notre doctrine ne rencontre aucune contradiction dans la jurisprudence des arrêts, lorsque nous proclamons que le droit est régulièrement perçu sur l'acte annulable et que, par suite, il n'est pas sujet à restitution après l'annulation. Quant aux auteurs qui ont porté jusque-là la controverse, à notre avis, ils ont trop cédé à l'autorité de la doctrine ancienne et méconnu la portée du principe de la Loi moderne sur la non-restitution des droits, perçus régulièrement à l'origine.

Mais pour ce qui est du jugement prononçant la nullité *ou*

la rescision, plusieurs questions s'élèvent qui nécessitent quelques développements.

238. Ce jugement, avons-nous dit sans aucune distinction, n'encourt pas le droit proportionnel, car il n'est pas un acte translatif et ne rentre à ce titre dans aucune des catégories de l'article 69. En effet, le jugement qui admet l'action en nullité ou en rescision produit un effet rétroactif vis-à-vis des tiers : celui qui possédait en vertu du titre annulé ou rescindé, est censé n'avoir jamais été propriétaire ; le demandeur réintégré est réputé n'avoir jamais cessé de l'être (V. art. 2125 C. N.). Il implique contradiction de voir là une transmission de l'un à l'autre.

Ces principes étaient reconnus dans notre ancienne jurisprudence. Les jugements dont il s'agit correspondent au remède extraordinaire de la *restitutio in integrum*. Or, nous dit Bourjon (1), « la restitution en entier est cause ancienne, et « en tel cas, la vente est censée n'avoir pas été faite, son effet « étant de remettre le restitué au même état qu'il était avant « la vente, *ce qui l'anéantit jusque dans sa racine*. »

Le rédacteur de la Loi de frimaire a suivi littéralement Bourjon, quand il a assujetti seulement au droit fixe les jugements « portant résolution de contrat ou de clause de contrats « pour cause de *nullité radicale* (art. 68, § 3, n. 7). »

239. Il n'y a pas de difficulté pour faire application de ces principes et de ce texte à la nullité prononcée pour incapacité, erreur sur la substance, ou violence (Voir art. 1110, 1111, 1125, 1304 C. N.) (1).

Quant au dol, l'application de ces mêmes principes dépend du parti à prendre sur la controverse pendante entre les civilistes, dans les termes suivants :

D'après l'article 1116 C. N. : « Le dol est une cause de nul- « lité de la convention, lorsque les manœuvres pratiquées « *par l'une des parties* sont telles, qu'il est évident que sans

(238-1) Bourjon, *Droit commun de la France*, titre 4, n. 101.

(239-1) V. les motifs de l'arrêt de cassation du 15 vendémaire an 10 (Dall. 2504).

« ces manœuvres l'autre partie n'aurait pas contracté. » Quant au dol, pratiqué par une personne étrangère au contrat, il engendre une action purement personnelle en dommages-intérêts contre cette personne, mais le contrat subsiste et, si ce contrat a opéré transmission de propriété, cette transmission est maintenue. Quelques-uns vont plus loin : ils posent en règle que le dol, même pratiqué par l'une des parties contractantes, ne réagit jamais contre les tiers de bonne foi ; que le dol de l'acheteur, par exemple, n'est plus opposable à ses sous-acquéreurs. Le dol, dans ce système, n'étant plus une *cause ancienne*, une cause de *nullité radicale*, le jugement qui ordonne remise du fonds au vendeur circonvenu par dol, serait justement frappé du droit proportionnel de 5,50 pour 100. Ce système s'appuie sur des raisons plausibles et sur l'autorité toujours grave de la doctrine romaine, mais je le crois contraire à l'esprit général du droit français et à l'économie du Code Napoléon. Toutes les fois que le dol émane de l'une des parties contractantes, il engendre l'action en nullité ; aujourd'hui cette action, en principe, réagit contre les tiers, à moins d'une exception formelle. On ne peut induire cette exception que par analogie des termes de l'art. 1116 ; or, les exceptions sont d'interprétation stricte et ne s'étendent pas d'un cas à un autre, par voie d'analogie. A prendre la question de plus haut, les raisons ne manquent pas pour justifier ce résultat : il est bon que les tiers ne s'endorment pas trop facilement sur l'oreiller commode de la présomption de bonne foi qui les protége, et que chacun soit intéressé à scruter sévèrement la probité de ses contractants (2).

En somme, lorsque les manœuvres ont été pratiquées par *l'une des parties*, il faut voir dans le dol une cause de nullité ancienne et radicale. D'où le droit fixe est seulement exigible sur le jugement qui admet cette nullité. Telle est, jusqu'à ce jour, la solution qui paraît généralement admise, en Droit fiscal (3).

240. Mais à l'égard de la rescision pour lésion, la pratique

(**239**-2) Comp. M. Duranton, x, 180.

(**239**-3) Comparez l'arrêt précité du 13 vendém. an 10. — Délib. 16 fév. 1825 (C. R. 401. — Dall. 2489).

administrative, appuyée sur la jurisprudence de la Cour de cassation, est depuis longtemps fixée en sens contraire.

« La lésion, dit l'article 1118 du Code Napoléon, ne vicie « les conventions que dans certains contrats ou à l'égard de « certaines personnes. » Ces certaines personnes sont les mineurs (art. 1305), et ces certains contrats sont le partage (art. 887) et la vente immobilière (art. 1674 C. N.).

La simple lésion, dans les cas spécifiés par la Loi, est aujourd'hui, en Droit civil, comme elle était jadis, une cause ancienne, qui anéantit le contrat jusque dans sa racine; en un mot, la rescision prononcée pour ce chef, produit effet rétroactif vis-à-vis des tiers (art. 2125 C. N.). On en concluait en Droit fiscal, qu'en cas de restitution pour lésion, « le sei- « gneur ne pouvait pas exiger de lods et ventes pour la ren- « trée du vendeur dans son bien (1). »

La Loi moderne a-t-elle changé tout cela? Voilà la question.

L'Administration avait d'abord tenu pour le maintien de la jurisprudence ancienne (2), et les rédacteurs du Journal de l'Enregistrement, dont l'autorité était alors semi-officielle, ne voyaient aucun motif pour s'écarter de cette jurisprudence (3). Cependant Merlin a soutenu le contraire, et son opinion a prévalu devant la Cour de cassation. L'argumentation de Merlin est pourtant cette fois entièrement dépourvue du nerf habituel à ce grand jurisconsulte. Tout se réduit à ceci, que « rescin- « der un contrat, ce n'est pas le déclarer radicalement nul; « c'est au contraire le déclarer valable dans son principe: « c'est juger qu'il a existé légalement, et qu'il doit seulement « cesser, à l'avenir, d'avoir son exécution... » et « que la loi « de frimaire est à cet égard plus favorable au fisc que ne « l'étaient aux ci-devant seigneurs les coutumes et la juris- « prudence des arrêts (4). »

On chercherait vainement d'autres motifs dans les arrêts

(240-1) Merlin, *Répertoire*, V. *Enregistrement*, § 2. — *Adde* Fonmaur, n. 608.

(240-2) Décision du ministre des finances du 20 frim. an 13. — Instructions de la Régie 245 et 290 (9 therm. an 12 et 3 fruct. an 13).

(240-3) *Journal de l'enregistrement*, art. 1854.

(240-4) Merlin, *eodem*.

qui paraissent avoir définitivement fixé la jurisprudence (5). C'est toujours la même pétition de principes, qu'*il n'y a pas de nullité radicale dans un contrat que l'on est réduit à arguer de lésion.*

Au point de vue du Droit civil, il est tout-à-fait inexact de dire que rescinder un contrat, c'est juger qu'il doit seulement cesser *à l'avenir* d'avoir son exécution (6), puisque incontestablement la rescision produit un effet rétroactif, même au préjudice des tiers. Sur quoi donc peut-on fonder la prétendue innovation invoquée par Merlin ? Sans doute sur ce que la Loi de frimaire parle de *nullité,* et non de *rescision.* Mais la distinction entre la nullité et la rescision a toujours été fort délicate; aujourd'hui même elle ne subsiste plus, le Code Napoléon a évité de la consacrer; il affecte de prendre ces deux mots comme entièrement synonymes, et ce n'est que par une habitude de langage qu'on fait correspondre encore au vice de lésion, le remède de l'action en *rescision*, et aux autres vices celui de l'action en *nullité.*

Si l'on se préoccupe de l'intention des rédacteurs de la Loi de frimaire, le rapprochement du texte de l'art. 68 avec le passage précité de Bourjon (*suprà*, n. **238**) ne laisse aucun doute sur leur pensée : empruntant l'expression même de ce jurisconsulte, ils n'ont pas voulu excepter des causes d'annihilation *radicale* celle-là même que Bourjon range expressément dans cette catégorie. Veut-on cependant, par une interprétation, non pas seulement stricte, mais servilement littérale, refuser d'appliquer à la *rescision* ce que la Loi dit généralement de la *nullité radicale ;* l'argument serait encore sans portée. En effet, si l'on réduit toute la controverse à l'interprétation de l'article 68, § 3, n. 7, encore faut-il lire ce texte jusqu'à la fin. Or, après une longue énumération de cas particuliers, rentrant pour la plupart dans la compétence exclusive des *tribunaux civils,* l'article ajoute, sous forme de conclusion : « Et généralement (*sont sujets au droit fixe*) « tous jugements de *ces tribunaux*, ceux *de commerce* et *d'ar-*

(**240**-5) V. Cass., 5 germ. an 13 (Dall. 2462). — Cass., 17 déc. 1811 (Dall. 2457). — Cass., 11 nov. 1833 (Dall. 2463). — Cf. Trib. Seine, 7 déc. 1848.

(**240**-6) V. Toullier, tome 7, n. 543 et s.; M. Troplong, *Vente*, n. 852.

« *bitrage*, contenant des dispositions définitives *qui ne peu-* « *vent donner lieu au droit proportionnel*, » etc. Tout revient donc à savoir si le jugement de rescision peut donner lieu au droit proportionnel. L'analyse rationelle dit non, l'ancienne jurisprudence disait non ; admettons que la Loi moderne soit muette à son égard, cela seul suffit pour que ce jugement n'encoure pas le droit proportionnel.

241. La jurisprudence que nous combattons s'est établie à propos de la rescision, prononcée au profit de mineurs lésés (1). Les arrêts, intervenus depuis à propos de la rescision de la vente immobilière pour lésion de plus des sept douzièmes, n'ont fait que reproduire et les conclusions de Merlin et les motifs de l'arrêt de cassation du 5 germinal an 13 (2).

Un jurisconsulte moderne s'est montré plus exigeant, et en défendant la jurisprudence sur ce dernier point, il l'a soutenue par des motifs qui, pour être étrangers à la rédaction de ces arrêts, n'en méritent pas moins un examen particulier.

Aux termes de l'article 1681 du Code Napoléon, « dans le « cas où l'action en rescision est admise, l'acquéreur a le « choix, ou de rendre la chose en retirant le prix qu'il en a « payé, ou de garder le fonds en payant le supplément du « prix, sous la déduction du dixième du prix total. » Or, dit « M. Laferrière (3), on ne peut pas dire que la vente soit « nulle *ab initio*, puisque lors même que le vendeur voudrait « rentrer dans la possession de l'immeuble, il ne le pourrait « pas, si l'acquéreur offrait le supplément du prix; le ven- « deur rentrant dans la possession de l'immeuble, par suite « de son action en lésion, n'y rentre donc que par la rétro- « cession que lui fait l'acquéreur de l'immeuble, au prix fixé « par le premier contrat. Aussi non-seulement l'Administra- « tion de l'enregistrement ne doit pas restituer le premier

(**241** 1) V. l'arrêt précité du 5 germ. an 13, rendu sur les conclusions conformes de Merlin (Dall. 2452).

(**421** 2) V. les arrêts précités du 17 déc. 1811 (Dall. 2457), et 11 nov. 1833 (Dall. 2463).

(**241** 3) M. Laferrière, *Cours de droit public et administratif*, tome 2, page 254 de la 3e édition.

« droit, mais elle en exige un second à juste titre, comme en « matière de rétrocession. »

Cette considération, tirée de la faculté qu'a l'acheteur de conserver l'immeuble, avait été produite par quelques anciens jurisconsultes, et il appartenait au savant historien du Droit français de raviver sur ce point la controverse.

« L'acquéreur ayant la liberté de retenir la chose en sup-« pléant le juste prix, on a douté si dans cette circonstance, « la rescision du contrat ne devait point passer pour une réso-« lution volontaire. » Mais après avoir rapporté cette objection, Sudre (4) y répond immédiatement en ces termes : « On a vu que ce pouvoir de suppléer le juste prix n'était « qu'une faculté, tandis que le fonds de l'action tend à faire « ordonner que le contrat soit rescindé et la chose rendue ; et « l'on a cru qu'il fallait plutôt se régler sur la substance de « l'action, en vertu de laquelle le vendeur obtient la cassa-« tion du contrat, que sur la considération de cette faculté « dont l'acquéreur n'a pas usé. »

En somme, si la rentrée du vendeur s'opère par la volonté plus ou moins libre de l'acheteur, elle se produit cependant sans un contrat nouveau, ce qui exclut toute idée de rétrocession ; le vendeur est restauré *jure suo, ex causa primæva et antiqua;* la rescision enfin produit un effet rétroactif à l'encontre des tiers. Par tous ces motifs, je persiste à enseigner que le jugement de rescision, même en matière de vente, n'est pas un acte translatif et ne saurait encourir le droit proportionnel de mutation.

242. En suivant les espèces des arrêts précités, on voit la controverse rouler entre ces deux termes extrêmes : droit fixe ou droit proportionnel de 5,50 pour 100. On ne voit pas soulever la question subsidiaire de savoir si le droit de 4 pour 100 ne devrait pas être seulement exigible ici, comme dans le cas de résolution de la vente pour défaut de payement du prix (*suprà*, n. **182**).

Comme l'exigibilité du droit proportionnel n'est pas ici fondée sur un texte particulier de la Loi fiscale, dérogeant

(**241**-4) V. Sudre, *sur Boutaric*, § 13, n. 21. Dans le même sens, V. Fonmaur, n. 608.

expressément aux déductions du Droit civil, il est assez difficile de motiver ces conclusions subsidiaires (*suprà*, n. **182**). D'autre part cependant, le jugement de rescision n'est pas une rétrocession proprement dite, il n'encourt donc pas l'application de l'article 52 de la loi de **1816**, parlant des *ventes* d'immeubles; il n'est certainement pas un acte *de nature à être transcrit* (art. 2125 C. N.; art. 4 L. 1855), d'où il échappe à l'application de l'article 54 de la loi de 1816. La perception du droit supplémentaire du droit de 1,50 pour 100 manque donc absolument de base.

Cette observation fournit un argument de plus pour établir que la jurisprudence, en cette matière, entraînée par l'autorité de Merlin, s'est établie sur une analyse entièrement fausse de la nature et des effets civils de la rescision pour lésion (1).

243. Quand l'acheteur fournit le supplément du prix, il doit nécessairement le droit proportionnel de 5,50 pour 100 sur ce supplément, et cela sans les difficultés que nous avons vu s'élever au cas de l'article 2189 C. N. (*suprà*, n. **210**). Ici ce supplément est la condition du maintien de l'aliénation; il fait donc partie du prix et sert justement de base à l'impôt.

Ce droit n'est pas exigible sur le jugement de rescision, qui ne fait pas titre de cette créance au profit du vendeur, mais bien sur l'acte qui constate l'option de l'acheteur. A défaut d'acte, s'agissant d'un droit de mutation, l'acheteur peut être poursuivi lorsqu'il est resté en possession trois mois, depuis le moment où le vendeur a eu la faculté de l'expulser (art. 4, L. ventôse an 9).

244. Le payement du supplément étant purement facultatif pour l'acheteur, et son option à cet égard pouvant s'exercer même après que *l'action en rescision est admise* (art. 1681 C. N.), le jugement ne doit contenir de ce chef aucune condamnation contre l'acheteur. Si une telle condamnation était prononcée, elle ne pourrait être qu'éventuelle. Dans tous les cas donc le droit proportionnel de condamnation (50 cent. pour 100, art. 69, § 2, n. 9) n'est pas encouru. Cependant

(**242**-1) V. M. Troplong, *de la Vente*, n. 852.

les parties feront bien de surveiller à cet égard la rédaction du jugement, car la perception sur les condamnations éventuelles ne va pas sans difficultés, et il n'est pas rare qu'une disposition, surabondante et explétive dans la rédaction d'un jugement, fasse peser sur les parties des droits de condamnation fort lourds.

Au surplus, nous reviendrons sur ce point dans le traité des jugements.

245. Jusqu'à présent nous avons supposé la nullité ou la rescision prononcée par jugement; nous devons rechercher maintenant si les mêmes principes sont applicables au cas où soit la nullité, soit la rescision (nous ne distinguerons plus ces deux termes) serait reconnue par une convention.

Remarquons tout d'abord que les textes n'ont rien de décisif sur la question; car, si le § 3 de l'article 68 assujettit à un droit fixe *les jugements* portant résolution pour nullité, le § 1 du même article, n. 4 et n. 45, assujettit encore à un droit fixe, et même à un droit fixe inférieur, « les acquiescements « purs et simples, quand ils ne sont point faits en justice; » — « les transactions, en quelque matière que ce soit, qui ne « contiennent aucune stipulation de somme et valeur, ni dis- « positions soumises à un plus fort droit d'enregistrement. »

La convention, dont il s'agit, pouvant se produire sous la forme d'un acquiescement ou d'une transaction, échappe au droit proportionnel, à moins que de sa nature et de ses effets civils ne ressorte le caractère d'un acte translatif. C'est donc à l'analyse de l'opération, au point de vue du Droit civil, qu'il faut en revenir pour régler la perception de l'impôt.

246. De ce que la rentrée du vendeur est consentie par l'acheteur ou ses ayants cause, il paraît s'ensuivre au premier abord que c'est une espèce de rétrocession, et non plus une réintégration nécessaire, procédant *ex causa primæva et antiqua*. Mais cette considération n'est pas déterminante. En consentant à la rentrée du vendeur, en acquiesçant à ses prétentions ou en transigeant sur elles, l'acheteur reconnaît en celui-ci un droit préexistant; il ne lui confère pas un droit nouveau. Pour être conventionnel, l'acte dont il s'agit reste de sa nature purement déclaratif.

247. Au point de vue pratique, on objecte que cette doctrine rend la fraude facile. Quand les parties procèdent en justice, l'intervention des tribunaux exclut la présomption de fraude; d'où les jugements sont opposables à l'Administration. Mais dans une convention, les parties peuvent aisément et sans contrôle aucun cacher une rétrocession sous couleur d'annulation.

Je réponds : Tout tiers, intéressé indirectement aux effets d'un jugement ou d'une convention, est recevable à arguer de la fraude; mais c'est à lui de la prouver. L'Administration est ici dans le Droit commun : toutes les voies *répressives* de la fraude lui sont ouvertes; quant aux moyens *préventifs*, en l'absence d'une disposition formelle de la Loi, ils ne sauraient lui appartenir.

Notons cependant une différence sur ce point entre l'Administration et tous les autres tiers. En général, contre un jugement, la preuve de la fraude n'est reçue que par la voie périlleuse de la tierce opposition (art. 474-479 C. Pr.).

Cette voie est inconciliable avec les règles spéciales de compétence et de procédure, établies en matière d'enregistrement. En principe donc, l'Administration peut agir dans tous les cas par action directe; mais, en fait, son action sera plus facilement accueillie contre les conventions que contre les jugements (1).

248. Les jugements arbitraux, étant dépourvus de la garantie que donne aux tiers l'intervention de la justice ordinaire, participent de la nature des conventions. Aussi, sous le système opposé au nôtre, a-t-on voulu percevoir, dans tous les cas, le droit proportionnel sur les dispositions de ces jugements portant annulation d'un contrat.

On s'est prévalu à cet égard de la rédaction de l'art. 98, § 3, n. 7, qui assujettit expressément au droit fixe les jugements des *tribunaux civils*, portant résolution pour cause de nullité, d'où l'on a prétendu tirer argument *à contrario* pour tous autres jugements (1). Mais encore une fois la disposition de

(**247**-1) Comp. Dumoulin, § 33, gl. 1, n. 68. — Fonmaur, n. 411, 417, 418. — Et conciliez ainsi les art. 1165, 1351, 2052. C. N., 474. C. Pr.

(**248**-1) *Cass.*, 17 déc. 1811 (Dall. 2457).

l'art. 68, § 3, n. 7, est simplement énonciative, et si la reconnaissance d'une nullité radicale est de sa nature une disposition purement déclarative, la clause d'un jugement arbitral sur cet objet rentre dans l'énonciation finale de l'article précité concernant les dispositions des tribunaux civils, de commerce *et d'arbitrage qui ne peuvent donner lieu au droit proportionnel* (*suprà*, n. **240**).

249. La plupart des auteurs distinguent entre les jugements proprement dits, rendus après un débat sérieux, et les jugements, rendus d'accord entre toutes les parties, autrement dits les jugements *d'expédient*. Ces derniers, dit-on, n'ont d'autre force que celle d'une convention. Je ne saurais admettre cette distinction. La Loi est muette sur les jugements d'expédient, parce qu'officiellement il n'existe aucun jugement de cette nature. Quand le tribunal adopte le *dispositif* rédigé par les parties, il ne le fait qu'en connaissance de cause et s'approprie entièrement la rédaction de cet acte, qui devient un jugement pur et simple. La circonstance de l'accord des parties est une grave présomption *de fait* en faveur du tiers opposant; mais aucune présomption *légale* ne doit être posée à cet égard.

La question n'a pas grand intérêt dans notre système, puisque nous n'admettons pas l'exigibilité du droit proportionel sur la convention déclarative de nullité. Mais alors même qu'on repousserait notre système sur ce premier point, on pourrait au moins le défendre quant aux jugements d'expédient par les arguments spéciaux que nous venons de produire.

250. Parmi les causes de nullité communes à tous les contrats, il convient de ranger l'action révocatoire des créanciers, contre les actes passés par leur débiteur en fraude de leurs droits (V. art. **1167** C. N., **443** et suivants C. Com.). Le jugement qui annule, vis-à-vis des créanciers, une aliénation ou une obligation frauduleuse, n'opère, vis-à-vis du débiteur, ni retranslation de propriété, ni libération. Il ne saurait donc encourir aucun droit proportionnel à raison de l'un ou l'autre de ces deux chefs (1).

(**250**-1) Comp. Fonmaur, n. 653 — C. R. n. 519. — Dall. 2438.

Quant à l'acte révoqué, comme il subsiste vis-à-vis du débiteur, il demeure passible, même après la révocation prononcée, des droits qui lui sont afférents (*Nec obstat* n. 257, *infrà*).

§ 2.

Des nullités spéciales à la vente.

251. Nous allons suivre, d'après l'ordre du Code Napoléon, les principaux cas de nullité, spéciaux au contrat de de vente.

Art. 1595 C. N. : « Le contrat de vente ne peut avoir lieu « entre les époux, que dans les trois cas suivants :

« 1° Celui où l'un des deux époux cède des biens à l'autre « séparé judiciairement d'avec lui, en payement de ses droits;

« 2° Celui où la cession que le mari fait à sa femme, même « non séparée, à une cause légitime, telle que le remploi de « ses immeubles aliénés, ou de deniers à elle appartenant, si « ces immeubles ou deniers ne tombent pas en communauté;

« 3° Celui où la femme cède des biens à son mari en paye- « ment d'une somme qu'elle lui aurait promise en dot, et « lorsqu'il y a exclusion de communauté;

« Sauf, dans ces trois cas, les droits des héritiers des par- « ties contractantes, s'il y a avantage indirect. »

Comme la portée de cette disposition est loin d'être constante entre les civilistes, il serait assez délicat de décider, d'une manière générale, si la prohibition du contrat de vente entre époux entraîne nullité absolue ou nullité relative. Je crois, pour ma part, qu'en dehors des trois cas, déterminés par l'art. 1595 C. N., la vente est présumée donation et croule pour vice de forme (1). C'est donc, à mon avis, une nullité absolue. Mais, puisque le contrat de vente est valable entre époux dans les trois cas déterminés, la nullité n'apparaît pas du seul contexte de l'acte; cela suffit pour autoriser la perception (*suprà*, n. 54).

Nous arrivons donc, quoique par un autre chemin, aux résultats admis par nous en cas de nullité relative :

(251-1) V. ma dissertation sur les *donations déguisées*, sect. 2, § 4.

1. Perception du droit proportionnel sur l'acte ;
2. Droit fixe sur l'acte qui reconnaît la nullité ,
3. Non-restitution du droit originairement perçu sur l'acte annulé.

252. Art. 1596, C. N. « Ne peuvent se rendre adju-
» dicataires, sous peine de nullité, ni par eux-mêmes,
» ni par personnes interposées :
» Les tuteurs des biens de ceux dont ils ont la tutelle;
» Les mandataires, des biens qu'ils sont chargés de vendre;
» Les administrateurs, de ceux des communes ou des
» établissements publics confiés à leurs soins ;
» Les officiers publics, des biens nationaux dont les
» ventes se font par leur ministère. » — Ajoutez les dispositions de l'art. 711 du Code de procédure.

Ici, la nullité, étant établie à titre de peine contre l'acheteur incapable, ne pourrait être invoquée par lui ; elle est donc purement relative. L'application des règles générales va sans difficulté.

253. Art. 1599, C. N. « La vente de la chose d'au-
» trui est nulle : elle peut donner lieu à des dommages-
» intérêts, lorsque l'acheteur a ignoré qne la chose fût
» à autrui. »

La vente de la chose d'autrui n'a rien qui répugne à la raison, car on peut s'obliger licitement à faire avoir à une personne la chose qu'on n'a pas encore, mais qu'on espère acquérir. Une pareille convention est surtout fréquente dans le commerce, à l'égard des objets mobiliers ; mais, d'après les idées qui ont prévalu en Droit français, cette convention n'est pas une vente proprement dite, c'est un *marché-vente* (V. *infra* n. 261).

Nul doute qu'une pareille convention ne soit aussi bien valable en fait d'immeubles; seulement comme elle ne constitue pas une vente proprement dite et n'est pas d'ailleurs actuellement translative de propriété, c'est un acte innommé, soumis au droit fixe (2 francs, L. 1850, art. 8).

Ce n'est pas cette convention que le Code Napoléon a eue en vue dans l'article 1599 précité, mais bien le cas où le vendeur s'est obligé à livrer immédiatement la chose. D'après les principes du Droit romain, l'acheteur, mis en possession paisible, ne pouvait, en général, se plaindre de n'avoir pas été rendu propriétaire, tant qu'il n'était pas inquiété. Aujourd'hui, par cela qu'il n'a pas été rendu propriétaire, il peut agir, même avant l'éviction, en nullité de la vente et en dommages-intérêts. Outre cette action en nullité de la vente, appartenant à l'acheteur, et même, suivant quelques-uns, au vendeur, il est évident que le véritable propriétaire, pour qui la vente est *res inter alios acta*, n'a pas besoin d'en faire prononcer la nullité, et peut agir directement en revendication contre le possesseur quelconque de sa chose.

Ces explications sommaires étaient convenables pour prévenir les étranges malentendus, auxquels donne lieu, près des esprits peu exercés, la théorie de la vente de la chose d'autrui.

Passons au règlement de la perception.

254. Dans l'hypothèse où nous nous plaçons, celle où le vendeur, donnant la chose comme sienne, s'est obligé à en transférer immédiatement la propriété, bien qu'il n'y ait eu aucune translation effective, le droit proportionnel est cependant exigible d'après la teneur de l'acte, et une fois perçu régulièrement, ce droit ne peut être restitué. Quant au jugement qui statue soit sur l'action en nullité de l'acheteur, soit sur la revendication du véritable propriétaire, ce jugement n'a aucun caractère translatif et doit être enregistré au droit fixe.

255. Il en est autrement du cas où la vente a été faite expressément au nom du propriétaire, par un tiers qui, sans mandat, s'est porté fort pour lui. En ce cas, il n'y a nulle transmission actuelle de propriété et cela résulte de la teneur de l'acte; il n'y a donc pas lieu au droit de mutation (1). D'un autre côté, le porte-fort ne s'obligeant à des dommages-intérêts que sous l'éventualité de la non-ratification du maître, il n'y a pas lieu non plus au droit proportionnel d'obligation. L'acte du porte-fort, improprement qualifié vente, doit donc être enregistré au droit fixe. La ratification ultérieure du maître, qui deviendrait le seul titre de la transmission, encourra seule le droit proportionnel (*Nec obstat* art. 68, § 1, n. 38).

L'exemple le plus fréquent, en pratique, d'une semblable opération se présente dans le cas où un propriétaire par indivis vend le fond entier, se portant fort de la ratification de ses co-propriétaires. En vertu des principes ci-dessus posés, le droit proportionnel de vente ne doit être perçu que pour la part du vendeur dans la propriété du fonds. Le surplus est exigible lors de la ratification.

256. Art. 1601, C. N. « Si au moment de la vente, » la chose était périe en totalité, la vente serait nulle.

» Si une partie seulement de la chose est périe, il est » au choix de l'acquéreur d'abandonner la vente, ou de » demander la partie conservée, en faisant déterminer » le prix par la ventilation. »

Là encore, la rigueur des principes nous amène à décider que, malgré l'inexistence de la vente, faute d'objet, la perception du droit proportionnel de vente d'après la

(**255**-1) En ce sens, *civ.-rej.* 13 juin 1827 (Dall. 279). — En sens contraire, Cassat. 9 nov. 1847 (Dall. 2352).

teneur de l'acte est régulière, et ne peut donner lieu à restitution.

257. Ajoutons, comme correctif à ces solutions rigoureuses, que, dans tous les cas où la nullité est rendue manifeste antérieurement au payement effectif du droit proportionnel, il ne reste plus, quant à ce droit, ni cause ni base de perception (1).

258. La rescision pour lésion de plus des sept douzièmes est spéciale à la vente immobilière, mais nous avons dû traiter la matière à propos de la rescision en général (*suprà* n. **241**).

Premier Chef d'exigibilité du droit proportionnel : Transmission de propriété, d'usufruit ou de jouissance de biens meubles et immeubles. — 1. Transmission de propriété. — 1. Vente. — 2. Vente mobilière.

259. *Textes détachés.* FIXATION du droit. Art. 69, § 5, n. 1. *Deux francs par cent francs* : « Les adjudications, » ventes, reventes, cessions, rétrocessions, marchés, » traités, et tous autres actes, soit civils, soit judiciaires, » translatifs de propriété, à titre onéreux, de meubles, » récoltes de l'année sur pied, coupes de bois taillis et

(**257**-1) *Suprà* n. 43, 45. Mais voyez en sens contraire, *Cassat.* 18 février 1822 (Dall. 237). Remarquez toutefois que, dans l'espèce de cet arrêt, la contrainte était décernée avant que la nullité de la vente fût rendue manifeste; ce qui contrarie nos conclusions principales (n. 43), mais non pas nos conclusions subsidiaires (n. 45).

» de haute futaie et autres objets mobiliers généralement
» quelconques, etc. »

LIQUIDATION. Art. 14 : « La valeur de la propriété...
» est déterminée... n. 5 : pour les ventes et autres trans-
» missions à titre onéreux, *par le prix exprimé et le*
» *capital des charges qui peuvent ajouter au prix.* »

260. Nous avons expliqué pourquoi nous traiterions de la vente de meubles d'une façon simplement accessoire (*suprà* n. 112), nous devons donc nous borner à relever les différences principales qui séparent cette matière de celle de la vente immobilière. Ces différences peuvent être ramenées aux points suivants :

1° Le droit qui frappe la vente mobilière est un droit d'*acte*, non un droit de *mutation*, c'est-à-dire que le droit proportionnel est seulement exigible sur un acte faisant titre de la vente mobilière, volontairement présenté à la formalité, ou produit en justice (V. *suprà*, n. 13, 24).

2° Les meubles, n'étant pas susceptibles d'hypothèques, la formalité de la transcription est tout à fait étrangère aux transmissions mobilières.

3° Quant à la fixation du droit, voyez *suprà*, n. 108.

4° Quant à la *liquidation*, voyez n. 107.

En tenant compte de ces différences, il y a lieu, en général, d'appliquer à la vente de meubles les principes ci-dessus posés à propos de la vente immobilière.

261. Ce n'est pas tout. En matière de meubles, le mot *vente* est usité non seulement pour indiquer le contrat translatif de propriété, mais encore la convention par laquelle une personne s'oblige à faire avoir à une autre une certaine quantité de denrées. Les civilistes appellent cette convention vente d'objets *in genere* ou vente *commerciale*. C'est cette convention que la Loi de frimaire désigne sous le nom de *marché* ou *traité*; plus précisément les interprètes de la Loi fiscale la qualifient de *marché-vente*.

Il est évident que le *marché-vente* ne transfère pas actuellement la propriété des objets promis, car la propriété ne peut reposer sur des quantités, mais seulement sur des corps certains. Cependant, comme l'exécution de cette convention s'opère ordinairement sans acte, la Loi a frappé du droit de transmission la convention elle-même, bien qu'en réalité, dans son principe, elle constitue seulement un acte obligatoire.

Pour l'exigibilité du droit de 2 p. 100 il n'est donc pas nécessaire qu'il y ait vente proprement dite, ni même qu'il y ait convention actuellement translative, il suffit qu'il y ait *marché-vente*.

Aussi je ne vois nulle difficulté (1) pour régler la perception dans l'hypothèse prévue par l'art. 1585, C. N. « Lorsque des marchandises ne sont pas vendues en » bloc, mais au poids, au compte ou à la mesure, la vente » n'est point parfaite, en ce sens que les choses vendues » sont aux risques du vendeur jusqu'à ce qu'elles soient » pesées, comptées ou mesurées; mais l'acheteur peut » en demander ou la délivrance ou des dommages-inté- » rêts, s'il y a lieu, en cas d'inexécution de l'engage- » ment. »

La vente n'est point parfaite, elle est subordonnée à la vérification du poids, du compte ou de la mesure. Il n'y aurait donc pas lieu à la perception du droit proportionnel, si la vente seule était imposée. Mais la convention, prévue par le Code, présentant tous les éléments du *marché-vente* encourt immédiatement le droit de 2 p. 100.

262. Il ne faut pas conclure de là que toutes les règles

(**261-1**) V. cependant Dall. 2836.

de la vente mobilière soient communes au *marché-vente*. Une différence importante se produit notamment quant au résiliement volontaire.

Puisque la propriété, en cas de vente, est transférée par le seul consentement des parties (nonobst. art. **1141**, C. N.), le résiliement volontaire d'une vente pure, d'après les principes du Droit français, n'a jamais lieu *rebus integris*; c'est une rétrocession, et, sauf les vingt-quatre heures de grâce (*suprà*, n. **150**), l'acte encourt le droit proportionnel de transmission. Ces principes sont applicables à la vente mobilière comme à la vente immobilière.

Au contraire, en cas de *marché-vente*, la convention originaire n'ayant opéré aucune translation de propriété, la convention ultérieure, qui résilie la première avant toute exécution, n'opère aucune retranslation. Donc, quel que soit l'intervalle des deux conventions, la seconde n'encourt qu'un droit fixe (1).

263. Les ventes publiques de meubles sont assujetties à des règles particulières (V. les Lois du **22** pluviôse an 7, du **25** juin **1841**, du **5** juin **1851**). Ces lois règlent la compétence, les attributions et les devoirs des officiers publics, préposés aux ventes de cette espèce. Cette matière sortant du cadre de notre travail, nous nous bornerons à cette simple énonciation.

264. Mentionnons encore les dispositions suivantes qui, dans des situations spéciales, modèrent le tarif habituel des ventes de meubles.

L. 15 mai **1818**, art. **74** : « Le droit d'enregistrement » des ventes d'objets mobiliers, fixé à deux pour cent par

(**262**-1) Comparez l'arrêt de la chambre des requêtes du 29 janvier 1839, intervenu à propos d'une résolution judiciaire (Dall. 2819).

» l'article 69 de la Loi du 22 frimaire an 7, est réduit à » cinquante centimes par cent francs, pour les ventes » publiques de marchandises qui, conformément au dé- » cret du 17 avril 1812, seront faites à la bourse et aux » enchères, par le ministère des courtiers de commerce, » d'après l'autorisation du tribunal de commerce. »

L. 24 mai 1834, art. 12 : « Les ventes de meubles et » de marchandises, qui seront faites conformément à » l'article 492 (1) du Code de commerce ne seront assu- » jetties qu'au droit proportionnel de cinquante centimes » par cent francs. »

Premier Chef d'exigibilité du droit proportionnel : Transmission de propriété d'usufruit ou de jouissance de biens meubles et immeubles. — 1. Transmission de propriété.— 2. Vente.— 3. Vente simultanée de meubles et d'immeubles.

265. Article 9. L. fr. — S'il est applicable au seul contrat de vente.
266. Son fondement.
267. Sa portée.
268. N'est pas applicable au mobilier incorporel.
269. *Quid* au cas de vente de droits successifs?
270. *Quid* au cas de mutation secrète?

265. *Texte détaché.* Art. 9 : « Lorsqu'un acte trans- » latif de propriété ou d'usufruit comprend des meubles » et des immeubles, le droit d'enregistrement est perçu » sur la totalité du prix, au taux réglé pour les immeu- » bles, à moins qu'il ne soit stipulé un prix particulier » pour les objets mobiliers, et qu'ils ne soient désignés » et estimés, article par article, dans le contrat. »

La Loi parle d'abord, d'une manière générale, de tout acte translatif de propriété; mais l'esprit général de cette disposition et la mention formelle du mot *prix*, à la fin de l'article, paraissent en restreindre l'application à la

(**264**-1) Depuis la réforme de l'année 1838, l'article 492 est devenu l'article 486.

vente (1). On peut cependant l'étendre aux actes équipollents à vente, et l'Administration l'applique notamment aujourd'hui aux soultes de partage (2).

Je n'entends pas entrer pour le moment dans cette controverse, et si je présente l'explication de l'art. 9 à propos de la vente, c'est parce que ce contrat en fournit l'exemple le plus simple.

266. Lorsqu'un acte translatif de propriété ou d'usufruit comprend des meubles et des immeubles, il eût été facile aux contractants, par une *ventilation* frauduleuse, de faire porter sur les meubles une portion du prix notablement exagéré. L'Administration, sans doute, aurait trouvé dans le Droit commun le moyen de réprimer cet artifice, en provoquant l'expertise de l'immeuble et en démontrant par là que la portion de prix, applicable à l'immeuble, est inférieure à la valeur vénale (art. 17 et 19). Mais, à cause de la grande facilité de cette fraude, il a paru bon d'armer l'Administration contre elle d'un moyen *préventif;* tel est l'objet de l'art. 9 précité.

267. Pour échapper à la perception du droit immobilier sur la totalité, il faut la réunion de ces deux conditions :

1° La stipulation d'un prix particulier pour les objets mobiliers;

2° La désignation et l'estimation de ces objets, article par article.

Ces désignation et estimation doivent être faites *dans le contrat*, dit la Loi; il faut lire : dans l'acte soit civil, soit

(**265**-1) En ce sens, MM. Championnière et Rigaud, 3291.

(**265**-2) Sol. 17 novembre 1843. — Delib. 7 juillet 1837. — On avait d'abord induit le contraire d'une décision ministérielle du 25 novembre 1806 (I. G. 342). V. Delib. 24 mai 1826 (Dall. 2964).

judiciaire qui constate la translation, ou dans un état estimatif qui y soit précédemment annexé.

Je ne vois même aucune raison pour ne pas appliquer ici la disposition de l'art. 16, aux termes duquel : « si les » sommes et valeurs ne sont pas déterminées dans un » acte ou un jugement donnant lieu au droit propor- » tionnel, les parties seront tenues d'y suppléer, avant » l'enregistrement, par une déclaration estimative cer- » tifiée et signée au pied de l'acte. » Pourvu que la désignation et l'estimation article par article aient lieu avant l'enregistrement, le vœu de la Loi me paraît suffisamment rempli (1).

268. La disposition de l'art. 9, comme toute mesure préventive, est rigoureuse; ce n'est pas un motif pour en restreindre arbitrairement la portée, mais pour la définir avec exactitude et précision. Or, la Loi parle des *objets mobiliers*. Ces mots, d'après leur sens littéral, désignent le mobilier corporel. C'est à ce genre de mobilier que conviennent seulement la désignation et l'estimation article par article (1).

Nous n'appliquerons donc pas la disposition de l'art. 9 à la vente, faite pour un seul prix, d'un immeuble et de choses mobilières incorporelles, par exemple à la vente d'une maison et d'un fonds de commerce, d'un domaine avec cession des fermages arriérés, etc.

Dans tous ces cas, l'Administration peut discuter la sincérité de la ventilation, au moyen de l'expertise (art. 17 et 19) ; elle a donc contre la fraude la voie *répressive*

(**267-1**) On peut invoquer en ce sens les *motifs* de l'arrêt de Cassation du 7 janvier 1839, dont MM. Dalloz (n. 2990) tirent une induction bien autrement étendue.

(**268-1**) En ce sens, *civ.—rej.* 21 octobre 1811 (Dall. 2983). Comparez I. G. 1209, § 1 ; 1537, sect. 2, § 52.

ordinaire, mais elle n'a pas la voie *préventive*, ouverte par l'art. 9.

Réciproquement toutes les fois qu'il y aura translation simultanée d'immeubles et d'objets mobiliers corporels, nous devons appliquer rigoureusement la disposition de l'art. 9, sans aucune considération tirée de l'équité ou de la bonne foi des parties.

269. La question s'est souvent présentée à propos des ventes de *droits successifs*. Pour la résoudre, il faut déterminer quel est, dans ce cas, l'objet vendu. Or, cet objet, ce n'est pas la qualité d'héritier, laquelle n'est pas dans le commerce, mais bien le droit de l'héritier vendeur sur les choses héréditaires. Il faut donc appliquer à la vente de droits successifs les principes posés pour toute transmission simultanée de meubles et d'immeubles.

Par suite, la ventilation est recevable, sans état estimatif, pour le mobilier incorporel; mais à l'égard du mobilier corporel, la production de cet état est la condition *sine qua non* pour la perception du droit de vente mobilière (1).

270. L'application à notre matière des règles générales sur les mutations secrètes (*suprà*, n. 80 et s.) doit être faite avec discernement.

L'existence d'une vente simultanée, purement verbale, pour un seul et même prix, ne saurait fonder la perception du droit immobilier sur le tout; car, d'une part, une vente mobilière purement verbale échappe régulièrement à l'impôt, et, d'autre part, l'hypothèse est en dehors de la disposition de l'art. 9 qui prévoit un *acte* translatif de propriété. Si donc l'énonciation d'une pa-

(**269**-1) En ce sens, *Cass.* 2 août 1853 (I. G. 1986, § 15), et *civ. — rej.* 7 août 1855 (Rep. pér. 550).

reille vente est faite par une seule des parties, dans un acte qui ne fasse pas titre de la vente, par exemple dans un commandement signifié à la requête du vendeur, la ventilation est admissible sans état estimatif.

Mais si l'Administration arrive à prouver l'existence de l'acte instrumentaire de la vente simultanée, ou si l'énonciation d'une pareille vente se rencontre dans un acte émanant des deux parties, il y a lieu d'appliquer purement l'art. 9 et de percevoir le droit immobilier sur le tout (1).

Premier Chef d'exigibilité du droit proportionnel : 1. Transmission de propriété. — 1. Vente. — 4. Des différents cas où il peut être difficile de déterminer si l'objet transmis est meuble ou immeuble.

271. En nombre de cas, il peut être difficile de déterminer si l'objet transmis est meuble ou immeuble. La difficulté tient à ce que certaines choses, réellement immeubles à un moment donné, deviennent réellement meubles par leur séparation du sol, et aussi à ce que certaines choses, devenues immeubles par la subtilité du Droit, redeviennent meubles par une subtilité contraire.

Pour éclaircir cette matière, examinons quelles sont, d'après la Loi civile, les différentes catégories d'immeubles.

272. D'après le Code Napoléon (art. 517), « les biens » sont immeubles, ou par leur nature, ou par leur desti- » nation, ou par l'objet auxquels ils s'appliquent. » A ces

(**270**-1) V. *civ.-rej.* 25 novembre 1839 (Dall. 2965). On lit dans les motifs de cet arrêt : « Attendu que le jugement attaqué en tirant de la déclaration *faite » par les parties elles-mêmes* dans le préambule de l'acte sous seings privés, » passé entre elles le 1er janvier 1824, la preuve, etc. » Je ne m'associe donc pas à la critique que font de cet arrêt MM. Championnière, Rigaud et Pont (supplément, n. 374).

trois catégories il faut en ajouter une quatrième, résultant de Décrets postérieurs au Code, considérés comme ayant force de Loi ; ce sont les ***Immeubles par la détermination de la Loi.*** Tel est le nom qu'on leur attribue généralement dans la doctrine.

Reprenons séparément chacune de ces quatre catégories.

SECTION I.

Des biens immeubles par leur nature.

273. Distinction entre les immeubles de cette catégorie.
274. De la vente des fruits sur pied.
275. Double difficulté de la matière : 1° Analogie avec le bail à ferme. — Renvoi. — 2° Vente simultanée du sol et de la superficie.
276. Vente séparée par actes *correspectifs*.
277. Vente d'un bâtiment à démolir.
278. Des constructions élevées sur le sol d'autrui. — Distinction.

273. Nulle difficulté pour les choses qui ne peuvent jamais perdre le caractère d'immeubles, comme sont les fonds de terre. Là, disent MM. Championnière et Rigaud (n. 3157), « la Loi est d'accord avec la véritable nature » des choses, aussi le règle est-elle sans exception et sans » difficultés. »

Mais il en est autrement des fruits des fonds et des bâtiments. Quoique le Code les déclare immeubles *par leur nature,* ces biens, à un moment donné, perdent le caractère immobilier : les fruits, par la récolte ; les bâtiments, par la démolition. Même avant ces événements, ces biens peuvent être acquis en vue de leur mobilisation future ; dans ce cas, la transmission est mobilière et est imposée comme telle (V. art. 69, § 5, n. 1).

Ce principe est simple, et l'application en serait facile,

si elle n'était trop souvent compliquée par des fraudes, tendant à éluder l'impôt.

274. Parlons d'abord des *fruits*. Par ce mot nous entendons désigner tout ce que le fonds est destiné à produire, notamment les récoltes et les coupes de bois, expressément mentionnées par l'art. 69, § 5, n. 1 de la Loi de frimaire.

Aux termes du Code Napoléon : « Les récoltes pendantes par les racines, et les fruits des arbres non encore » recueillis sont... immeubles. — Dès que les grains sont » coupés et les fruits détachés, quoique non enlevés, ils » sont meubles. — Si une partie seulement de la récolte » est coupée, cette partie seulement est meuble (art. 520). » — Les coupes ordinaires des bois taillis ou de futaies » mises en coupes réglées, ne deviennent meubles qu'au » fur et à mesure que les arbres sont abattus (art. 521). » Ces textes ont pour objet d'abroger les dispositions contraires de certaines Coutumes, aux termes desquelles on réputait meubles les fruits encore pendants par racine après la mi-mai et avant le pied coupé (1). Aujourd'hui, incontestablement les fruits sont immeubles jusqu'à leur séparation matérielle du sol. Cependant la vente de fruits sur pied n'est tarifée que comme vente mobilière, et avec raison, car l'acheteur n'acquiert ces fruits qu'en vue de leur prochaine mobilisation ; la vente a donc pour objet les meubles futurs et non une part de propriété dans l'immeuble frugifère.

275. Cette matière soulève deux difficultés :

1° La vente de fruits sur pied se rapproche du bail à

(**274**-1) V. notamment Coutume d'Artois, art. 141. — Comparez Dumoulin, sur l'art. 95 de l'ancienne Coutume d'Artois, — Ragueau et De Laurière, *Glossaire du Droit françois* V° Catel.

ferme, et comme le tarif du bail est très différent de celui de la vente mobilière, il est fort important de rechercher le diagnostic de ces deux contrats. Nous éclaircirons ce point en traitant du louage.

2° L'acquéreur d'un fonds n'est pas recevable à distinguer le sol des fruits sur pied, de manière à ne payer que le tarif mobilier sur la valeur des fruits. Cet artifice, principalement usité dans les ventes de bois et forêts, constitue une simulation frauduleuse, car il donne à l'acte instrumentaire une apparence contraire à la véritable nature de l'opération. On conçoit la transmission d'une propriété distincte sur les fruits, quand le droit de l'acheteur des fruits est limité par le droit du propriétaire du sol. L'acheteur ne peut alors faire la récolte qu'en vertu des clauses du contrat. Mais quand il devient en même temps maître du sol, il fait la récolte sans contrôle ni limitation d'aucune sorte, en vertu de son droit propre, non en vertu d'un droit transmis. Le vendeur a épuisé tout son droit par la transmission de l'immeuble frugifère. De ce moment, il ne peut transmettre un droit distinct sur les fruits pour le temps où lui-même ne sera plus propriétaire. En un mot, on ne conçoit pas plus l'établissement sur les fruits d'un droit distinct, concédé à celui qui devient en même temps propriétaire du sol, qu'on ne peut concevoir une servitude appartenant au propriétaire sur son propre fonds.

Il faut donc considérer comme constant que la vente simultanée, moyennant un prix distinct, du sol et de la superficie d'un fonds constitue une simulation frauduleuse. L'opération aboutissant à une transmission de l'immeuble entier, le tarif de la vente immobilière doit être perçu sur la totalité du prix.

276. Cela posé, il ne peut être permis de faire indirectement ce qui, opéré directement, est reconnu illicite. Si donc l'acquisition du fonds précède ou suit de peu de temps l'acquisition de la superficie, les deux actes peuvent être considérés comme *correspectifs*, c'est-à-dire comme ne formant qu'une seule et même opération (1). De même l'Administration peut établir par les circonstances de la cause la preuve d'une simulation par interposition de personnes : ainsi il a été décidé par la Cour de cassation que les juges du fait peuvent soumettre au droit de transmission immobilière de 5,50 pour 100 la vente faite à un fils de la superficie d'une forêt, lorsque le même jour le sol de cette forêt a été vendu au père, et lorsque, d'ailleurs, aucune époque précise n'a été assignée à la coupe des bois (2).

« En un mot, pouvons-nous dire avec Fonmaur » (n. 814), les entiers droits sont dus si la propriété » paraît cisaillée en fraude et par collusion pour acqué- » rir par parties la totalité; parce que la ruse et l'astuce » ne sauraient être plus favorables que la franchise et la » simplicité. »

Mais, remarquons-le bien, tout cela est à apprécier par les présomptions *de fait*, abandonnées aux lumières et à la prudence du magistrat; aucune présomption *légale* ne régit la matière, et ainsi s'explique la diversité des arrêts de la Cour de cassation sur la question (3).

277. Les mêmes principes régissent la vente d'un bâtiment à démolir.

Si un bâtiment est un immeuble par nature, c'est en tant qu'il adhère au sol et forme une *espèce* distincte des matériaux qui le composent. Ces matériaux reprennent leur nature mobilière par la démolition de l'édifice (art. 532 C. N.). La vente d'un bâtiment à démolir a donc

(**276**-1) V. *civ.-rej.* 23 décembre 1846 (Dalloz périodique, 1847, 4. 230).

(**276**-2) *Civ. rej.* 12 novembre 1855 (*Rép. per.* 534).

(**276**-3) Comparez MM. Champ. et Rig. 3170 et leur *supplément*, n. 370.

pour objet les matériaux à provenir de la démolition ; c'est une vente mobilière.

Cette solution cesserait d'être applicable dans le cas où le sol serait vendu purement et simplement, par le même acte, avec le bâtiment à démolir, et, généralement, toutes les fois que le vendeur n'aurait pas une action en justice pour contraindre l'acheteur à la démolition. Dans tous les cas, en effet, où l'acquéreur est libre de démolir ou non, il est propriétaire du bâtiment sous sa forme présente et non pas seulement des matériaux qui en pourront provenir. Il est donc juste qu'il paye l'impôt établi pour les transmissions immobilières.

Enfin, si le sol et le bâtiment sont vendus par actes séparés, ces actes peuvent, suivant les circonstances, être tenus pour *correspectifs*, et ainsi le droit immobilier peut être perçu sur le tout.

278. Quand un bâtiment a été élevé sur le sol d'autrui, il importe de distinguer si c'est à l'insu du propriétaire du sol ou, au contraire, en vertu d'une convention à ce relative.

Dans le premier cas, *superficies solo cedit*. Le maître du sol, quand il ne peut ou ne veut ordonner l'enlèvement (art. 555 C. N.), devient *ab initio* propriétaire de l'édifice, à charge d'indemniser le constructeur. En cet état, il peut y avoir lieu à percevoir le droit d'indemnité mobilière (0,50 par 100 fr. Art. 69, § 2, n. 7); jamais le droit de mutation immobilière ne peut être encouru, car le bâtiment, n'ayant été à aucun moment la propriété du constructeur, ne peut se trouver transmis par lui.

Dans le second cas, la perception est subordonnée à l'interprétation des clauses de la convention. Aucun principe général ne peut être posé à cet égard (1).

(**278**-1) V. *Reg.* 12 juin 1854 (*Rép. per.* 111). — Cf. *Rép. gén.* 3684.

SECTION II.

Des biens immeubles par leur destination.

279. Les immeubles par destination sont des effets mobiliers par nature, que le propriétaire d'un fonds y a attachés à perpétuelle demeure (art. 524 C. N.). L'intention du propriétaire résulte ou de l'expression formelle de sa volonté ou de la présomption de la loi (Voir art. 522, 524, 525 C. N.) (1); mais, dans tous les cas, le caractère immobilier étant imprimé à ces objets par la seule volonté du propriétaire, est effacé par une volonté, une destination contraire.

Appliquons ces principes à la perception.

280. Le droit immobilier est certainement applicable à la transmission des objets dont il s'agit. Et quoique le Code Napoléon ait donné le caractère d'immeubles par destination à des objets qui ne l'avaient pas anciennement, par exemple, aux animaux attachés à la culture (1), cette circonstance n'influe pas sur la perception;

(**279**-1) Sur la matière des immeubles par destination, au point de vue du Droit civil, voyez une excellente dissertation de M. Coin-Delisle, *Revue critique*, 1853, p. 23.

(**280**-1) V. Pothier, *Communauté*, n. 43 et 44, et *Introduction générale aux coutumes*, n. 47.

car la Loi de frimaire doit être interprétée, non pas d'après les principes du Droit civil, reconnus en l'an 7, mais bien d'après les principes du Droit civil, en vigueur aujourd'hui.

281. Mais si le droit immobilier est applicable à la transmission des immeubles par destination, c'est en tant que dure cette destination. Or, elle cesse évidemment toutes les fois que les objets dont il s'agit sont aliénés séparément du fonds; par ce fait seul ces objets reprennent leur nature mobilière et doivent être imposés comme tels.

282. Bien plus, alors même que ces objets seraient vendus avec le fonds, par un même acte, le droit immobilier cesserait d'être encouru sur eux, par cela seul que le vendeur leur aurait donné la qualification de meubles, pourvu d'ailleurs que les contractants se soient conformés aux dispositions de l'art. 9 (*Supra*, n. 265).

Notre solution n'est point ici la même que pour la vente d'une coupe de bois ou d'un bâtiment à démolir; mais l'espèce est aussi bien différente.

La coupe de bois ou le bâtiment est réellement immeuble au moment du contrat; si donc l'acquéreur joint le sol à la superficie, il a entre les mains l'immeuble entier. Ici, au contraire, les objets immobilisés par ma seule volonté redeviennent meubles par le seul effet de ma déclaration; peu importe que le nouvel acquéreur les réimmobilise par une volonté nouvelle. Ces objets sont meubles par leur nature: ils ont été transmis comme meubles, comme meubles aussi ils doivent être soumis à l'impôt.

283. Cette doctrine a été consacrée par la Cour de

cassation dans les termes suivants (1) : « Attendu que » la mutation des effets mobiliers n'est, aux termes de » l'article 69, § 5, n. 1, de la Loi du 22 frimaire an 7, » passible que du droit proportionnel de 2 p. 100 ; — » que la Régie n'est pas autorisée par cette loi à recher- » cher si, avant cette mutation, ou à l'époque à laquelle » la vente a été faite, lesdits objets, mobiliers de leur » nature, avaient été réputés immeubles par destination; » s'ils avaient été, sous ce rapport, utiles ou même in- » dispensables à l'exploitation d'une usine, d'une manu- » facture ou de tout autre établissement semblable ; si » leur séparation pourrait causer quelques détériorations » aux bâtiments ; enfin si cette séparation rendrait la » vente des dits établissements plus difficile ou plus » onéreuse pour celui qui aurait consenti à les acquérir » à cette condition ; qu'en un mot la Régie ne peut dans » ce cas, de même que dans tous les autres (celui de » fraude reconnue par les juges excepté), exiger le paie- » ment du droit proportionnel que d'après la disposi- » tion de l'acte soumis à la formalité.

» Attendu que le Législateur ne devait même pas au- » toriser cette recherche de la part de la Régie, puisque » les effets, mobiliers de leur nature, n'ont fictivement » le caractère d'immeubles par destination, que par la » volonté du propriétaire, auquel (sauf toutefois les » droits acquis à des tiers) la Loi ne défend pas plus de » faire cesser l'union de l'objet mobilier à l'immeuble » qu'elle ne lui avait imposé l'obligation de l'y réunir ; —« Attendu que la volonté du propriétaire de restituer » aux effets réputés immeubles par destination, leur » nature de meubles, peut paraître suffisamment éta-

(**283**-1) *Civ.-rej.* 23 avril 1833 (I. G. 1437, § 15). En rapportant cet arrêt, MM. Championnière et Rigaud (n. 3162) font observer avec raison qu'il est fortement motivé et semble l'avoir été de cette manière, pour repousser la doctrine contraire d'un arrêt de la Chambre des requêtes du 20 juin 1832.

» blie, dans le cas même où il en fait la vente par le
» même acte qui contient la vente de l'immeuble, lors-
» qu'ainsi que le prescrit la loi du 22 frimaire an 7 (qui
» ne fait aucune distinction entre les effets mobiliers
» qui ont conservé la nature de meubles, et ceux qui
» avaient été immeubles par destination), il y est, rela-
» tivement à ceux des meubles que le propriétaire juge
» convenable à ses intérêts de séparer de l'immeuble,
» stipulé un prix distinct, et qu'ils y sont désignés arti-
» cle par article..., etc. »

Ces motifs, dans leur généralité, portent jusqu'au point extrême que je maintiens, à savoir que la mobilisation résulte du seul fait de la déclaration du vendeur. Il est même sans intérêt d'observer que la Cour réserve le cas de fraude, car il n'y a pas fraude à user de tous les moyens juridiques, à l'effet d'éviter ou d'atténuer la perception.

Mais après l'exposé théorique des principes, le rédacteur de l'arrêt ajoute :

« Attendu, en fait, que Parisot avait renoncé à l'ex-
» ploitation de sa manufacture et fait la cession de ses
» biens à ses créanciers ; que les agents de sa faillite,
» en poursuivant en justice, sans opposition de la part
» du failli ou de ses créanciers, la vente de cette manu-
» facture abandonnée, et en faisant vendre séparément,
» quoiqu'en un seul lot, l'immeuble et les objets mobi-
» liers qui y étaient renfermés, se sont conformés à ce
» qui est prescrit par l'article 9 de la Loi du 22 frimaire
» an 7. — Attendu que de tout ce qui précède il résulte
» que le Tribunal de Nancy, qui n'avait reconnu dans
» les circonstances de la cause rien qui pût faire présu-
» mer que l'état dressé en exécution de l'article 9 de la
» Loi du 22 frimaire, l'eût été pour frauder les droits
» du fisc, a pu condamner la Direction générale à resti-
» tuer tout ce qui avait été perçu au-delà de 2 p. 100

» sur les objets que les créanciers avaient vendus comme
» meubles de leur nature..., etc. »

D'où l'on peut induire que la circonstance de l'exploitation abandonnée n'a pas été tout à fait étrangère à la décision de la chambre civile, ce qui restreindrait considérablement la portée des premiers motifs.

284. C'est dans ce sens restreint que l'Administration a constamment interprété la doctrine de cet arrêt. Elle reconnaît que la mobilisation peut avoir lieu par la seule volonté du vendeur, mais elle considère cette volonté comme frauduleuse, toutes les fois que les parties n'ont eu d'autres motifs que d'atténuer l'impôt, toutes les fois, en un mot, que vraisemblablement le nouveau propriétaire continuera de laisser les objets attachés au fonds. C'est là autoriser ces recherches des circonstances de la cause que proscrit le vigoureux arrêt du 23 avril 1833; mais la chambre des Requêtes, persistant dans sa dissidence avec la chambre civile (*Supra* **283**-1), a formellement consacré sur ce point la pratique administrative (1).

285. En définitive donc, la doctrine que je défends est en ce moment repoussée par la pratique; je crois cependant devoir y persister. Je ne suis pas de ceux qui croient tout permis contre l'action du Trésor, et je trouve bon qu'en ces matières, comme en toute autre, la fraude soit impitoyablement démasquée.

Mais je ne puis admettre qu'il y ait fraude dans notre hypothèse, alors qu'il s'agit de mettre la perception d'accord avec la vérité des choses, en soumettant au tarif mobilier des objets meubles par leur nature.

(**284**-1) *Req.* 18 novembre 1844 (Dall. *périod.* 1846, 1, 349).

SECTION III.

Des immeubles par l'objet auquel ils s'appliquent.

286. D'après la nomenclature du Code Napoléon (art. 526) : « Sont immeubles, par l'objet auquel ils s'ap-
» pliquent;
» L'usufruit des choses immobilières ;
» Les servitudes ou services fonciers ;
» Les actions qui tendent à revendiquer un immeu-
» ble. »

Nous traiterons de l'usufruit dans un chapitre spécial, et à ce propos nous parlerons des droits d'usage et d'habitation. Nous devons donc seulement ici traiter des servitudes et des actions immobilières.

§ 1.

Des servitudes.

287. Du cas où les servitudes sont transmises avec les fonds dont elles sont des *qualités*.
288. Les servitudes passives ne sont point des charges, dans le sens de la Loi fiscale.
289. Du cas où la servitude est l'objet direct de la transmission. — Exigibilité du droit proportionnel d'enregistrement, constante en pratique.
290. *Quid* du droit proportionnel de transcription?
291. De la renonciation à une servitude.

287. Quand les servitudes actives ou passives sont transmises avec le fonds dominant ou servant, elles ne subissent aucun impôt particulier. Actives, elles augmentent la valeur vénale du fonds vendu ; passives, elles diminuent cette valeur. Donc, s'il y a lieu à expertise, ces *qualités* des fonds sont appréciées comme toutes les autres, comme la fertilité d'un champ, l'ampleur ou l'élégance d'un édifice, pour arriver à déterminer la valeur vénale du fonds à l'époque de l'aliénation (v. article 17).

288. Un mot seulement pour prévenir une confusion :

La servitude est définie par le Code Napoléon (art. 637): « Une *charge* imposée sur un héritage pour l'usage et » l'utilité d'un héritage appartenant à un autre proprié- » taire. »

N'appliquez cependant pas ici l'art. 15, n. 6, aux termes duquel la liquidation du droit proportionnel s'opère par le prix exprimé, *en y ajoutant toutes les charges en capital*. Les charges qui doivent être ajoutées au prix sont les obligations imposées à la personne de l'acquéreur, lesquelles, avec le prix, représentent la véritable valeur du fonds. Au contraire, la charge de la servitude diminue la valeur du fonds servant, et par suite diminue justement le prix de la vente.

289. Passons au cas où la servitude est l'objet direct de la transmission.

On disait jadis à ce propos : « La parfaite patrimonia- » lité, dont jouissent les biens en France, a fait établir » la maxime : que l'établissement fait par le bien-tenant, » à prix d'argent, d'une servitude sur son propre fonds, » est, par sa nature, exempté de lods ; parce que cette » aliénation n'est pas censée affecter la propriété; et que » le corps du fief ou de la teneure, demeurant dans les » mains du vendeur, il n'y a pas lieu à l'exercice des » droits du Seigneur, puisqu'il n'y a point de vente ni de » changement de main du fonds asservi (1). » Cependant,

(**289**-1) Fonmaur, n. 161. Il cite en ce sens Dumoulin, sur Paris, § 78, gl. 3, n. 3, et Dargentré sur Bretagne, art. 59, note 3, n. 4.

même en matière de *lods*, cette proposition recevait quelque limitation (2). La jurisprudence du centième-denier était moins libérale encore. On disait, dans tous les cas, que « tous actes portant tanslation de propriété de biens » immeubles réels, soit que ces immeubles consistent en » corps d'héritages, *soit que ce soit seulement des droits* » *réels*, doivent être insinués et payer le centième-denier » suivant la valeur des biens transférés (3). »

La pratique moderne suit les traditions de la jurisprudence du centième-denier et, malgré les raisons de douter que nous avons présentées ci-dessus (n. **21** *bis*), il faut se soumettre et prendre pour accordé que la constitution d'une servitude rentre dans la catégorie des actes translatifs de *propriété* immobilière, et subit à ce titre le droit proportionnel d'enregistrement.

290. Cela posé, il reste à déterminer si le droit proportionnel de transcription est exigible.

La question n'a pas d'intérêt pour la constitution à titre de vente (art. 52, L. 1816) ; — d'échange (art. 2, L. 1824) ; — de donation (la ligne directe exceptée, ainsi que nous l'expliquerons plus loin), parce que là le droit de transcription est fondu dans le droit d'enregistrement; mais elle se présente dans tous les autres cas. Examinons. Tout acte constitutif de servitude, à titre onéreux, doit être transcrit, aux termes de la Loi du 23 mars 1855 (art. 2). Mais pour l'exigibilité du droit de 1,50 pour 100, la question revient à savoir si, antérieurement à cette Loi, un pareil acte était *de nature à être transcrit* (*suprà*, n. 141, 142).

La question conserve encore tout son intérêt au point

(**289**-2) Fonmaur, n. 162.

(**289**-3) Commentaire *anonyme* sur les tarifs du contrôle, etc., page 42. Cf. p. 99 et 100.

de vue civil, pour la constitution d'une servitude à titre de donation (art. 11 *in fine*, L. 1855), et, si la donation est entre parents en ligne directe, l'intérêt est à la fois civil et fiscal.

On peut soutenir l'exigibilité du droit proportionnel de transcription par les raisons suivantes :

Bien que les servitudes ne soient pas, isolément et par elles-mêmes, susceptibles d'hypothèques, comme elles amoindrissent le fonds servant, les créanciers, ayant hypothèque sur ce fonds antérieurement à la constitution, pouvaient anciennement, en vertu de l'art. 834 du Code de procédure, s'inscrire utilement sur le fonds entier et considérer la constitution de servitude comme non avenue, tant que l'acte de constitution n'était pas transcrit.

Par les mêmes motifs, les créanciers du donateur, même postérieurs à la donation, peuvent saisir le fonds servant, sans avoir égard à la servitude, dont l'acte constitutif n'a pas été transcrit (art. 941, 1070 Code Napoléon).

Ces considérations amènent à décider que la transcription des actes constitutifs de servitudes n'est point une innovation du Législateur de 1855; d'où il suit que le droit proportionnel de transcription doit être perçu par le receveur de l'enregistrement, dans les cas mêmes où les deux droits ne sont pas fondus l'un dans l'autre (art. 54, L. 1816).

291. Prenant toujours pour accordé que la constitution des servitudes rentre *lato sensu* dans la catégorie des actes translatifs de propriété immobilière, il faut voir une rétrocession passible du droit proportionnel de 5,50 p. 100 dans la renonciation faite à prix d'argent par le propriétaire du fonds dominant. Quant à la renonciation pure et simple, appliquez les principes posés plus loin, (*infra* n.° 334) à propos de l'usufruit.

§ 2.

Des actions qui tendent à revendiquer un immeuble.

292. Définition de cette locution générique *les actions*, etc.
293. Ancienne jurisprudence sur la cession des actions immobilières. — En matière de droits seigneuriaux ; — en matière de centième-denier.
294. Jurisprudence administrative moderne.
295. De la cession de l'action en revendication proprement dite.
296. Cession de la faculté de rachat : 1° au profit de l'acheteur à réméré ; — 2° au profit d'un tiers.
297. Cession d'une action en rescision de la vente immobilière pour lésion de plus des sept douzièmes.
298. Cession de prix de vente. — Action en résolution intentée par le cessionnaire. — Pourquoi, en ce cas, le droit proportionnel de transcription est exigible sur le jugement de résolution.
299. Arrêts de *Cassation* intervenus dans cette hypothèse.

292. Par cette locution générique *les actions...*, le Code civil paraît comprendre, outre l'action en revendication proprement dite, toutes les actions qualifiées parfois du nom d'*actions en reprise;* qui indirectement, par l'effet d'une clause résolutoire, ou par la rescision d'un contrat, tendent à faire réintégrer le demandeur dans la propriété d'un fonds. Telles sont notamment la faculté de rachat, qualifiée encore aujourd'hui du nom d'*action en réméré* (v. art. 1672 C. N.), et l'action en rescision de la vente immobilière pour lésion de plus des sept douzièmes (art. 1674 C. N.).

293. Comme à l'égard des servitudes, la jurisprudence ancienne était diversement établie en matière de cession d'actions, suivant qu'il s'agissait des droits seigneuriaux ou des droits royaux.

Quant aux droits seigneuriaux, Fonmaur disait (n. 281) : « La vente d'actions ne donne pas par elle- » même ouverture aux droits, qui sont attachés à l'alié-

» nation ou à la mutation du fief, et non à celle de » l'action pour le revendiquer ; ainsi, c'est la vente du » possesseur qui y donne ouverture, et non celle du » maître dépouillé, dont l'action peut devenir illusoire » par mille moyens, et sur le compte duquel on ne peut » mettre les droits du fief dont il ne jouit pas. » Et ailleurs (n. 100) :

« Régulièrement on considère les mutations du côté du » possesseur, à l'effet de l'assujettissement aux lods; en » sorte que c'est la vente ou la mutation du possesseur » qui y donne ouverture, sans s'occuper s'il a la pro- » priété... Bien entendu que l'expectative des lods ni du » relief ne peut courir en même temps sur la tête du » maître qui ne possède pas, le Seigneur ne pouvant » avoir deux vassaux à la fois, ni l'expectative des droits » des deux côtés; en sorte qu'ayant un redevable en la » personne du possesseur, il ne peut prendre les droits » de mutation en sa personne et en celle du maître » dépouillé. »

C'était là un principe constant du Droit féodal; *deux hommes pour un même fonds*, chose absurde, disait énergiquement Pollet (1) !

Mais la jurisprudence domaniale n'entrait pas dans ces distinctions : « Les droits de centième-denier sont dûs, » dit Bosquet, à l'instant des ventes et cessions de droits » immobiliers, sur tout le prix qui y est stipulé (2). »

(**293**-1) François Pollet, jurisconsulte du XVIe siècle, cité par Guyot (répertoire de Merlin, v° *Bail*, § 4).

(**293**-2) Dictionnaire des domaines, v° *Ventes de droits successifs*. — V. le même ouvrage, v° *Cession*. — Cependant le commentateur anonyme des tarifs du contrôle, etc., reconnaît bien que le centième denier est dû pour l'aliénation des « droits réels qui consistent dans la faculté de tirer immédiate- » ment et directement quelques services et quelques commodités d'un fonds; » mais il ajoute : « en quoi ils diffèrent des actions écrites *in rem*, qui ne sont » que le droit de suivre le fonds à l'effet d'obliger le propriétaire à nous en céder

294. Le Législateur moderne s'est généralement inspiré des traditions domaniales ; ainsi l'induction, fournie par l'histoire, tend à l'exigibilité immédiate du droit proportionnel sur les cessions d'actions. C'est en ce sens que s'est établie la jurisprudence administrative.

Etudions le fondement de cette jurisprudence, en concentrant notre examen sur les trois actions suivantes : 1° l'action en revendication proprement dite ; 2° l'action en réméré ; 3° l'action en rescision pour lésion de plus des sept douzièmes.

295. Celui qui cède l'action en revendication proprement dite, cède, autant qu'il est en lui, la propriété du fonds lui-même. Il y a vente actuelle d'un immeuble ; peu importe qu'il y ait, ou non, translation effective de la propriété ; le droit de 5,50 est immédiatement exigible sur le prix de la cession.

Si le cessionnaire obtient gain de cause, le jugement n'encourt pas le droit proportionnel, pas plus que si l'action eût été intentée par celui qui l'a cédée. Ce jugement n'est pas translatif ; ce n'est pas le jugement, c'est l'acte de cession qui a opéré transmission de la propriété au cessionnaire. Mais le cessionnaire obtient ainsi le fonds à vil prix... D'accord ; il a fait une opération aléatoire, la chance a tourné à son profit ; il n'y a pas lieu pour cela à forcer la perception, car, vu l'incertitude du procès, le fonds a été payé par hypothèse, suivant sa valeur vénale *à l'époque de l'aliénation* (v. art. 17).

296. Quant à l'action en réméré, ou, pour parler plus exactement, la faculté de rachat, distinguons le cas où

» la propriété ; car ces actions ne peuvent engendrer aucun droit de centième » denier. » Malgré le mérite de ce commentateur, qui paraît lui-même un domaniste consommé, l'autorité de Bosquet me paraît prépondérante à l'effet de constater l'état de la jurisprudence ancienne. J'ai déjà noté une contrariété entre ces deux auteurs, *suprà*, n. 114.

la cession en est faite à l'acheteur, et celui où elle est faite à un tiers.

I. Dans le premier cas, il y a lieu de dire avec Fonmaur (n. 402) : « L'amortissement fait à prix d'argent » de la faculté de rachat est le complément du prix de la » vente, qui devient incommutable du jour de ce traité; » conséquemment les lods sont dûs à concurrence de ce » complément. » Transportez purement et simplement au droit proportionnel de vente (5,50 p. 100) ce que dit le jurisconsulte de l'exigibilité des lods (1).

II. Dans le second cas, la question est de savoir : 1° quel droit est exigible sur l'acte de cession; 2° et quel sur l'exercice du réméré ? Précisons par un exemple :

Soit un immeuble vendu à réméré moyennant 2000 fr.; évaluons les frais et loyaux coûts à 200 fr.; total à rembourser, lors de l'exercice du réméré, 2200. Si le vendeur cède l'action en réméré moyennant 800 fr., le cessionnaire, après avoir exercé le réméré, aura en définitive l'immeuble moyennant 3000 francs, et c'est sur cette somme qu'il devra payer le droit proportionnel.

Mais à quel moment le droit proportionnel deviendra-t-il exigible sur cette somme totale de 3000 francs ?

Evidemment ce ne peut être au moment de la cession, car le cessionnaire de la *faculté* de rachat est entièrement libre d'exercer ou non le réméré; le payement des 2200 est la condition de l'exercice de cette faculté, non une charge devant être ajoutée au prix de la cession.

L'Administration perçoit le droit de vente immobilière: 1° immédiatement sur le prix de la cession ; 2° à l'époque de l'exercice du réméré sur le montant des sommes remboursées.

MM. Championnière et Rigaud soutiennent qu'aucun

(**296**-1) En ce sens, I. G. 1372, § 19 (24 mars 1829) et C. R., 3713.

droit proportionnel n'est dû sur la cession de la faculté de rachat, tant que le réméré n'est pas exercé ; cette faculté, disent-ils (n. 3740), « quoiqu'elle ait une valeur, ne con- » siste ni dans la propriété, ni dans l'usufruit, ni dans la » jouissance de l'immeuble : Or, la Loi n'a tarifé que les » mutations de cette nature. » C'est la même objection que ces auteurs font valoir énergiquement à propos des servitudes (n. 2582, 2589), mais elle n'a plus aujourd'hui aucune chance d'être écoutée dans la pratique. A tort ou à raison, la transmission des droits immobiliers est considérée comme une transmission de propriété immobilière.

297. Cela posé, les mêmes principes régissent la cession d'une action en rescision pour lésion de la vente immobilière.

Il y a lieu de percevoir le droit proportionnel de 5,50 p. 100 : — 1° immédiatement sur le prix de la cession (1); — 2° après le jugement, sur le montant du prix qui doit être remboursé à l'acheteur originaire, à moins que cet acheteur ne fournisse le supplément du juste prix (auquel cas appliquez ce qui est dit *suprà*, n. 243).

Malgré cette faculté qu'a l'acheteur de garder le fonds, en fournissant le supplément du prix, l'action en rescision est immobilière, dans son principe, puisqu'elle tend principalement à la rescision du contrat et ainsi virtuellement à la revendication de l'immeuble. Donc, malgré la double incertitude et de l'événement du procès et de l'option de l'acheteur, il y a, dans la cession de l'action en rescision, transmission actuelle d'un droit immobilier; ce qui suffit, d'après la pratique établie, pour autoriser la perception immédiate du droit de 5,50 p. 100 sur le prix de la cession.

(**297**-1) En ce sens, Seine, 9 mars 1838 (contrôleur 5272).

298. Au contraire, la cession d'un prix de vente est une cession ordinaire de créance à terme, passible du droit d'un pour 100 sur le capital de la créance cédée (art. 14, n. 2; art. 69, § 3, n. 3). Cependant, faute de payement, le cessionnaire peut agir en résolution de la vente; il devient ainsi propriétaire de l'immeuble par la transmission virtuellement incluse dans la cession de la créance du prix. Le droit proportionnel de mutation immobilière à titre onéreux est alors exigible; et ce droit n'est pas seulement de 4 p. 100, comme au cas où la résolution est prononcée à la requête du vendeur, il est de 5,50; car le jugement de résolution dans ce cas *est de nature à être transcrit*, à cause des hypothèques conditionnelles que le vendeur aurait pu consentir valablement sur l'immeuble (art. 2125 Code Napoléon), hypothèques que la résolution confirme et que par conséquent le cessionnaire a intérêt à purger.

299. C'est précisément dans cette hypothèse que sont intervenus les deux arrêts de *Cassation* que nous avons cités plus haut (n. 182), à l'appui de notre doctrine sur l'enregistrement au droit de 4 p. 100 du jugement de résolution, dans les cas ordinaires.

Dans la première espèce, le tribunal de Bar-sur-Seine avait décidé que le cessionnaire d'un prix de vente et de l'action résolutoire est, d'une manière absolue, aux droits du vendeur, et doit rentrer, comme aurait pu faire celui-ci, dans la propriété de la chose vendue, franche et quitte de toutes charges et hypothèques du chef des acquéreurs; qu'en conséquence le jugement de résolution n'est pas un acte *de nature à être transcrit*. L'Administration, dans son pourvoi, soutint que « s'il est vrai que » la résolution d'une vente, prononcée au profit du ven- » deur, ne donne pas lieu au droit de transcription,... » il en est autrement lorsque la résolution est prononcée

» au profit d'un tiers, cessionnaire du vendeur, parce » que, dans ce cas, c'est comme si le vendeur avait lui» même exercé l'action résolutoire et avait ensuite vendu » l'immeuble au cessionnaire (1). »

Ce système a été accueilli par la Cour de Cassation; on le trouve développé dans l'arrêt du 26 août 1839 et résumé dans celui du 6 mars 1855, intervenu dans les mêmes circonstances.

SECTION IV.

Des immeubles par la détermination de la Loi.

300. Des actions de la Banque de France et de certains canaux.
301. Comment ces valeurs sont immobilisées, et comment elles reprennent la nature mobilière. — Arrêt du 22 mai 1833. — Loi du 17 mai 1834, relative aux actions de la Banque.
302. *Quid* des actions des canaux?
303. Des rentes sur l'Etat, admises dans la formation d'un majorat. — Renvoi.

300. Aux termes d'un Décret impérial du 16 janvier 1808, sur les statuts de la Banque de France (art. 7) : « Les actionnaires qui voudront donner à leurs actions » la qualité d'immeubles en auront la faculté; et, dans » ce cas, ils en feront la déclaration dans la forme pres» crite pour les transferts. — Cette déclaration une fois » inscrite sur le registre, les actions immobilisées res» teront soumises au Code civil et aux Lois de privilége » et d'hypothèque, comme les propriétés foncières : elles » ne pourront être aliénées, et les priviléges et hypothè» ques être purgés qu'en se conformant au Code civil et » aux Lois relatives aux priviléges et hypothèques sur » les propriétés foncières. »

(**299**-1) Je cite ce résumé des moyens de l'Administration d'après Dalloz, 6002.

Cette disposition a été étendue aux actions du canal du Midi, par Décret du 10 mars 1810 (art. 13), et aux actions des canaux d'Orléans et du Loing, par Décret du 16 mars 1810 (art. 13).

301. En soumettant ces valeurs au régime des immeubles quant au Droit civil, le Législateur les a virtuellement soumises à l'impôt des mutations immobilières. Ce premier point est incontestable. Mais il reste à savoir comment et à quelles conditions les biens, dont il s'agit, reprennent la nature mobilière. Sur ce deuxième point, on a prétendu que ces biens conservent seulement le caractère immobilier, tant qu'ils appartiennent à celui qui a fait la déclaration, et que si le nouveau possesseur entend leur continuer ce caractère, il doit remplir les mêmes formalités que son prédécesseur. Cette prétention a été repoussée par la Cour de Cassation, par le motif que, dans l'espèce, les clauses du cahier d'enchères n'établissaient pas que les actions de la Banque, dont il s'agissait, eussent été adjugées pour devenir meubles par l'effet de l'adjudication (1). Il résulte *a contrario* de ce motif qu'en vendant expressément comme meubles les valeurs en question, les parties auraient pu éluder le droit de mutation immobilière (Cf. *suprà*, n. 282). Mais postérieurement à cet arrêt, la Loi du 17 mai 1834 (art. 5) a coupé court à cette controverse, quant aux actions de la Banque, par la disposition suivante : « Les propriétaires d'actions » immobilisées de la Banque de France qui voudront » rendre à ces actions leur qualité première d'effets » mobiliers, seront tenus d'en faire la déclaration à la » Banque. Cette déclaration, qui devra contenir l'établissement de la propriété des actions en la personne du » réclamant, sera transcrite au bureau des hypothèques

(**301**-1) Req. 22 mai 1833 (Dall. 1794. — C. R. 3700).

» de Paris, et soumise, s'il y a lieu, aux formalités de purge
» légale auxquelles les contrats de vente immobilière
» sont assujettis. — Le transfert de ces actions ne pourra
» être opéré qu'après avoir justifié à la Banque de l'ac-
» complissement des formalités voulues par la Loi pour
» purger les hypothèques de toute nature, et d'un certi-
» ficat de non inscription. »

302. Il serait tout-à-fait raisonnable d'appliquer une mesure semblable aux actions des canaux. Immobilisés, non pas par la seule volonté des parties, mais suivant des formes préconstituées par la Loi, ces biens ne devraient reprendre la nature mobilière que suivant des formes également préconstituées. Toutefois, on ne peut étendre par analogie les dispositions règlementaires de la Loi de 1834. Reste donc, à l'égard des actions des canaux, la doctrine de l'arrêt de 1833, à savoir que le seul fait de l'aliénation ne leur rend pas le caractère mobilier, et qu'il faut à cet effet une déclaration formelle au moment de la transmission.

303. Rappelons encore ici, pour mémoire, qu'outre les valeurs dont nous venons de parler, les rentes sur l'Etat, admises dans la formation d'un majorat, sont immobilisées (Décret du 1er mars 1808, art. 2). Mais ce n'est ici le lieu de traiter ni des majorats, ni des rentes sur l'Etat.

Premier chef d'exigibilité du droit proportionnel (suite) : 1. Transmission de propriété. — 2. Echange.

304. Textes détachés.
305. Définition.
306. Ancienne jurisprudence.
307. Diagnostic de l'échange et de la vente. — Le tarif ordinaire des transmissions immobilières est modéré seulement quant aux échanges d'immeuble contre immeuble.

308. De l'échange de meuble contre meuble.
309. Echange d'immeuble contre meuble. — *Quid* du droit de transcription ?
310. De l'échange d'un immeuble réel contre un immeuble fictif, spécialement d'un fonds de terre contre des actions immobilisées de la Banque de France. — D'une combinaison licite qui pourrait être préjudiciable au Trésor.
311. Au contraire, la simulation frauduleuse doit toujours être réprimée.
312. Du droit de vente, établi sur le retour *ou* sur la plus-value.
313. Détermination de la plus value au moyen de la multiplication du revenu par 20.
314. Il faut s'en tenir, dans tous les cas, à cette présomption légale. — Observation sur une dissertation de M. Garnier.
315. Du jugement qui prononce la résolution de l'échange. — Ce jugement encourt-il un droit proportionnel ? Si oui, quel est ce droit?

304. *Textes détachés*. Fixation du droit. Art. 69, § 5, n. 3 : *Deux francs par cent francs* (aujourd'hui 2,50 p. 100, y compris le droit de transcription) : « Les » échanges de biens immeubles. — *Le droit sera perçu sur » la valeur d'une des parts, lorsqu'il n'y aura aucun » retour. S'il y a retour, le droit sera perçu à raison de » deux francs* (aujourd'hui 2 fr. 50) *par cent francs sur » la moindre portion, et comme pour vente sur le retour » ou la plus value.* »

Art. 69, § 7, n. 5 : *Quatre francs par cent francs* (aujourd'hui 5,50 p. 100, L. 1816, art. 52) : « Les retours » d'échanges... de biens immeubles. »

L. 16 juin 1824, art. 2 :... « Le droit de *deux pour » cent* fixé par l'art. 69 de la Loi du 22 frimaire an VII, » est réduit à un pour cent ; il sera perçu, comme par le » passé, sur la valeur d'une des parts seulement, et celui » *d'un et demi pour cent*, fixé par l'art. 54 de la Loi du » 28 avril 1816, n'aura lieu également que sur la valeur » d'une des parts. — Dans tous les cas, le droit réglé par » l'art. 52 de la même Loi, continuera d'être perçu sur le » montant de la soulte ou de la plus value. »

LIQUIDATION. Art. 15, n. 4 : « La valeur de la propriété... est déterminée... : pour les échanges, *par une évaluation qui doit être faite en capital, d'après le revenu annuel multiplié par vingt, sans distraction des charges.* »

305. L'échange est défini par le Code Napoléon (article 1702) : « Un contrat par lequel les parties se donnent » respectivement une chose pour une autre. » Plus précisément, c'est le troc d'un corps certain contre un autre corps certain. En cela il diffère de la vente qui est le troc d'un corps certain contre une somme d'argent monnayé. La fonction particulière de la monnaie, dans l'état civilisé, donne à cette différence une importance capitale. Le contrat d'échange, dépouillé de toute idée de trafic, de spéculation, répond à des besoins de convenance, de familiarité, de voisinage, et intéresse particulièrement l'agriculture. De là, la modération du tarif introduite à son égard dans les Lois fiscales modernes.

306. D'autres considérations, tirées de l'organisation féodale, avaient, sous la plupart des Coutumes, amené l'entière immunité de ce contrat. Cette immunité donna lieu à de nombreux artifices, tendant à transformer les ventes en échanges et à éluder ainsi les droits seigneuriaux.

Il s'ensuivit une réaction : Les droits que la Coutume refusait au Seigneur furent, par des Edits formels, attribués au Domaine royal, à titre d'imposition nouvelle, et comme l'échange contient une double mutation, ce contrat fut assujetti à des droits plus onéreux que la vente, droits qui, en certains pays, allèrent jusqu'à 27 p. 100 de la valeur des biens transmis.

Ainsi, à toutes les époques, la distinction de l'échange et de la vente a eu, dans la Législation fiscale, une importance signalée.

307. Dans la pureté des principes du Droit civil, le prix de la vente doit consister en argent monnayé, autrement il y a échange. Peu importe, d'ailleurs, la diversité de nature des objets échangés, soit meubles, soit immeubles ; spécialement le troc d'un fonds de terre contre un ou plusieurs effets mobiliers est un échange, non une vente. Mais ces principes ne peuvent s'appliquer à la rigueur, quand il s'agit des choses fongibles, c'est-à-dire de celles qui, suivant l'usage, s'apprécient plutôt dans le genre que dans l'individu, comme le blé, le vin et les autres denrées alimentaires. Plus généralement encore, l'échange d'un immeuble contre un ou plusieurs meubles peut aisément dissimuler une vente ; la présomption était établie en ce sens pour l'application des droits seigneuriaux (1), et cette présomption, dans le silence du Code civil, peut encore aujourd'hui être admise, non pas comme présomption légale, mais comme une grave présomption *de fait*, abandonnée à l'appréciation du juge.

La question, d'ailleurs, n'a plus aujourd'hui l'intérêt qu'elle avait jadis. Anciennement, les lods frappaient seulement les ventes d'immeubles ; pour appliquer les droits seigneuriaux, il fallait donc rechercher si le contrat était vente ou équipollent à vente. Aujourd'hui, au contraire, la Loi de l'enregistrement soumet expressément au tarif des ventes tout acte translatif de propriété à titre onéreux, soit de meubles, soit d'immeubles.

Le tarif ordinaire des transmissions est modéré seulement quant aux échanges d'*immeubles;* donc tout autre échange, soit d'un meuble contre un autre meuble, soit d'un immeuble contre un meuble, retombe sous le tarif ordinaire des actes translatifs de propriété à titre onéreux.

(**306**-1) V. les autorités citées par MM. Champ. et Rig., n. 1769, et par M. Garnier, 5174.

308. Quant à l'échange d'un meuble contre un meuble, le droit mobilier ordinaire (2 p. 100) est incontestablement exigible; seulement on s'est demandé, l'échange opérant double transmission, s'il n'y aurait pas lieu de percevoir le droit sur le montant cumulé de la valeur des deux objets échangés. La négative a prévalu avec raison, car la transmission de l'un des objets est une dérivation, une dépendance nécessaire de la transmission de l'autre, donc le droit n'est exigible que sur la valeur d'un seul des objets (art. 11, L. fr.) (1).

309. Quant à l'échange d'un immeuble contre un meuble, la question se complique de la perception du droit de transcription. Si cette opération est une vraie vente, comme le veulent quelques-uns, le droit de 5,50 pour 100 est exigible, en vertu de l'art. 52 de la Loi de 1816, sans tenir compte de l'utilité de la transcription. Si c'est un échange, le droit de 1,50 ne peut être ajouté au droit de 4 pour 100, qu'en vertu de l'art. 54 de la même Loi (*suprà*, n. 139), c'est-à-dire que le droit de 5,50 est seul exigible dans le cas où l'acte est de *nature à être transcrit*.

Les principes purs du Droit civil nous amènent à résoudre en ce dernier sens, sauf le cas de simulation (*suprà*, n. 307).

Revenons à l'échange d'*immeubles*.

310. Il est donc bien entendu que les dispositions des Lois fiscales quant à l'échange s'appliquent seulement à la transmission d'un immeuble, en retour d'un autre immeuble. Mais ces dispositions étant générales n'embrassent pas seulement les immeubles par nature, mais

(**308**-1). Voy. M. Garnier, 5178.

aussi bien les immeubles par l'objet auxquels ils s'appliquent (art. 526, C. N.), et les immeubles par la détermination de la Loi (*suprà*, n. 286, 300).

Quant aux immeubles par destination, ils ne peuvent être échangés comme immeubles qu'avec le fonds auquel ils sont attachés, car l'aliénation qui en serait faite séparément de ce fonds, leur rendrait *ipso facto* le caractère mobilier.

Spécialement quant aux immeubles par la détermination de la Loi, notre principe rouvre la porte aux subtilités par lesquelles, moyennant l'échange d'un fonds contre une rente, les parties éludaient jadis ouvertement l'application des lods et ventes (*suprà*, n. 306). Celui qui a l'intention d'acheter d'un immeuble acquiert, par exemple, un nombre d'actions de la Banque équivalent au prix de cet immeuble; il immobilise ses actions, puis il les échange. Le lendemain de l'échange, le vendeur, s'il le juge convenable, rend à ces actions leur qualité d'effets mobiliers (*suprà*, n. 301), et les revend comme telles. Cette combinaison amènerait une perte notable pour le Trésor, et cependant elle ne pourrait être réprimée comme fraude, puisqu'elle ne contient aucune simulation (1). Le Législateur seul, si l'usage en devenait fréquent, pourrait y porter remède.

311. Il en est autrement des procédés par lesquels les parties chercheraient à simuler une vente sous le couvert d'un échange d'immeubles. Dans ces cas, qui peuvent varier à l'infini, l'Administration peut, par tous moyens, faire prévaloir la vérité de

(**310**-1) Ce principe est fortement établi par Henrion de Pansey, dans le Répertoire de Merlin, v° *fraude* (*droits de mutation*). Après avoir reproduit cet article, qui contient la citation d'un grand nombre d'autorités anciennes, Merlin ajoute : « Toutes ces décisions s'appliquent d'elles-mêmes aux droits d'enregistrement. »

l'opération sur l'apparence de l'acte instrumentaire. *Plus valet quod reverà agitur quam quod simulate concipitur.* Tel est le seul principe général que l'on puisse formuler en cette matière, comme dans tous les autres cas de simulation. Pour le surplus, la jurisprudence des arrêts ne peut fournir que des exemples (1).

312. Il arrive souvent que les objets échangés étant d'inégale valeur, la différence est compensée par un retour en argent, appelé *soulte*. C'était jadis une question délicate de discerner, en ce cas, quel était l'élément prépondérant de l'opération, et, suivant les circonstances, cette opération complexe était considérée comme échange ou comme vente. La Loi de frimaire a tranché tout débat en décidant que « le droit sera payé à raison de » deux francs par cent francs (aujourd'hui **2,50** p. **100**), » sur la moindre portion, et *comme pour vente* sur le » retour ; » la Loi ajoute : *ou la plus value*. En effet, il peut se faire que, sans soulte exprimée dans l'acte, l'un des fonds échangés dépasse la valeur de l'autre. Cela peut avoir lieu, ou par suite de la réticence des parties, la soulte étant payée de la main à la main, ou par des motifs de convenance qui ont pu porter l'une des parties à échanger un fonds de valeur intrinsèquement supérieure contre un fonds de valeur moindre.

Dans le premier cas, s'agissant d'une transmission d'immeubles, assujettie par conséquent à un droit *de mutation*, la réticence de l'acte ne peut profiter aux parties. La disposition de la Loi est à cet égard conforme aux principes généraux du Droit fiscal (art. 4).

Dans le second cas, l'application purement doctrinale des principes amènerait à percevoir le droit d'échange sur la plus forte portion ; mais la disposition de la Loi

(**311**-1) V. M. Garnier, 5179-5182.

est établie comme mesure préventive de la fraude; la réticence de l'acte est légalement présumée, et, sans aucune distinction, nonobstant la bonne foi constante des parties, le droit sera perçu sur la plus value *comme pour vente*, c'est-à-dire à 5,50 pour 100 (1).

313. La valeur vénale étant ici déterminée par une évaluation en capital, d'après le revenu annuel multiplié par vingt (art. 15, n. 4), il peut arriver que la valeur présumée par la Loi ne soit pas la valeur véritable des fonds échangés. C'est l'effet ordinaire des présomptions légales d'amener des résultats contraires à la réalité des choses; il faut pourtant s'y tenir invariablement, l'avantage d'une règle fixe et uniforme prévalant sur les inconvénients particuliers qui en découlent. Donc, pour l'appréciation de la plus value, il faut tenir compte uniquement de la comparaison des revenus, et considérer toujours comme la *moindre portion* le fonds du revenu le plus faible.

314. Voici pourtant un cas où l'application de ce principe donne lieu à un étrange résultat : « On suppose » que A..., riche fermier, cède à B... une ferme d'un » revenu de 10,000 francs, et lui paye une soulte de » 80,000 francs, pour recevoir en échange un château » et ses dépendances produisant un revenu de 5,000 fr. » (M. Garnier, 5203). »

Nous percevrons le droit d'échange (2,50 pour 100) sur 100,000, capital qui, d'après la présomption légale, représente la valeur du château et le droit de vente (5,50 pour 100) sur 80,000 francs, montant de la soulte.

(**312**-1) Et cela, dans tous les cas, sans examiner s'il y a lieu à transcription (art. 52, L. 1816; art. 2, L. 1824). Comp. arrêt C. cass. 17 juin 1850 (I. G. 1875, § 4), et M. Garnier, 5196.

Cependant il est constant, en fait, que, pour les parties, le château n'est pas la moindre portion, puisque celui qui donne le château reçoit un retour en argent. Mais quand la Loi présume qu'il fait nuit en plein midi, le juge doit fermer les yeux à toute clarté.

L'Administration belge a consacré ce système par une décision du 3 mars 1853.

« L'Administration française veut, au contraire, que » le droit d'échange soit perçu sur le même capital de » 100,000 francs, mais que le droit de soulte soit établi : » 1° sur le retour de 80,000 fr., 2° sur le capital de la » différence entre les deux revenus, soit sur 100,000 fr. » pour un revenu de 5,000 fr. (1). »

M. Garnier propose un système intermédiaire. Il nie la majeure de notre raisonnement, à savoir, que la *moindre portion* soit nécessairement l'immeuble du moindre revenu. Il tient que la *moindre portion* est toujours celle du copermutant qui acquitte la soulte, dans l'espèce, le domaine rural; il arrive donc au résultat suivant :

Droit d'échange (2,50 p. 100) sur 200,000 fr., capital du domaine rural;

Droit de vente (5,50 p. 100) sur 80,000 fr., capital de la soulte exprimée.

M. Garnier combat avec force le système de l'Administration française, qui impose cumulativement *et* le retour *et* la plus value, tandis que la Loi impose disjonctivement le retour *ou* la plus value. Le système qu'il défend est certainement très rationnel et tout-à-fait conforme à la vérité de l'opération; mais il me paraît violer le mode d'évaluation déterminé par la Loi, et, en somme,

(314-1) M. Garnier, 5203. Il cite une délibération du 14 décembre 1846, insérée au *Journal de l'Enregistrement*, art. 15661.

je crois que, dans l'espèce proposée, il faut s'en tenir au système de l'Administration belge.

315. Comme tous les contrats synallagmatiques, l'échange est soumis à la disposition de l'art. 1184, C. N., aux termes duquel : « La condition résolutoire est tou-
» jours sous-entendue dans les contrats synallagmatiques,
» pour le cas où l'une des parties ne satisfera point à son
» engagement, etc. »

L'art. 1705 fait l'application formelle de cette règle en ces termes : « Le copermutant qui est évincé de la chose
» qu'il a reçue en échange, a le choix de conclure à des
» dommages-intérêts, ou de répéter sa chose. » Quand la résolution est demandée, le jugement qui la prononce encourt-il un droit proportionnel? Non, d'après la doctrine que j'ai précédemment soutenue (*suprà*, n. 188); oui, d'après la tendance constante de l'Administration. Mais alors quel est ce droit? Ce ne peut être le droit de **2,50 p. 100**, car la résolution d'un échange n'est point un échange. Reste donc l'application du droit de **4 p. 100**, en vertu de l'art. 69, § 7, n. 1, traitant de tous actes civils et judiciaires translatifs de propriété à titre onéreux.

Premier Chef d'exigibilité du droit proportionnel (suite) : 1. *Transmission de propriété*. — 3. *Société*. — 4. *Transaction*.

316. Pourquoi la matière de la société est renvoyée après celle des successions.
317. Transaction. — Textes détachés.
318. En quoi la transaction diffère, soit du désistement, soit de l'acquiescement. — Si elle peut avoir lieu à titre de bienfaisance.
319. Distinction fondamentale : 1° Transaction faite moyennant partage de l'objet litigieux; — 2° moyennant transmission d'une chose, étrangère à la contestation.
320. Cette distinction est établie : 1° Par les principes du Droit civil sur la transaction;
321. 2° Et par les textes de la Loi de frimaire.

316. Pour suivre les causes de transmission à titre onéreux, dans l'ordre du Code Napoléon, ce serait ici le lieu de traiter de la société. Mais les règles sur le partage des sociétés ne pouvant être comprises que par relation à celles du partage des successions, il est nécessaire d'enclaver cette matière dans la seconde partie de cet ouvrage, où il sera traité des mutations par décès.

317. *Textes détachés*. Art. 68, § 1, n. 45. *Droit fixe* (porté à *trois francs*, L. 1816, art. 44, n. 8) : « Les » transactions, en quelque matière que ce soit, qui ne » contiennent aucune stipulation de somme et valeur, » ni dispositions soumises par la présente à un plus fort » droit d'enregistrement. »

Art. 69, § 3. *Un franc par cent francs*. N° 3 : « Les » contrats, *transactions*..... et tous autres actes ou écrits » qui contiendront obligations de sommes, sans libéra- » lité, et sans que l'obligation soit le prix d'une trans- » mission de meubles ou immeubles non enregistrée (1). »

Art. 69, § 7. *Quatre francs par cent francs* (plus, s'il y a lieu, 1,50 p. 100, L. 1816, art. 54). N° 1 : « ... Tous » actes civils ou judiciaires translatifs de propriété... » à titre onéreux. »

(**317**-1) Pour ne pas scinder la matière de la transaction, nous devons l'envisager dès à présent comme acte obligatoire.

318. « La transaction est un contrat par lequel les » parties terminent une contestation née, ou préviennent » une contestation à naître (art. 2044, C. N.). » En général, la transaction a lieu moyennant des sacrifices réciproques. *Transactio, nullo dato vel retento seu promisso minime procedit,* dit la Loi romaine (1). L'abandon pur et simple qu'une partie ferait de ses droits constitue donc, à parler toujours en général, soit un désistement, soit un acquiescement. Je dis *en général*, parce qu'il peut arriver qu'une partie, en abandonnant des droits litigieux sans aucun équivalent, ne reconnaisse cependant pas la prétention de son adversaire, et, tout en protestant de son bon droit, transige à titre de bienfaisance, par considération pour la personne de son adversaire. J'ai vu, dans une affaire grave, un arrangement venir à manquer, faute par les parties de s'entendre sur cette nuance fort délicate d'un acquiescement pur et simple et d'une transaction à titre gratuit.

Je pense donc, avec Domat, que ce qui est dans la Loi romaine précitée, « qu'il n'y a point de transaction si » l'on ne donne et ne promet rien, ou si on ne retient » quelque chose, ne doit pas être pris à la lettre (2). » Et, quoi qu'il en soit, c'est en connaissance de cause que les rédacteurs du Code Napoléon, en suivant l'autorité de Domat, qui leur est familière, ont évité de trancher cette question dans la définition qu'ils ont donnée du contrat de transaction.

Sous la réserve de cette hypothèse accidentelle, nous considèrerons la transaction, suivant son caractère habituel, comme un contrat à titre onéreux, c'est-à-dire

(**318**-1) Diocl. et Max., L. 38, au Code de Justinien, *de transact.* (II, 4).

(**318**-2) Domat, Liv. 1, Tit. 13, sect. 1, n. 2. — V. au contraire M. Troplong, sur l'art. 2044, n. 4 et 21.

intéressé de part et d'autre, où chacune des parties n'a en vue que son avantage propre.

319. Ainsi envisagée, la transaction peut avoir lieu de deux façons bien distinctes : 1° moyennant le partage de l'objet litigieux ; 2° moyennant la transmission d'une chose étrangère à la contestation, « que l'une des parties » abandonne à l'autre pour l'indemniser du sacrifice de » ses prétentions sur les choses en litige (1) ; » ou, aussi bien, moyennant obligation ou libération de sommes ou valeurs, étrangères à la contestation. Cette distinction, universellement signalée par nos anciens jurisconsultes (2), va nous donner la clé de la distinction faite par la Loi de frimaire, entre les transactions contenant ou ne contenant pas de dispositions soumises au droit proportionnel.

Dans le premier cas, l'acte, n'opérant ni obligation ou libération de sommes ni transmission, n'encourt qu'un droit fixe ; dans le second, l'acte, étant la cause soit d'une obligation ou d'une libération de sommes, soit d'une transmission, encourt un droit proportionnel, c'est-à-dire, en général (3), *un plus fort droit* que le droit fixe de 3 francs.

320. Cette double proposition se justifie par l'analyse de la nature et des effets civils de la transaction.

Chacune des parties prétend sur la chose litigieuse un droit propre, exclusif du droit de son adversaire. C'est,

(**319**-1) Merlin, *Répertoire*, v° Transaction, § 6.

(**319**-2) Voyez les témoignages, concentrés par M. Valette, dans sa dissertation sur la matière (*Revue étrangère,* t. 10, 1843, p. 235, note 2).

(**319**-3) *En général*, car l'exigibilité du droit proportionnel peut amener, au minimum, une perception de 25 centimes (art. 3, L. 27, ventôse an IX). Voyez Délib. 10 septembre 1830 (I. G. 1347, § 3. — Dall. 1052). Mais *Lex statuit de eo quod plerumque fit.*

par exemple, un héritier collatéral qui débat avec un légataire universel sur la validité du testament. Si l'affaire suit judiciairement son cours, nul concours entre eux, nul partage. Mais dans un but de concorde, chaque partie promet de ne pas faire obstacle à la prétention de son adversaire, de souffrir que cette prétention s'exerce librement sur une portion déterminée de la chose litigieuse. Tout se borne à cette obligation purement négative; l'un des contractants n'est pas l'*auteur* de l'autre, et comme il n'y a de l'un à l'autre nulle transmission, il n'y a par suite entre eux aucune garantie (1).

Il en est tout autrement quand la transaction a lieu moyennant une chose étrangère à la contestation, que l'une des parties transmet ou promet à l'autre pour l'indemniser du sacrifice entier de ses prétentions sur les choses en litige. Dans ce cas, l'opération est imposée, suivant sa nature, comme acte contenant, soit obligation ou libération de sommes ou valeurs, soit transmission de propriété d'usufruit ou de jouissance.

Cette distinction, se déduisant de la nature et des effets civils de la transaction, devrait prévaloir en vertu des seuls principes généraux du Droit, par cela seul que la Loi fiscale n'y déroge expressément.

321. Mais, bien plus, loin d'y déroger, la Loi de frimaire, dans les textes précités, la consacre virtuellement. L'esprit de cette Loi apparaît surtout manifeste, si on rapproche sa lettre de la doctrine établie anciennement en matière de droits Seigneuriaux.

Merlin, dont l'autorité n'est pas suspecte quand il s'agit de restreindre la perception, après avoir posé cette distinction dans les termes que nous lui avons en partie

(**320**-1) Voyez la Loi 33, au Code Justinien, *de transactionibus* (II, 4).

empruntés, Merlin ajoute en résumé : « La Loi ne voit » dans la transaction sur des droits immobiliers, que la » fin d'un procès douteux ; elle ne se permet pas de » peser les prétentions dont les parties ont fait respec- » tivement le sacrifice ; elle ne se permet pas de dire, » *telle prétention était fondée ; et en y renonçant, celui qui* » *la formait, en a aliéné l'objet*. La transaction est pour elle » un voile sacré ; elle le respecte religieusement, et ne » souffre pas qu'on le soulève. Telle a été, à toutes les » époques de notre jurisprudence, la règle qui a guidé » les jurisconsultes et les tribunaux... La Loi du 22 » frimaire an 7 n'a donc fait sur les transactions qu'a- » dapter aux droits d'enregistrement ce qui était précé- » demment établi pour le retrait et les lods (1). »

Ainsi s'explique la distinction, indiquée par l'art. 68, entre les transactions qui encourent le droit fixe et celles qui encourent le droit proportionnel. Puis, dans l'art. 69, § 3, n. 3, le Législateur fait l'application formelle du principe spécialement aux transactions qui contiennent obligation de sommes. Quant aux transactions donnant ouverture au droit proportionnel, à tout autre titre, elles encourent ce droit, en vertu des clauses générales concernant les actes portant, soit libération de sommes ou valeurs, soit création de rentes, soit transmission de propriété, d'usufruit ou de jouissance.

322. Mais pourquoi, a-t-on dit, cette application spéciale du principe général aux transactions portant obligation de sommes ? Ce détail de rédaction, d'ailleurs peu important, s'explique encore par l'histoire.

Anciennement la transaction échappait aux lods, même quand elle avait lieu moyennant une somme d'ar-

(321-1) Merlin, *Répertoire*, v° Partage, § 11.

10

gent (1), à moins que le Seigneur ne prouvât la simulation d'une vente ; cela était conséquent, puisque les lods n'étaient pas dûs pour une obligation de sommes. La Loi de frimaire ayant changé ce dernier point, le rédacteur de cette Loi a soin d'écarter, sur ce point seulement, l'autorité de la doctrine ancienne et d'assujettir expressément au droit proportionnel d'un p. 100 les transactions qui portent obligation de cette nature, c'est-à-dire obligation d'une somme étrangère au litige.

Mais, remarquons-le bien, si moyennant une somme tirée de son propre patrimoine, l'un des contractants reste maître du fonds litigieux tout entier, le droit proportionnel sera un droit d'obligation (1 p. 100), si la somme est promise, un droit de libération (0,50 p. 100), si elle est payée comptant, et non pas un droit de mutation, car la somme promise ou payée n'est pas ici le prix de la transmission du fonds (v. art. 69, § 3, n. 3, *in fine*).

La cause de l'obligation ou du payement, c'est l'extinction du procès (2).

En résumé, l'analyse juridique de la transaction, l'autorité de l'ancienne jurisprudence, les textes de la Loi fiscale, tout se réunit pour exonérer du droit proportionnel la transaction pure et simple.

323. Cependant, la pratique administrative paraît définitivement établie en sens contraire.

Le système extrême, produit sur ce point, peut se résumer ainsi : puisque, par hypothèse, la prétention de l'une des parties est exclusive de la prétention de

(**322**-1) V. Dumoulin, § 33, gl. 1, n. 67. — Sur ce point seulement la coutume de Hainaut, chap. 104, art. 15, faisait exception au Droit commun. — Entendez ainsi ce qu'en dit Merlin, *Répertoire*, v° Transaction, § 6.

(**322**-2) Comparez Cambray, 31 août 1842 (Contrôleur, 6497). — *Civ.-rej.*, 29 avril 1850 (Contrôleur, 8972).

l'autre, l'objet litigieux ne peut être partagé entre elles que par la transmission que l'une fait à l'autre.

On ignore, il est vrai, lequel des deux contractants investit l'autre; mais si l'un aliène son fonds, l'autre aliène l'action tendant à revendiquer ce fonds. Donc, si le fonds litigieux est partagé par moitié, il y a lieu à percevoir le droit proportionnel sur la valeur totale de ce fonds, car celui qui, dans la réalité objective, est le vrai propriétaire, transmet la moitié du fonds lui-même, et son adversaire aliène à son profit l'action qu'il pourrait exercer pour revendiquer l'autre moitié (1). On arrive ainsi, dans tous les cas et sans distinction aucune, à percevoir sur une transaction un droit proportionnel; on ne trouve plus un seul cas où le droit fixe soit applicable, et l'art. 68, à cet égard, est lettre morte.

324. La Cour de Cassation ne va pas jusqu'à cette extrémité. Sa jurisprudence sape par la base la doctrine de Merlin que nous avons défendue. On lit dans les motifs d'un arrêt de *Cassation* du 19 novembre 1839, rendu sur le rapport de Tripier : « Qu'il importe peu que la » somme ou valeur stipulée fasse partie des objets liti- » gieux, ou qu'elle en soit distincte; qu'aucune disposi- » tion des lois rendues sur la matière, ne renfermant » cette distinction, qui ne serait fondée sur aucun motif » réel, les tribunaux ne peuvent la créer (1). » C'est là, comme on voit, trancher résolument le nœud gordien. Mais du moins la Cour n'admet pas qu'il y ait transmission réciproque entre les deux adversaires : transmission

(**323**-1) V. Dictionnaire de l'enregistrement, v° *Droits successifs*, n. 54, et Délib. 12 juin 1829 (Dall. 1070).

(**324**-1) Dall. 1076, 2e espèce (affaire Gervilliers). Le jugement cassé du tribunal de la Seine du 25 janvier 1838 est, au contraire, fortement motivé. Toutes les péripéties de cette affaire sont curieuses à étudier. Voyez *infrà*, n. 326, à la note.

à l'un de la propriété du fonds, transmission à l'autre de l'action tendant à revendiquer ce fonds. Elle distingue lequel des deux est le possesseur légal de l'objet litigieux. Et, par exemple, dans l'espèce d'une transaction intervenue entre un légataire universel et un héritier légitime, le légataire a-t-il la saisine (art. 1006, C. N.), c'est de lui que vient la transmission; sinon la transmission vient de l'héritier légitime.

Si un jugement de première instance est intervenu, le plaideur victorieux, nonobstant l'appel interjeté, est considéré comme le possesseur légal; c'est donc de lui que vient la transmission (2). Vainement on oppose que l'appel remet tout en question et que tant que l'affaire n'est pas jugée en dernier ressort, il y a matière à transaction (v. art. 2056, C. N.). On répond « que l'effet de » l'appel est non de détruire le jugement qui en est » frappé, mais d'en suspendre seulement l'exécution » (art. 457, C. Pr.), et que l'autorité de la chose jugée » qui en résulte, continue de subsister tant que ce juge- » ment n'a pas été infirmé ou réformé par une décision » contraire des juges supérieurs. » (Toulouse 15 février 1856. — *Rép. pér.* 611).

325. En somme, ce système est contraire aux principes du Droit civil, contraire à la tradition historique, contraire aux textes de la Loi de frimaire. Il a de plus l'inconvénient de soulever, en maintes circonstances, d'inextricables difficultés sur la question de possession légale, de raviver à ce propos sur les droits plus ou moins

(**324**-2) Comparez Cassat. 26 juillet 1841 et 21 mars 1842 (Dall. 1076, 3e et 4e espèces). — Req. 2 janvier 1844 (Dall. 1119). — Cassat. 21 août 1848 (Dall. périod. 48, 1, 220). — Seine, 4 juillet 1855 et Toulouse, 15 février 1856 (*Rép. pér.* 596 et 611). — Req. 10 février 1857 (*Rép. pér.* 812). — Joignez I. G. 1229 (15 décembre 1827) et les autres documents administratifs cités par MM. Dalloz (1064-1069).

apparents des parties, des questions que la transaction a eu pour objet d'assoupir; enfin, en frappant la transaction d'un impôt onéreux, il détourne les parties de ce contrat et leur donne un encouragement aux procès.

Mais la jurisprudence est fixée.

326. 1° Dans le cas où la transaction encourt un droit proportionnel, elle doit subir, en général, le tarif des actes à titre onéreux. L'Administration, même à son détriment, a souvent perçu le droit de donation. En principe, cette perception n'est pas exacte : le contrat est intéressé de part et d'autre; par nature, sinon par essence, il est onéreux. C'est un point qui paraît aujourd'hui reconnu par la jurisprudence des tribunaux (1).

2° Mais ce dernier point reçoit exception dans l'hypothèse accidentelle d'une transaction purement gratuite (*suprà*, n. 318).

En ce cas, si la transaction est faite moyennant l'abandon entier de l'objet litigieux, il y a, dans le système que j'ai défendu, renonciation pure et simple, passible du droit fixe. Bien que cette renonciation profite à l'autre partie, il n'y a pas donation proprement dite, puisqu'il n'y a pas transmission.

D'après la jurisprudence de la Cour de Cassation, le droit de donation serait exigible ou non, suivant que la transaction amènerait ou n'amènerait pas changement dans la possession de la chose.

(**326**-1) V. Versailles, 1er avril 1841 (Dall. 1080). C'est le jugement intervenu dans l'affaire Gervilliers, sur le renvoi prononcé par l'arrêt de Cassation précité (n. 324). Le droit de donation en ligne directe, perçu dans l'espèce, était de 60,512 fr. 93 c. Le droit de mutation à titre onéreux eût été d'environ trois cent mille francs. L'Administration ne l'ayant pas réclamé, le Tribunal s'est borné à repousser la demande en restitution, par le motif « que l'acte dont » il s'agit était assujetti à un droit proportionnel supérieur à celui qui a été perçu. » — Joignez les jugements précités du Tribunal de la Seine et du Tribunal de Toulouse (*Rép. pér.* 596 et 611).

327. Un mot encore pour conclure cette discussion :

En soutenant que la transaction pure n'est pas un titre de transmission, je n'entends pas dire qu'un nouveau possesseur puisse jamais entrer en jouissance d'un fonds sans avoir satisfait à l'impôt. Seulement le droit proportionnel sera dû, non pas sur la transaction, mais sur le titre allégué par ce nouvel acquéreur comme fondement de sa possession.

Exemple :

Soit un fils unique, héritier de son père, et un étranger, soi-disant légataire de toute la quotité disponible, c'est-à-dire de la moitié de la succession. Par transaction le fils abandonne un quart de la succession.

Je suppose que le fils a, dans les six mois du décès, payé les droits de mutation sur la totalité de la succession, à raison d'un pour cent.

A quelque époque que la transaction intervienne, le légataire, à partir de son entrée en jouissance, devra le complément des droits de mutation par décès, en ce qui le concerne, soit, dans l'espèce, 8 p. 100 sur le quart du patrimoine héréditaire.

Dans le système de la Cour de Cassation, il ne devrait, au maximum, que 5,50 p. 100.

Je pourrais multiplier les exemples, mais celui-ci suffit pour faire comprendre ma pensée. Ce point, d'ailleurs, sera éclairci dans le commentaire de l'article 61 sur les prescriptions.

Premier Chef d'exigibilité du droit proportionnel (suite) : 2. *Transmission d'usufruit* à titre onéreux.

328. Textes détachés.
329. Observations sur ces textes. — Plan.
330. Définition. — Notions générales.
331. Ancienne jurisprudence.
332. Quand est-ce qu'il y a *transmission* d'usufruit.

333. De la réunion de l'usufruit à la propriété : 1° par suite de l'extinction de l'usufruit au terme originairement fixé ; — 2° par la renonciation anticipée de l'usufruitier.

334. Distinction entre la renonciation à titre onéreux et la renonciation pure et simple.

335. En cas de renonciation pure et simple, question subsidiaire sur le droit proportionnel de transcription.

336. De la cessation de l'usufruit par suite d'abus de jouissance.

337. De l'aliénation de la nue propriété. Combinaisons diverses.

338. Spécialement, de la vente avec réserve d'usufruit. Motifs particuliers de l'article 15, n. 6. Cet article contient une mesure *préventive* de la fraude.

339. Confirmation de cette proposition par l'histoire.

340. Pourquoi ce texte ne tire nullement à conséquence pour tout autre cas de vente de la nue propriété.

341. Art. 15, n. 6, disposition finale... Un droit *par supplément*. Qu'est-ce à dire ?

342. Des transmissions mobilières en usufruit.

343. De l'usage et de l'habitation.

344. Observation finale sur les transmissions à titre onéreux de propriété ou d'usufruit.

328. *Textes détachés.* Art. 69, § 7, n. 1 : *Quatre francs par cent francs* (aujourd'hui, en général, 5,50 p. 100. Loi de 1816, art. 52 et 54) : « Les adjudications, » ventes, reventes, cessions, rétrocessions, et tous autres » actes civils et judiciaires translatifs... d'usufruit à titre » onéreux. »

Art. 15 : « La valeur... de l'usufruit... des immeu- » bles... est déterminée... n. 6 : Pour les ventes, adju- » dications, cessions, rétrocessions, licitations, et tous » autres actes civils ou judiciaires, portant translation... » d'usufruit à titre onéreux, *par le prix exprimé, en y » ajoutant toutes les charges en capital, ou par une estima- » tion d'experts dans les cas autorisés par la présente.* » Si l'usufruit est réservé par le vendeur, il sera évalué » à la moitié de tout ce qui forme le prix du contrat, et » le droit sera perçu sur le total ; mais il ne sera dû » aucun droit pour la réunion de l'usufruit à la propriété :

» cependant si elle s'opère par un acte de cession, et que
» le prix soit supérieur à l'évaluation qui en aura été
» faite pour régler le droit de la translation de propriété,
» il est dû un droit, par supplément, sur tout ce qui se
» trouve excéder cette évaluation. Dans le cas contraire,
» l'acte est enregistré pour le droit fixe. »

Art. 68, § 1, n. 42. *Droit fixe* (porté à *trois francs*. L. 1816, art. 44, n. 4) : « Les réunions de l'usufruit à la
» propriété, lorsque la réunion s'opère par acte de ces-
» sion, et qu'elle n'est pas faite pour un prix supérieur
» à celui sur lequel le droit a été perçu lors de l'aliéna-
» tion de la propriété. »

329. Notons dès à présent que la transmission d'usufruit à titre onéreux n'est expressément tarifée qu'en ce qui concerne les immeubles. Ainsi, sauf la disposition générale de l'art. 4, aucun texte des lois fiscales ne soumet expressément au droit proportionnel la transmission à titre onéreux de l'usufruit des biens meubles. Nous verrons ultérieurement (n. 343) à déduire les conséquences de cette observation. Pour le moment, nous allons concentrer notre examen sur la transmission de l'usufruit immobilier.

Observons encore que, l'usufruit pouvant être transmis par les mêmes modes que la propriété elle-même, il y a lieu d'appliquer aux transmissions d'usufruit la plupart des notions exposées ci-dessus. Nous insisterons seulement ici sur les règles spéciales à la matière et notamment sur la disposition finale de l'art. 15, n. 6.

330. Suivant la définition du Code Napoléon (article 578) : « L'usufruit est le droit de jouir des choses
» dont un autre a la propriété, comme le propriétaire
» lui-même, mais à la charge d'en conserver la subs-

» tance. » Ce droit est essentiellement temporaire ; tant qu'il dure, la propriété, dépouillée de ses attributs ordinaires, est qualifiée de *nue-propriété*. Mais à l'échéance du terme fixé, c'est-à-dire le plus souvent à la mort de l'usufruitier, l'usufruit s'éteint ; par cela seul, le propriétaire recouvre la plénitude de son droit sur la chose.

331. On disait jadis : « Il n'est point dû de *droits* » *féodaux* pour ventes d'usufruits : c'est la disposition » du Droit commun... non pas que l'usufruit ne doive » être mis au rang des immeubles, mais parce qu'il n'y » a point de mutation de vassal ou de sujet : en ce que » le propriétaire demeure vassal ou sujet, doit les obéis» sances et les profits féodaux (1). » Il en était autrement du droit de centième-denier. Ce droit « est dû, dit » Bosquet (2), pour tout usufruit d'immeubles, dans les » mêmes cas où il est dû pour les mutations de pro» priété. »

La Loi de frimaire a suivi la jurisprudence du centième denier, en soumettant au droit proportionnel les *transmissions* d'usufruit (art. 4).

332. C'est au Droit civil à déterminer quand il y a ou non *transmission* de l'usufruit.

Il y a transmission quand le propriétaire constitue l'usufruit au profit d'une nouvelle personne. L'usufruit existait antérieurement, absorbé dans la pleine propriété, *causaliter*, comme dit l'Ecole. Désormais, il se distingue d'elle, se détermine et devient *formel*. Mais, en somme, l'usufruitier tient son investiture du propriétaire, il est

(**331**-1) Pocquet de Livonière, *Traité des fiefs*, liv. 3, chap. 6, sect. 3. — Joignez Fonmaur, n. 169.

(**331**-2) Dictionnaire des domaines, v° *usufruit*, n. 2.

son ayant cause, son successeur, c'est donc une transmission.

Il y a encore transmission quand l'usufruitier cède son droit à un tiers (art. 595, C. N.); car le cessionnaire exerce le droit de son cédant jusqu'au terme originairement stipulé. Donc, s'il est subordonné, comme il arrive le plus souvent, à la vie de l'usufruitier primitif, il s'éteindra toujours à la mort du cédant, non à la mort du cessionnaire. Fonmaur (n. 178) exprime assez élégamment cette pensée en ces termes : « L'usufruit... est » attaché à la personne de l'usufruitier, dont le décès » entraîne l'extinction de l'usufruit ; et c'est à raison de » cette personnalité que, quoiqu'il soit libre à l'usufrui- » tier d'en aliéner l'émolument, il ne peut en changer le » titre, ni faire courir sur la tête d'un tiers l'événement » qui doit le terminer. » Cette considération n'empêche pas que le cessionnaire de l'*émolument* de l'usufruit d'autrui n'acquière un véritable usufruit (1), car ce droit n'est pas nécessairement subordonné à la vie de la personne qui l'exerce ; il peut aussi bien être subordonné à la vie d'un tiers, comme à tout autre événement.

Dans ces deux cas, le droit proportionnel est encouru.

333. Au contraire, il n'y a pas transmission quand l'usufruit vient à s'éteindre ; car alors le propriétaire reprend *jure suo* son plein pouvoir sur la chose. D'où le droit proportionnel n'est pas encouru, en règle générale, sur la réunion de l'usufruit à la propriété.

1° Nulle difficulté à cet égard quand l'usufruit cesse au terme originairement stipulé, car alors le droit est éteint d'une manière absolue ; or, il implique qu'un droit éteint soit transmis.

(**332**-1) Ce que l'on trouve de contraire à cette proposition dans les sources du droit romain, s'explique par les principes particuliers de la *cessio in jure*.

2° Mais en cas de renonciation anticipée de l'usufruitier, y a-t-il extinction de l'usufruit?

Non pas d'une manière absolue, car les créanciers ayant hypothèque sur l'usufruit, en vertu de la nature *réelle* de leur droit, conservent cette hypothèque, nonobstant le fait de leur débiteur, jusqu'au terme marqué originairement pour l'extinction de l'usufruit (1).

Cette distinction est fondamentale. Bosquet (2) la résume ainsi : « L'usufruit finit par la mort naturelle ou » civile de l'usufruitier; il n'est dû aucun droit de centième-denier pour cette consolidation de jouissance à » la propriété; mais si la consolidation se fait par anticipation, au moyen de la cession que l'usufruitier fait » de son usufruit au propriétaire, gratuitement, ou » moyennant un prix..., le droit de centième-denier » sera incontestablement dû. » Faut-il étendre au droit proportionnel ce que dit Bosquet du centième-denier? Les Lois modernes sont muettes sur la question, car les textes précités (n. 328) sont relatifs à un cas tout spécial, dont nous circonscrirons tout à l'heure exactement le terrain. Il faut donc la résoudre par les principes généraux; les inductions que l'on peut souvent tirer de la jurisprudence du centième-denier pour découvrir la pensée du Législateur, ne pouvant prévaloir contre ces principes, quand le texte de la Loi n'y a pas dérogé.

334. Ainsi posée, la question se résout par la distinction suivante :

1° Oui, le droit proportionnel est exigible sur la renonciation à titre onéreux, parce que cette renonciation

(**333**-1) V. en ce sens Denisart, 9e édition. V° *usufruit*, n. 45. — A. M. Demante, Cours analytique de Code Napoléon, tome 2, n. 462 *bis*, II. — MM. Ducaurroy, Bonnier et Roustain, sur l'art. 617, n. 225. — M. Demolombe, t. 10, n. 747.

(**333**-2) Dictionnaire des domaines, v° *usufruit*, n. 3.

équipolle à cession (comparez article 780, n. 2, C. N.). L'acte rentre donc sous le prescrit formel de l'art. 69, § 7, n. 1, concernant les ventes..., cessions... et tous autres actes translatifs de propriété *ou d'usufruit*; et ce droit est de 5,50 p. 100 (L. 1816, art. 52, subsidiairement, art. 54).

2° Non, le droit proportionnel d'enregistrement n'est pas exigible sur la renonciation pure et simple, car cette renonciation ne constitue pas une donation.

Bien qu'elle profite au propriétaire, elle ne suppose pas nécessairement l'*animus donandi*; elle ne place pas les parties dans le rapport de donateur à donataire; notamment elle n'est pas révocable pour ingratitude ou survenance d'enfant. Bien plus, elle peut avoir lieu par acte unilatéral, en l'absence du propriétaire qui en bénéficie, et bien certainement il n'est pas nécessaire qu'elle soit acceptée par ce propriétaire en *termes exprès* (comp. art. 932, 955, 960, C. N.).

Cela posé, le droit proportionnel de donation est écarté. L'acte encourt le droit fixe de deux francs, comme renonciation pure et simple (art. 68, § 1, n. 1; L. 1850, art. 8. — *Nec obstat* L. 1816, art. 44, n. 4).

Après de longues controverses, cette distinction a été consacrée par deux arrêts de la Cour de Cassation (1) qui, jusqu'à ce jour, servent de règle à la perception.

335. Mais l'Administration soutient encore subsidiairement qu'en cas de renonciation pure et simple, le droit proportionnel de transcription doit être ajouté au droit fixe d'enregistrement. Il me paraît certain, qu'en principe, la transcription de l'acte de renonciation était utile au propriétaire, même avant la Loi du 23 mars 1855

(**334**-1) *Civ.-rej.* 11 août 1835, et Cassat. 27 août 1844 (Dall. 4600, 4602).

(*suprà*, n. 333). Donc, suivant l'interprétation littérale qui a été donnée par la Cour de Cassation à l'art. 54 de la Loi de 1816 (*suprà* n. 141), les conclusions subsidiaires de l'Administration sont fondées. On ne peut les contredire qu'en reprenant en sous-œuvre toute cette jurisprudence.

Pour moi, je l'avais crue tellement établie dans la pratique, que je n'avais même pas entretenu le lecteur des incessantes protestations de MM. Championnière, Rigaud et Pont (1). Voici cependant que tout est remis en question, par un jugement du Tribunal de la Seine du 25 juillet 1855 (2).

La Loi du 23 mars 1855, en traitant de la transcription quant à ses effets civils, annonce une Loi à intervenir sur le règlement de la perception (*suprà*, n. 142). Il serait fort à désirer que cette Loi future mît fin à toutes les incohérences, introduites en cette matière par les remaniements partiels de la Législation. Mais, quant à présent, je persiste à enseigner que, pour la renonciation pure et simple de l'usufruitier, le droit proportionnel de transcription doit être ajouté au droit fixe d'enregistrement.

336. « L'usufruit peut aussi cesser par l'abus que » l'usufruitier fait de sa jouissance... Les juges peuvent, » suivant la gravité des circonstances, ou prononcer » l'extinction absolue de l'usufruit, ou n'ordonner la » rentrée du propriétaire dans la jouissance de l'objet » qui en est grevé, que sous la charge de payer annuel- » lement à l'usufruitier, ou à ses ayant-cause, une somme » déterminée jusqu'à l'instant où l'usufruit aurait dû » cesser (art. 618, C. N.). »

(**335**-1) Traité, n. 1726, 2183, 4030, et supplément, n. 651, 679.

(**335**-2 V. *Rép. pér.* 592, — et le Contrôleur, 10706.

Si les juges usent de ce grand pouvoir de prononcer l'*extinction absolue* de l'usufruit, aucun droit proportionnel n'est encouru.

S'ils ordonnent la rentrée du propriétaire sous certaines charges, le jugement équipolle à cession ; il doit donc encourir le droit de 5,50 p. 100 sur les charges évaluées en capital. Généralement ce capital doit être formé de dix fois le montant annuel des charges.

337. Jusqu'à présent, nous avons supposé l'usufruit transmis originairement par le propriétaire et revenant ensuite à ce même propriétaire.

La situation se complique lorsque le propriétaire, en retenant l'usufruit, aliène la nue propriété, ou encore lorsqu'il transfert l'usufruit à l'un et la nue propriété à l'autre, et en général toutes les fois que la propriété circule détachée de l'usufruit.

La difficulté tient à ce que l'acquéreur de la nue propriété acquiert virtuellement l'expectative assurée de l'usufruit; si donc il paye l'impôt en proportion seulement du prix de la nue propriété, plus tard, à l'extinction de l'usufruit, la jouissance lui revenant *alluvionis instar*, sans donner ouverture à un nouveau droit proportionnel, on prétend qu'en définitive il n'aura pas payé l'impôt sur la valeur intégrale du fonds.

La Loi a prévenu ce résultat dans un seul des cas proposés, celui où l'usufruit *est réservé par le vendeur* : dans ce cas « il sera évalué à la moitié de tout ce qui » forme le prix du contrat, et le droit sera perçu sur le » total (art. 15, n. 6). »

Dans tous les autres cas, ce résultat ne peut être empêché, car l'acquéreur de la nue propriété ayant payé l'impôt en proportion du prix qu'il donne du fonds suivant sa valeur *à l'époque de l'aliénation* (v. art. 17), il n'y a pas lieu à forcer la perception sur le contrat (1); d'autre part, à l'extinction de l'usufruit, il n'y a pas transmission, donc il n'y a pas ouverture au droit proportionnel (2). Voilà les déductions des principes généraux.

338. Mais pourquoi la Loi déroge-t-elle à ces principes dans le cas spécial d'usufruit réservé par le vendeur? « Il est difficile, disent MM. Dalloz (n. 4583), d'entre- » voir la différence qu'il peut y avoir dans les effets du » contrat relativement au nu-propriétaire, soit que le » vendeur se réserve l'usufruit, soit qu'il le cède à un » autre. » La raison de la différence, c'est la possibilité d'une fraude, toute spéciale au cas proposé. Il eût été facile aux parties de rédiger le contrat avec la clause de réserve d'usufruit, de détruire par une contre-lettre l'effet de cette clause; puis, au moyen d'une renonciation du vendeur, présentée comme pure et simple, l'acheteur, sans nouveau droit de mutation, aurait eu la pleine propriété du fonds (1). Contre cette fraude les mesures répressives auraient été souvent impuissantes; la Loi y a pourvu par une mesure préventive.

339. Les antécédents historiques de la Loi de frimaire ne laissent aucun doute sur la pensée de ses rédacteurs.

« Si le vendeur, dit Fonmaur (n. 571), outre le prix

(**337**-1) En ce sens, v. *Cass.* 8 janvier 1822; *Civ.-rej.* 20 mars 1826; *Req.* 26 décembre 1826; *Req.* 3 janvier 1827 (Dall. 4585).

(**337**-2) En ce sens, *Civ.-rej.* 12 août 1834 (Dall. 4599). — La Chambre des requêtes avait méconnu ce principe par un arrêt du 25 novembre 1829 (Dall. 4596), dont le système paraît aujourd'hui abandonné par la Cour.

(**338**-1) Voyez un exemple de cette fraude dans l'espèce de l'arrêt de *Cassation* du 24 juin 1829 (C. R. 3469).

» de la vente, s'est réservé l'usufruit du bien vendu, » cette réservation diminue d'autant le prix et la valeur » de l'objet de la vente : donc, elle ne donne pas lieu à » une augmentation des lods,... parce que c'est un droit » réservé par le vendeur sur son bien, et non une charge » imposée sur la personne de l'acquéreur. » Voilà le principe ; en voici le correctif (n. 176) : « Si je vous » vends successivement, et par deux contrats, l'usufruit » et la propriété, les lods sont dus sur le prix des deux » ventes... En effet, les lods sont une charge de la vente, » il ne doit pas être libre au redevable de les alléger, en » la cisaillant et en multipliant les contrats. »

De même, Pocquet de Livonière, après avoir posé qu'en règle « il n'est point dû de droits féodaux pour ventes » d'usufruit » (*loc. cit. suprà*, n. 331), ajoute immédiatement : « Il faut pourtant excepter le cas de la fraude. » Par exemple, si quelqu'un vendoit à Titius la nue-» propriété d'un héritage, s'en réservant l'usufruit, et » revendoit ensuite au même Titius cet usufruit peu de » temps après. »

Ecoutons enfin Bosquet, dont la doctrine sur la matière a été calquée et par les rédacteurs de la Loi du 19 décembre 1790 et par ceux de la Loi de frimaire. Après avoir rapporté un arrêt de règlement du Parlement de Rouen, du 14 juin 1751, décidant qu'au cas proposé, l'acquéreur doit le *treizième* entier du contrat, y compris l'usufruit réservé par le vendeur, il ajoute que, d'après les principes de la Coutume de Normandie, les lods ou le *treizième* ne sont pas dûs pour la vente de l'usufruit au propriétaire, « en sorte qu'un particulier peut acquérir aujour-» d'hui la nue propriété et demain l'usufruit, sans être » tenu de payer le treizième pour le dernier contrat ; » *c'est vaisemblablement pour remédier à cette fraude* que » le Parlement de Rouen a jugé que le droit serait payé

» pour la vente de la propriété, tant du prix stipulé » que de l'usufruit réservé (1). »

340. Ainsi expliquée par la logique et par l'histoire, la disposition précitée de l'art. 15 doit être rigoureusement circonscrite au cas d'usufruit réservé par le vendeur, et ne tire nullement à conséquence pour toute autre vente de la nue propriété. Dans tous ces autres cas, en effet, les parties n'auraient nul intérêt aujourd'hui à *cisailler la vente et à multiplier les contrats.*

Etant donné, par exemple, un fonds d'une valeur de 30. Soit l'usufruit vendu 10 à Pierre ; la nue propriété 20 à Paul. Le droit proportionnel de vente est actuellement perçu sur la somme de 30. Si Pierre n'est pas un acquéreur sérieux et que demain il renonce purement à l'usufruit, l'Administration n'en éprouve aucun grief.

Mais, dit-on, Paul n'a payé aucun impôt pour l'expectative de l'usufruit, et s'il n'a rien payé au jour du contrat, il doit payer au jour de la réunion (1). Erreur ! L'expectative de l'usufruit n'est rien autre chose que la nue propriété, car c'est le retour ultérieur de l'usufruit qui donne à la propriété sa valeur actuelle. Donc, en payant l'impôt sur le prix de la nue propriété, l'acquéreur l'a payé sur le pied de la valeur du fonds *à l'époque de l'aliénation;* or, c'est cette seule époque que la Loi considère pour la liquidation du droit proportionnel (v. art. 17).

Voilà la règle générale ; la Loi y a dérogé pour un cas

(**339**-1) Dictionnaire des domaines, v° *Prix*, n. 7. La discussion de Bosquet sur cet arrêt du Parlement de Rouen est ainsi résumée par Fonmaur (n. 174) : « L'auteur du Dictionnaire des domaines... convient, *quoique commis » aux fermes*, que cet arrêt est exorbitant du Droit commun. »

(**340**-1) C'est la doctrine aujourd'hui abandonnée de l'arrêt du 25 novembre 1829 (*suprà*, 337-2).

spécial et par des raisons spéciales. Dans tous les autres cas, la règle reprend son empire.

341. Revenons au cas d'usufruit réservé par le vendeur. En ce cas... « le droit sera perçu sur le total. » Mais, ajoute la Loi, il ne sera dû aucun autre droit » pour la réunion de l'usufruit à la propriété. » Cette proposition est purement explétive et n'a d'autre but que d'amener la proposition finale : « Cependant, si elle » s'opère par acte de cession, et que le prix soit supé- » rieur à l'évaluation qui en aura été faite pour régler le » droit de la translation de propriété, il est dû un droit, » par supplément, sur ce qui se trouve excéder cette » évaluation. »

Dans tout cela, il n'y a que l'application des règles ordinaires : Nul droit proportionnel à l'extinction de l'usufruit ; droit proportionnel sur la cession, c'est-à-dire sur la renonciation à titre onéreux. Seulement ici, comme le droit de cession a été payé lors de l'acquisition de la nue propriété, il n'est dû un nouveau droit proportionnel que si le prix de la cession excède l'évaluation donnée d'avance à l'usufruit.

Ce nouveau droit, dit la Loi, est dû *par supplément*. D'où MM. Championnière et Rigaud concluent qu'il doit être fixé par le tarif en vigueur au jour du contrat primitif. « Ce n'est pas, disent-ils (3516), une mutation » nouvelle qui donne ouverture à un nouveau droit ; » c'est une transmission antérieure, dont le droit est » déterminé par la Loi vivante au jour où elle s'est opérée, » et qu'une Loi postérieure n'a pu modifier. »

Je nie la *majeure* de ce raisonnement (*suprà*, n. 334, 1°) ; j'arrive donc à une conséquence opposée, à savoir qu'il faut appliquer le tarif en vigueur au jour de l'acte de cession.

342. Un mot sur les transmissions mobilières en usufruit.

On a douté (1) que le droit proportionnel soit exigible sur la transmission à titre onéreux de l'usufruit des meubles ; parce que, en matière mobilière, la Loi tarife déterminément les actes translatifs de *propriété* (v. art. 69, § 5, n. 1). La pratique s'est établie en sens contraire. En prenant pour accordée l'exigibilité du droit proportionnel, il faut au moins reconnaître que rien n'autorise ici à appliquer au cas de vente, avec réserve d'usufruit, la disposition exorbitante de l'art. 15, n. 6. Outre que ce texte est spécial aux immeubles et ne peut être appliqué par analogie, la raison de la Loi manque absolument. Les transmissions mobilières à titre onéreux ne sont assujetties qu'à un droit d'*acte*, et puisque l'acte de vente ne fait titre pour l'acheteur qu'à l'égard de la nue propriété, la perception sur *le prix exprimé* (art. 14, n. 5), ne peut être augmentée d'aucune manière.

343. Quant aux droits d'usage et d'habitation (articles 625, 633, C. N.), la disposition de l'art. 15, n. 6, sur la réserve d'usufruit, leur est également inapplicable. Mais ici, s'agissant de droits immobiliers, la recherche des mutations secrètes est admise. Donc, l'Administration peut forcer la perception du contrat primitif, si, en fait, il est prouvé que le droit d'usage ou d'habitation a cessé par l'effet d'une renonciation *correspective* à ce contrat (comparez *suprà*, n. 276).

Appliquez d'ailleurs aux droits d'usage et d'habitation ce qui a été dit ci-dessus des servitudes prédiales (v. *suprà*, n. 21 *bis* et 290).

344. Dans le traité des transmissions à titre onéreux

(**342**-1) MM. Championnière et Rigaud, 3476.

de propriété et d'usufruit, je me suis attaché aux titres les plus usuels : vente, échange, société, transaction. Mais cette énonciation n'a rien d'exclusif. J'ai déjà montré ci-dessus que le mandat peut être un titre de transmission (*suprà*, n. 219). Nous allons voir tout à l'heure que certains baux sont translatifs de propriété. Enfin, il faut toujours se rappeler qu'aujourd'hui, indépendamment de l'existence de tel ou tel titre, la Loi soumet au droit proportionnel tout acte civil ou judiciaire translatif de propriété ou d'usufruit (v. *suprà*, n. 139).

Premier chef d'exigibilité du droit proportionnel (suite) : 3. Transmission de jouissance. — 1. Du louage des choses. (Baux à ferme. — Baux à loyer).

345. Textes détachés.
346. Distinction fondamentale : Baux à durée limitée ; — à durée illimitée. — Origine historique de cette distinction.
347. Loi 6 octobre 1791, sur les baux des biens de campagne. — Esprit de la Loi de frimaire.
348. Tout bail à durée illimitée n'équivaut pas à un de ces baux perpétuels qui sont translatifs de propriété. — Intérêt de cette observation.
349. Loi du 29 décembre 1790. — Difficultés d'application quant aux baux non expressément dénommés par cette Loi.
350. Du bail à vie.
351. Des baux à durée limitée. — Disposition de la Loi sur les baux de trois, six ou neuf années.
352. Du cas où la location doit cesser par la signification d'un congé.
353. Des sous-baux, subrogations, cessions et rétrocessions de baux. — Observation particulière sur les rétrocessions.
354. Du jugement prononçant la résolution pour défaut de payement du prix. — Sur quoi l'on fonde, en pratique, l'exigibilité du droit proportionnel de rétrocession.
355. Observation sur une Délibération du 21 avril 1815, justement critiquée par M. Garnier.
356. Distinction proposée par M. Bastiné. — Rétablissement des principes. — Exemples divers de résolutions.
357. Le droit sur les baux est un *droit d'acte.* — Conséquence quant aux rétrocessions et aux tacites reconductions.
358. Distinction du bail à ferme et de la vente de fruits sur pieds.
359. Jurisprudence de la Cour de Cassation quant aux mines, minières, carrières et tourbières.
360. Des constructions élevées par le preneur.

345. *Textes détachés.* Loi du 16 juin 1824, art. 1 : « Les baux à ferme ou à loyer des biens meubles ou » immeubles, les baux de pâturage et nourriture d'ani- » maux, les baux à cheptel ou reconnaissance de bestiaux, » et les baux ou conventions pour nourriture de per- » sonnes, lorsque la durée sera limitée, ne seront » désormais soumis qu'au droit de *vingt centimes par cent* » *francs*, sur le prix cumulé de toutes les années. — Le » droit de cautionnement de ces baux sera de moitié de » celui fixé par le présent article. »

Comparez à titre de renseignements historiques les dispositions abrogées ou modifiées de l'art. 69, § 1, n. 1 et 2; — § 2, n. 5, — § 3, n. 2, L. fr. et art. 8 et 9, L. 27 ventôse an 9.

Appliquez le même droit de 0,20 p. 100 aux « sous- » baux, subrogations, cessions et rétrocessions de baux » (art. 69, § 3, n. 2). »

Loi de frimaire, art. 69, § 5, n. 2. *Deux francs par cent francs* : « Les baux de biens meubles, faits pour un temps illimité. »

Art. 69. § 7, n. 2. *Quatre francs par cent francs* (aujourd'hui, suivant la distinction indiquée *infrà*, n. 348, 5,50 p. 100) : « Les baux à rente perpétuelle » de biens immeubles, ceux à vie, et ceux dont la » durée est illimitée. »

Liquidation. La valeur de la jouissance est déterminée, quant aux meubles (art. 14, n. 1) : « Pour les baux » et locations, *par le prix annuel exprimé, en y ajoutant* » *les charges imposées au preneur*. »

Quant aux *immeubles* (art. 15) :

« 1° Pour les baux à ferme ou à loyer, les sous-baux, » cessions et subrogations de baux, *par le prix annuel* » *exprimé, en y ajoutant les charges imposées au preneur*. » Si le bail est stipulé payable en nature, * il en sera fait

» * une évaluation d'après les dernières mercuriales du
» * canton de la situation des biens, à la date de l'acte,
» * à l'appui duquel il sera rapporté un extrait certifié
» * des mercuriales. * » (Modifié par la Loi de 1818, citée ci-après).

« Il en sera de même des baux à portion de fruits, » pour la partie revenant au bailleur, dont la quotité » sera préalablement déclarée, et sur la valeur de » laquelle le droit d'enregistrement sera perçu.

» S'il s'agit d'objets dont la valeur ne puisse être cons- » tatée par les mercuriales, les parties en feront une » déclaration affirmative.

» 2° Pour les baux à rentes perpétuelles et ceux dont » la durée est illimitée, *par un capital formé de* vingt fois » *la rente ou le prix annuel, et les charges aussi annuelles,* » *en y ajoutant également les autres charges en capital, et les* » *deniers d'entrée s'il en est stipulé.*—Les objets en nature » s'évaluent comme ci-dessus.

» 3° Pour les baux à vie, sans distinction de ceux » faits sur une ou plusieurs têtes, *par un capital formé* » *de* dix fois *le prix et les charges annuels, en y ajoutant* » *de même le montant des deniers d'entrée et des autres* » *charges, s'il s'en trouve d'exprimés.* — Les objets en » nature s'évaluent pareillement comme il est prescrit » ci-dessus. »

L. 15 mai 1818, art. 75 : « Pour les rentes et baux » stipulés payables en quantité fixe de grains et denrées » dont la valeur est déterminée par des mercuriales ;... » la liquidation du droit proportionnel d'enregistrement » sera faite d'après l'évaluation du montant des rentes » ou du prix des baux résultant d'une année commune » de la valeur des grains ou autres denrées, selon les » mercuriales du marché le plus voisin. — On formera » l'année commune d'après les quatorze dernières années » antérieures à celles de l'ouverture du droit : on » retranchera les deux plus fortes et les deux plus fai-

» bles ; l'année commune sera établie sur les dix années » restantes. »

Aux termes de la Loi du 23 mars 1855 (art. 2 et 12), doivent être transcrits, au bureau des hypothèques de la situation des immeubles, moyennant le droit fixe d'un franc, outre le salaire du conservateur :

« Les baux d'une durée de plus de dix-huit années ;

« Tout acte ou jugement constatant, même pour bail » de moindre durée, quittance ou cession d'une somme » équivalente à trois années de loyers ou fermages non » échus. »

346. La Loi fiscale introduit une distinction fondamentale entre les baux, suivant qu'ils sont à durée limitée ou au contraire à durée illimitée.

Voici l'origine historique de cette distinction :

Jadis, sous la plupart des Coutumes, les seules ventes d'immeubles encouraient les droits seigneuriaux; d'où ces droits étaient appelés *lods et ventes*, parfois simplement *ventes*. La jurisprudence étendit la perception des lods aux baux à *longues années*, quelques-uns considérant qu'un bail de cette espèce est une espèce d'aliénation, d'autres en plus grand nombre, dans la vue d'éviter les fraudes, *ratione fraudis evitandæ magis quam juris ratione stricta* (1).

Qu'entendait-on par un Bail *à longues années ?* C'est, dit Guyot (2), « celui qui excède le terme de neuf ans, » parce que tout espace de temps qui embrasse au moins » dix années, est compris en Droit sous la dénomination » de *longum tempus.* » Suivant Sudre (3), c'était « une » règle générale... que les actes temporels où il n'y a » qu'un simple transport de fruits... sont réputés alié-

(**346**-1) Souchet, sur l'art. 10 de la Coutume d'Angoumois.

(**346**-2) Répertoire de Merlin, v° *Bail*, § 4, n. 2.

(**346**-3) Sur Boutaric, *des Lods*, § 11, n. 20.

» nation, et... donnent ouverture aux droits du Sei-
» gneur,... quand l'exécution a duré dix ans. »

Les baux au-dessus de neuf ans, étant considérés comme emportant aliénation, encouraient, suivant certaines distinctions, le droit ou le demi-droit de centième-denier (4). Enfin, la Loi du 19 décembre 1790 sur l'enregistrement, divisa les baux en trois catégories : 1° jusqu'à douze années; 2° au-dessus de douze ans jusqu'à trente exclusivement; 3° au-dessus de trente ans.

En somme, on s'était toujours attaché pour la classification des baux à certaines périodes déterminées, en deçà ou au delà desquelles les droits étaient plus ou moins élevés. Seulement, si la durée de la jouissance était indéterminée, la jurisprudence domaniale tendait à autoriser la plus forte perception (5).

347. Pour la première fois, la loi du 6 octobre 1791 prit pour base générale de classification la circonstance que la durée du bail est limitée ou illimitée. Statuant déterminément sur les *baux des biens de campagne*, le Législateur s'exprime ainsi :

« A l'avenir il ne sera payé aucun droit de quint,
» treizième, lods et ventes et autres droits précédem-
» ment connus sous le titre de droits de vente, à raison
» des baux à ferme ou à loyer faits pour un temps cer-
» tain et limité, encore qu'ils excèdent le terme de neuf
» années, soit que le bail soit fait moyennant une rede-
» vance annuelle, soit pour une somme une fois payée,
» nonobstant toutes lois, coutumes, statuts et jurispru-
» dence à ce contraires, etc. (1). »

(**346**-4) Commentaire sur les tarifs, etc., pag. 103 et 112. — Joignez Bosquet, v° *Baux emphytéotiques*.

(**346**-5) V. Bosquet, v° *Engagement*.

(**347**-1) Loi du 28 septembre — 6 octobre 1791, concernant *les biens et usages ruraux et la police rurale*, titre 1, sect. 2, art. 5.

Pour comprendre l'esprit de cette disposition, il faut se rappeler que l'Assemblée constituante, en abolissant sans indemnité « toutes distinctions *honorifiques*, supé-» riorité et puissance, résultant du régime féodal, » avait seulement déclaré rachetables et expressément maintenu jusqu'au rachat effectué, « tous les droits et devoirs » féodaux ou censuels *utiles* qui sont le prix et la condi-» tion d'une concession primitive de fonds. »

Etaient présumés tels, sauf la preuve contraire : « Tous » les droits casuels qui, sous le nom de quint... lods et » ventes... et autres dénominations quelconques, sont » dûs à cause des mutations survenues dans la propriété » ou la possession d'un fonds... etc. (2). »

En somme, l'Assemblée constituante avait considéré ces droits comme une émanation de la propriété; à ce titre elle les avait maintenus. Plus tard, l'Assemblée législative, puis la Convention les considérèrent comme une émanation de la souveraineté; à ce titre elles les abolirent (3). Mais, comme le maintien des lods et ventes était une cause de récrimination passionnée pour les agitateurs des populations rurales, la première Assemblée entra elle-même dans la voie des concessions en abolissant les droits seigneuriaux sur les baux à ferme ou à loyer *des biens de campagne*, faits pour un terme certain et limité, *encore qu'ils excèdent le terme de neuf années*.

Quant aux baux à durée illimitée, la Loi de 1791, par son silence, les laissait *in statu quo ante*, c'est-à-dire sous l'empire des Coutumes et de la jurisprudence qui assujettissaient aux droits de vente les baux *à longues années*.

La Loi du 22 frimaire a étendu à tous les baux, soit urbains, soit ruraux, la base de classification établie par la Loi de 1791. Evidemment le Législateur considère les

(**347**-2) Loi du 15-28 mars 1790, tit. 1, art. 1, et tit. 3, art. 1 et 2.

(**347**-3) Lois du 18 juin 1792 et du 17 juillet 1793. — V. M. Laferrière, *Histoire des principes, des institutions et des lois pendant la Révolution*.

baux à durée limitée comme transférant au preneur un droit beaucoup moins assuré que les baux à durée illimitée. Les premiers sont atteints d'un des plus faibles parmi les droits proportionnels, les seconds subissent le même droit d'*enregistrement* que les actes translatifs de propriété.

348. Ne concluez pas de là que la Loi fiscale considère tout bail *à durée illimitée* comme l'équivalent d'un de ces baux perpétuels qui, aux termes de la Loi du 29 décembre 1790, sont effectivement translatifs de propriété. Tout bail perpétuel est sans doute illimité, mais la réciproque n'est pas vraie. Or, il est nécessaire de distinguer l'espèce du genre, car, si le droit de 4 p. 100 atteint tout bail illimité, translatif ou non de propriété, les seuls baux translatifs de propriété encourent : 1° le droit proportionnel de transcription ; 2° le droit de mutation au décès du preneur.

Arrêtons-nous donc un moment sur les baux translatifs de propriété.

349. La disposition fondamentale de notre Législation en cette matière est dans les articles suivants de la Loi du 29 décembre 1790.

Titre 1, art. 1 : « Toutes les rentes foncières perpé-
» tuelles, soit en nature, soit en argent, de quelque
» espèce qu'elles soient, à quelques personnes qu'elles
» soient dûes, gens de mainmorte, domaine, apanagistes,
» ordre de Malte, même les rentes de dons et legs pour
» cause pie, ou de fondation, seront rachetables ; les
» champarts de toute espèce et sous toute dénomination,
» le seront pareillement au taux qui sera ci-après fixé.
» — Il est défendu de plus *à l'avenir* créer aucune rede-
» vance foncière non remboursable, sans préjudice des
» baux à rentes ou emphytéoses, et non perpétuels, qui

» seront exécutés pour toute leur durée, et pourront être
» faits *à l'avenir* pour quatre-vingt-dix-neuf ans et
» au-dessous, ainsi que les baux à vie, même sur plusieurs
» têtes, à la charge qu'elles n'excèderont par le nombre
» de trois. »

Art. 2 : « Les rentes ou redevances foncières, établies
» par les contrats connus en certains pays sous le nom
» de *locatairie perpétuelle*, sont comprises dans les dispo-
» sitions et prohibitions de l'article précédent, sauf les
» modifications ci-après, sur le taux de leur rachat. »

L'application de cette Loi aux contrats antérieurs à sa promulgation donne lieu aux questions les plus ardues; et comme le rachat est de pure faculté pour les débiteurs des redevances, il est impossible de prévoir le moment où cessera l'intérêt pratique de ces questions transitoires. Nulle difficulté pour les contrats sur lesquels la Loi statue expressément, comme les baux à rentes perpétuelles, — les emphytéoses perpétuelles, — les champarts de toute espèce, — les locatairies perpétuelles. Ceux-là sont certainement translatifs de propriété, d'où le droit de 4 p. 100, augmenté du droit de transcription, est encouru sur leur cession entre-vifs, et le droit de mutation au décès du possesseur.

Mais à l'égard des autres modes de tenure, non expressément désignés par les Lois sur le rachat des redevances foncières, il est impossible de formuler aucun principe général. Tout dépend de l'interprétation du titre originaire de la concession; donc tout peut varier, non pas seulement suivant les limites du territoire de nos anciennes Coutumes, mais suivant les particularités de chaque affaire.

Voilà, du moins, ce que l'on peut induire des derniers arrêts de la Cour de Cassation en ces matières (1).

(**349**-1) Conciliez ainsi l'arrêt des Chambres réunies du 24 novembre 1837 (Dall. 3058), et *Civ.-rej.* 16 juin 1852 (Garnier, 2024).

350. Deux mots sur le bail à vie, contrat fort usité jadis, aujourd'hui beaucoup moins pratiqué.

Comme les baux à durée illimitée, il encourt le droit de 4 p. 100; mais la liquidation du droit proportionnel se faisant ici en multipliant le revenu par dix et non plus par vingt (comparez art. 15, n. 2 et 3), l'impôt, en définitive, est moitié moindre que pour les baux à durée illimitée.

Cette liquidation a lieu pour les baux à vie « *sans dis-* » *tinction de ceux faits sur une ou plusieurs têtes* (art. 15, » n. 3). » S'il s'agit de personnes nées ou conçues au moment du contrat, peu importe la multiplicité du nombre des têtes. Mais s'il s'agit d'étendre le droit au bail aux héritiers des contractants, appliquez la Loi du 29 décembre 1790 (art. 1), qui permet les baux à vie sur plusieurs têtes, *à la charge qu'elles n'excèderont pas le nombre de trois.* Le preneur peut stipuler pour son héritier et l'héritier de son héritier, mais non par-delà (1). La stipulation d'un plus grand nombre de transmissions dénaturerait le contrat, lui ôterait le caractère de bail à vie, pour lui faire prendre le caractère d'un bail perpétuel translatif de propriété (2).

Les feudistes disaient des baux à vie qu'ils sentent l'usufruit, *sapiunt naturam ususfructus* (3) et, grâce à cette assimilation, ils étendaient à ce contrat, l'exemption des lods, dont jouissait en général la constitution d'usufruit.

(**350**-1) « L'emphytéose à temps limité, dit Bosquet (v° *Baux emphytéo-* » *tiques*), se peut faire jusqu'à 99 ans, sans pouvoir excéder ce terme; on peut » aussi faire un bail emphytéotique, tant pour la vie du preneur, que pour celle » de ses enfants, et des enfants de ses enfants; et encore cinquante ans au- » delà. » La loi de 1790 a supprimé les *cinquante ans au-delà*. Elle a considéré la vie de trois générations d'hommes comme équivalant, en moyenne, à la période de 99 ans.

(**350**-2) *Civ.-rej.* 6 janvier 1852 (J. E. 15523. — Garnier, 2000).

(**350**-3) Bouvot, t. 1, lettre A, quest. 3. — Comparez M. Duvergier, I, n. 29 et M. Troplong, n. 25.

Aujourd'hui, tout au contraire, les parties ont souvent intérêt de distinguer le bail à vie de la constitution d'usufruit, afin d'échapper au droit proportionnel de transcription. De sa nature, le bail à vie laisse les parties dans le rapport obligatoire de bailleur à preneur et ne confère pas au preneur le droit *réel* d'usufruit. Donc, le droit de ce preneur n'est pas susceptible d'hypothèque (art. 2118, C. N.), et par suite le bail à vie (sauf le cas de simulation) n'encourt pas le droit proportionnel de transcription.

351. Venons aux baux à durée limitée.

La Loi dit (art. 69, § 3, n. 2) : « Seront considérés » pour la liquidation et le paiement du droit comme » baux de neuf années, ceux faits pour trois, six ou » neuf années. » C'est l'application des principes sur la condition résolutoire. Le bail de trois, six ou neuf années transmet *hic et nunc* une jouissance de neuf ans ; il doit donc être imposé comme tel, nonobstant l'événement ultérieur de la résolution (*suprà*, n. 41).

Ce que la Loi dit des baux de trois, six ou neuf années, doit s'étendre sans difficulté aux baux de neuf, douze, quinze, dix-huit, etc. La disposition de la Loi, à cet égard, est purement énonciative.

La limite de neuf années, si importante autrefois, n'est plus aujourd'hui d'aucune considération sur le terrain du Droit fiscal.

352. Si la location n'a aucun terme marqué et doit seulement cesser par la signification d'un congé, faite à la requête de l'une ou l'autre des parties, ou déterminément d'une seule d'entre elles, l'acte rentre dans la catégorie des baux à durée illimitée et encourt le droit de

4 pour 100 (1). Ce résultat est bizarre et contraire à l'esprit de la Loi (v. *suprà*, n. 347); mais il est commandé par sa lettre.

On peut l'éviter par une précaution de style : au lieu de stipuler que la location durera sauf avertissement contraire, on peut stipuler qu'après une certaine période, la location recommencera par un avertissement émané soit de l'une soit de l'autre partie. Dans ce cas, le fait de l'avertissement constitue une condition, non plus résolutoire, mais suspensive; le droit proportionnel de 0,20 p. 100 est exigible *ab initio* sur la durée de la première période seulement, sauf au receveur à exiger un nouveau droit sur l'*acte* d'avertissement (*suprà*, n. 33, 41, 98).

353. La Loi assujettit au même droit que le bail originaire, mais seulement pour les années qui restent à courir, « les sous-baux, subrogations, cessions et rétro- » cessions de baux (art. 69, § 3, n. 2). »

Nulle difficulté pour le sous-bail qui crée entre les parties un rapport pur et simple de bailleur à locataire; ni même pour la cession ou subrogation qui transporte au nouveau preneur le droit au bail primitif.

Il n'en est pas de même des *rétrocessions de baux*. Qu'entend la Loi par cette locution? Si on rapproche la Loi de frimaire de ses antécédents, il n'y a pas de doute sur sa pensée : « La rétrocession, dit Bosquet (1), est un » acte par lequel on cède volontairement une chose à » celui de qui on la tenoit; le preneur *à titre de bail à* » *loyer* ou de bail à rente, fait une rétrocession, lorsqu'il » remet les biens au bailleur, pour être déchargé du prix

(**352**-1) En ce sens, Seine, 4 juillet 1855 (Rép. pér. 644). Joignez les arrêts suivants de la Cour de Cassation : 7 décembre 1813, 18 avril 1821, 3 juillet 1844 (Contr. 6937, 10749). — En sens contraire, C. R. 3080.

(**353**-1) V° *Rétrocession*. — Joignez le *Commentaire des Tarifs*, p. 109. — Comp. I. G. 1249, § 5, et M. Garnier, n. 1846.

» du loyer ou de la rente. » Comme anciennement les droits sur les baux avaient été établis par analogie des droits de ventes, on avait étendu à la résiliation du bail les principes admis pour la résiliation de la vente, et comme celle-ci, en général, est une véritable rétrocession (*suprà*, n. 149, 157), on a qualifié celle-là du même nom. Au fond cependant cette prétendue rétrocession n'en est pas une ; elle ne peut faire que le propriétaire devienne fermier de sa propre chose ; ce n'est qu'une extinction anticipée du contrat de louage : libéré de ses obligations vis-à-vis du preneur, le propriétaire reprend par cela seul son plein pouvoir sur la chose. Or, en règle générale, le retour de la chose aux mains du propriétaire n'est passible d'aucun impôt. Mais comme ce retour de la jouissance s'opère ici par une convention nouvelle et non plus, comme cela peut arriver au cas d'usufruit, par une renonciation pure et simple (*suprà*, n. 334), le droit proportionnel est encouru sur l'*acte* de résiliement, considéré comme une rétrocession, à moins que ce résiliement n'intervienne dans les vingt-quatre heures du contrat (*suprà*, n. 150).

Quoi qu'il en soit, d'ailleurs, la lettre de la Loi est formelle et impérative pour les baux à durée limitée (2), sur lesquels a statué l'art. 69, § 3, n. 2 (modifié quant au tarif seulement par l'article 1 de la Loi du 16 juin 1824).

Quant aux baux à vie et ceux à durée illimitée (3), la même disposition n'est pas répétée. Je pense que l'article 69, § 7, n. 2, qui frappe du droit de 4 p. 100 *les baux* de cette nature, atteint par cela seul les sous-baux, subrogations et cessions desdits baux, car le sous-bail est

(**353**-2) V. cependant C. R. 296.

(**353**-3) En supposant qu'il s'agisse d'un bail à durée illimitée, non translatif de propriété (*suprà*, n. 348). Autrement le droit de rétrocession va de soi, en vertu de l'art. 69, § 7, n. 1 et non plus n. 2.

un bail, la subrogation et la cession de bail sont équipollentes à bail. Mais à l'égard de la rétrocession, c'est le cas d'appliquer l'adage : *Quod contra rationem juris receptum est non est producendum ad consequentias.*

Cependant, un arrêt de *Cassation*(4) considère comme constant que la disposition de la Loi sur la rétrocession est applicable au résiliement d'un bail à vie. On lit dans les motifs de cet arrêt, que la Loi du 22 frimaire « soumet au droit proportionnel (art. 69, § 2, n. 7) toute » cession *ou rétrocession* d'un bail à vie. » — « Le jugement est cassé, disent MM. Championnière et Rigaud (n. 295), pour avoir, en refusant le droit proportionnel sur ce que la Cour appelle une rétrocession de bail à vie, violé cet article qui n'en parle pas. »

354. De ce que la Loi soumet au droit proportionnel les rétrocessions de baux, on conclut, en pratique, que le jugement, prononçant la résolution du contrat de louage pour défaut de payement du prix, encourt le droit proportionnel sur le même pied (1).

C'est l'application d'une règle générale ainsi formulée par Bosquet (2) : « A l'égard de la résolution, il faut » considérer si la condition est au pouvoir de celui qui » devoit la remplir, parce que, si elle ne dépend d'aucune autre personne, l'inexécution seroit considérée » comme un moyen de se départir d'un contrat parfait » et de voiler une résolution volontaire sous les apparences d'une résolution forcée. » La Loi du 27 ventôse an IX (*suprà*, n. 175) a fait l'application expresse au cas de vente de la doctrine de Bosquet ; mais ce texte est spécial et ne peut tirer à conséquence. Dans tous les

(**353**-4) Cassat. 18 janvier 1825 (C. R. 292.— Dall. 3143).

(**354**-1) Req. 14 août 1832 (I. G. 1414, § 2. — M. Garnier, 1849). — C. Cass. Belge, 15 juillet 1843 (Dall. 3148).

(**354**-2) V° *Résolution*, n. 6. — Joignez n. 7.

autres cas, au cas de louage notamment, aucun texte des Lois modernes n'autorise, en règle générale, la perception du droit proportionnel sur le jugement de résolution. L'art. 68, § 3, n. 7, n'a rien de déterminant à cet égard (*suprà*, n. **240** *in fine*). Vainement on oppose qu'il serait facile aux parties de voiler *une résolution volontaire sous les apparences d'une résolution forcée*; la fraude ne se présume pas, l'Administration en doit faire la preuve. S'il est prouvé que le preneur est solvable, la simulation frauduleuse de rétrocession pourra s'ensuivre. Mais s'il est insolvable, n'est-il pas rigoureux d'asseoir l'impôt sur ce cas pitoyable? Il y a lieu d'appliquer ici ce que le même Bosquet (3) savait dire aux seigneurs : « Ils ne » peuvent étendre leurs droits sous prétexte de prévenir » la fraude : parce que ce seroit faire tomber la peine » de cette fraude, tant sur ceux qui sont déterminés à » la pratiquer, que sur les contractants de bonne foi. »

355. Ce qui prouve cependant que la présomption de fraude est le seul fondement de la pratique en ce point, c'est un document administratif, statuant en sens contraire, dans un cas identique, en Droit, à la résolution pour défaut de payement du prix.

La résolution d'un bail avait été prononcée par jugement à raison de dégradations et détériorations, commises par le preneur sur la chose louée. Le Conseil d'Administration décida que le jugement encourait seulement le droit fixe (1). M. Garnier accuse très bien le désaccord de ce document avec la pratique actuelle : « La base d'une action en résolution pour détérioration » des biens ou pour défaut de payement du prix étant dans » l'art. 1741, C. N. » (c'est à dire dans l'inexécution des

(**354**-3) V° *Prix*, n. 7.

(**355**-1) Délib. 21 avril 1815 (J. E. 5117. — G. n. 1849).

obligations du preneur), « il semble que dans l'un comme » dans l'autre cas, le droit proportionnel devrait être » exigible. » Mais comme, au cas de détériorations, l'accord des parties est peu vraisemblable, et que l'état matériel des lieux peut être plus facilement constaté que le plus ou moins de solvabilité du preneur, on n'a pas étendu à ce cas la présomption de rétrocession volontaire.

356. Lorsque, dans un bail de trois, six ou neuf années, l'une des parties use de la faculté de résilier, par exemple, après la première période, aucun droit de rétrocession n'est dû sur les deux autres périodes. Ce point n'est pas seulement incontestable, il est incontesté. Là, dit-on, la cause de résolution est ancienne et inhérente au contrat. Mais la résolution pour défaut de payement du prix, n'est pas moins inhérente au contrat, soit que la Loi la sous-entende (art. 1184), soit que les parties l'y aient formellement insérée (1). Suivant un jurisconsulte belge (2), il y a lieu de distinguer « entre le » cas où la résiliation est basée sur l'exécution des con- » ditions du bail ou sur leur inexécution. » Droit fixe dans le premier cas; droit proportionnel dans le second. Cette distinction me paraît arbitraire. La seule distinction, conforme aux principes généraux du Droit et aux traditions anciennes, est celle des résolutions volontaires et des résolutions nécessaires. Toutes les fois que la résolution se produit sans nouvelle convention, il n'y a pas rétrocession ; aucune disposition de la Loi n'autorise la perception du droit proportionnel.

Ainsi encore, lorsqu'il a été convenu que le bailleur

(**356**-1) Le Journal de l'Enregistrement (3598), distingue entre ces deux hypothèses et soutient que dans la seconde le droit proportionnel n'est pas exigible. V. *Contra*, M. Garnier, n. 1855.

(**356**-2) M. Bastiné, *Théorie du Droit fiscal*, n. 408.

pourra résoudre la location en venant lui-même habiter la maison louée (art. 1761, C. N.), bien que l'exécution de la condition résolutoire soit au pouvoir de l'une des parties contractantes, la résolution est nécessaire par rapport au preneur ; elle s'opère sans convention nouvelle; le droit proportionnel de rétrocession n'est pas exigible.

A plus forte raison en sera-t-il ainsi dans tous les cas où l'accomplissement de la condition résolutoire dépend du hasard ou de la volonté d'une personne étrangère au contrat, par exemple, « s'il a été convenu, lors du bail, » qu'en cas de vente, l'acquéreur pourrait expulser le » preneur » (art. 1744, C. N.).

357. Pour conclure sur les rétrocessions de baux, rappelons que le droit de rétrocession de bail, comme le droit originaire de bail, ne peut être perçu que moyennant la preuve de l'existence d'un acte de rétrocession (*suprà*, n. 98); car les transmissions de jouissance ne sont pas assujetties à un *droit de mutation* proprement dit. Ce point est constant en pratique depuis l'arrêt de cassation du 17 juin 1811 (Dall. 120).

Par le même motif aucun droit n'est encouru à raison des *tacites reconductions* (art. 1738, 1776, C. N.).

358. Le bail à ferme a quelques points de rencontre avec la vente des fruits sur pied d'un immeuble. Par l'effet de ces deux conventions les fruits de l'immeuble sont acquis à un autre qu'au propriétaire du fonds. Malgré cette similitude dans les résultats, ces deux conventions diffèrent par leur nature :

Le bail attribue au fermier un droit de jouissance sur le fonds lui-même; les fruits qu'il en tire sont le produit de son industrie propre.

La vente des fruits sur pied ne confère à l'acheteur aucun droit sur le fonds ; les fruits qu'il acquiert sont le produit du travail d'autrui.

Voilà la différence radicale. Il s'ensuit plusieurs autres :

Il est conforme à la nature du bail d'être fait pour « le » temps qui est nécessaire, afin que le preneur recueille » *tous les fruits* de l'héritage affermé » (art. 1774, C. N.). En règle générale, ce temps est d'une année tout au moins (art. 1774, C. N.). Le prix du bail est payable à des termes périodiques. La perte des fruits, arrivée par cas fortuit, est supportée par le bailleur.

Ordinairement, au contraire, la vente des fruits intervient peu avant la maturité. Elle ne comprend qu'une partie des produits du fonds. Le prix est payable en un seul terme. Les cas fortuits sont supportés par l'acheteur.

Mais des clauses accidentelles peuvent rapprocher ces conventions l'une de l'autre.

Il ne répugne pas à l'essence du bail qu'on attribue au fermier des fruits déjà mûrs ; — que le bailleur se réserve une partie des produits du fonds ; — que le bail soit fait pour moins d'une année ; — que, s'il est fait pour plus d'une année, le prix consiste dans une somme unique « les » parties pouvant par un contrat de louage ramasser en » une somme et en un seul prix le prix de chacune des » années de bail (1) ; » que le fermier soit chargé des cas fortuits même extraordinaires (art. 1773, Code Napoléon), etc., etc.

Comme aussi, à l'inverse, la vente de certains produits, des bois par exemple, peut être faite plusieurs années à l'avance ; la vente peut comprendre tous les produits du

(**358**-1) Pothier, cité par C. R. 3047.

fonds ; le prix peut être payable par annuités ; le vendeur peut être chargé des cas fortuits, etc., etc.

On ne peut donc poser aucun diagnostic absolu entre ces deux conventions, et dans les nombreuses décisions des Tribunaux en cette matière, il ne faut pas chercher des règles de droit, mais seulement des exemples de logique judiciaire (2).

Sur ce terrain, je n'hésite pas à reconnaître que le tarif du bail étant le moins élevé et, par suite, les parties ayant intérêt à dissimuler une vente de fruits sous l'apparence d'un bail à ferme, la transposition faite au bail, sous forme de clauses *accidentelles*, des principaux effets *naturels* à la vente, est une présomption grave, d'où les Tribunaux doivent souvent induire la preuve de cette simulation.

359. Mais la Cour de Cassation va plus loin en ce qui concerne les mines, minières, carrières et tourbières. Elle décide, d'une manière générale, que toute amodiation de ces espèces de biens est une vente des produits, non un bail du fonds, et cela par ce motif : que l'extraction d'une quantité de tourbe, de pierre ou de minerai, qui ne peut plus se reproduire, en diminue la masse et doit, après un temps plus ou moins long, l'anéantir entièrement (1).

C'est dans une série d'arrêts de *Cassation* que la Cour établit ce principe ; elle y voit donc une règle de droit et non une question dépendant de l'appréciation des circonstances.

(**358**-2) V. notamment Lyon, 20 janvier 1855 (*Rép. pér.* 396).

(**359**-1) Cassat. 17 janvier 1844 (Dall. 2878). — Joignez Cassat. 26 janvier 1847 (*Rép. gén.* 1876-3). — Cassat. 6 mars 1855 (*Rép. pér.* 355). — V. en sens contraire M. Troplong, *Louage*, n. 93, et le Mémoire de M. Lebon (*Revue critique*, tome 6, page 432), avec les observations de M. Nicias Gaillard.

360. Un développement important de jurisprudence s'est également produit à propos des constructions élevées par le preneur sur le sol loué, en vertu des clauses du bail. Mais là, tout au contraire, le règlement de la situation dépend de l'appréciation des conventions des parties; la jurisprudence des arrêts ne peut être ramenée à un principe unique (*suprà*, n. 278).

Il semble pourtant qu'on peut en faire ressortir la distinction suivante : le preneur est-il obligé, ou seulement autorisé à construire ?

(1) S'il est obligé à construire, avec stipulation que le bâtiment, à la fin du bail, demeurera *sans indemnité* au bailleur, concluez-en que le bailleur est dès à présent propriétaire du bâtiment. Comme l'obligation du preneur constitue une charge à ajouter au prix du bail (art. 15, n. 1), percevez 0,20 p. 100 sur l'évaluation de cette charge (1). Si le preneur, pendant la durée du bail, cède ou rétrocède son droit sur le bâtiment, comme ce droit consiste purement en jouissance, ne percevez toujours que ce même droit de 0,20 p. 100. A fin de bail, nul droit proportionnel; le bailleur entre en jouissance *jure suo* des bâtiments élevés par le preneur.

2) Si le preneur est seulement autorisé à construire, à ses risques et périls, avec stipulation que le prix sera réglé par experts à la fin du bail, suivant la valeur du bâtiment à cette époque; la faculté qu'a le preneur de bâtir n'est point une charge de sa jouissance, n'ajoutez donc rien au prix du bail pour la liquidation du droit proportionnel de 0,20 p. 100. Mais considérez le preneur comme étant *interim* propriétaire de ce bâtiment. Donc, si le preneur, pendant la durée du bail, transmet le bâti-

(**360**-1) Même si l'obligation de construire est principale et non plus seulement une *disposition dépendante* du bail du fonds (v. art. 11, L. fr.), il y a lieu de percevoir le droit de marché pour construction (1 p. 100). — V. en ce sens, Seine, 4 juin 1856 (Contr. 10976).

ment, incontestablement il y a vente immobilière,— 5,50 p. 100. Même à la fin du bail, quand le bailleur prend possession des bâtiments, percevez encore 5,50 p. 100 sur le montant du prix réglé par les experts. Le bailleur n'entre pas ici *jure suo* ; il ne peut invoquer la *prévalence* du sol (*suprà*, n. 278), puisqu'il a consenti l'établissement d'une propriété superficiaire. Il acquiert à titre nouveau, moyennant un prix, une chose immeuble par nature ; donc il y a vente immobilière.

Au surplus, la matière comporte beaucoup d'autres distinctions qu'il n'entre pas dans mon plan d'aborder (2).

361. Le bail à domaine congéable présente une situation analogue, puisque, dans cette espèce de tenure, la propriété des *édifices et superfices* est distincte de la propriété du sol. La matière est réglée au point de vue du Droit civil par la Loi des 30 mai et 6 août 1791. Cette Loi, un instant abrogée, puis remise en vigueur, est spéciale pour les trois départements du Finistère, du Morbihan et des Côtes-du-Nord. L'Assemblée constituante, en abolissant la féodalité, a voulu ménager les usages de l'antique province de Bretagne.

La spécialité du sujet le fait sortir du cadre de mon travail (1).

362. Il me reste à parler de l'emphytéose, c'est-à-dire d'un bail à longues années, auquel la jurisprudence

(**360**-2) V. notamment *Cassat.* 5 janvier 1848 (Dall. périod. 48. 1. 57), et *Civ.-rej.* 2 juillet 1851 (I. G. 1900, § 2, et Dall. périod. 51. 1. 185). — Comparez les documents cités par C. R. 3177 et supplément 367, — Dall. 2872. — Garnier, *Rép. gén.* 3685 et suiv., *Rép. pér.* 111.

(**361**-1) V. au surplus, M. Duvergier, *Louage*, 218. — C. R. 1498, 3546. — M. Garnier, 2041 et s.

des arrêts attribue un caractère et des effets particuliers.

L'emphytéose était jadis perpétuelle ou temporaire ; mais depuis la Loi précitée du 29 décembre 1790, l'emphytéose perpétuelle, assimilée au bail à rente, est devenue un titre de propriété pour le preneur. Appliquez donc à l'emphytéose perpétuelle ce que nous avons dit ci-dessus (n. 349) des baux perpétuels, incontestablement translatifs de propriété. Sur ce point nulle difficulté. Quant à l'emphytéose temporaire, elle a été maintenue par la même Loi, et sa durée a été expressément fixée au maximum de quatre-vingt-dix-neuf ans. Mais il règne une grave controverse sur la nature et les effets civils de ce contrat et, par suite, sur la perception de l'impôt qui lui est afférent. Le point fondamental de cette controverse est de savoir si le contrat d'emphytéose est un pur louage, translatif d'une simple jouissance ; ou au contraire s'il participe plutôt du contrat de vente, et transfère au preneur sur la chose baillée un droit réel, immobilier, susceptible d'hypothèque.

La jurisprudence de la Cour de Cassation paraît définitivement fixée dans ce dernier sens (1). Des arguments graves se tirent en sens contraire de l'esprit général du Code Napoléon et notamment de l'art. 2118 de ce Code ainsi conçu : « Sont *seuls* susceptibles d'hypothèques : » — 1° les biens immobiliers qui sont dans le commerce » et leurs accessoires, réputés immeubles ; — 2° l'usufruit des mêmes biens et accessoires pendant le temps » de sa durée. » Mais le droit emphytéotique, disent les uns, est une propriété temporaire du fonds, ou c'est,

(**362**-1) V. notamment Cassat. 26 juillet 1853 (I. G. 1982, § 1) et *Civ.-rej.* 17 novembre 1852 (I. G. 1986, § 7). La doctrine contraire est fortement soutenue par M. Valette, *Traité des priviléges et hypothèques*, page 491 ; par M. Demolombe, tome 9, n. 491 ; par M. Pont, *Revue critique*, tome 4, page 18.

disent les autres, un usufruit transmissible pendant toute sa durée aux héritiers du preneur (2); dans l'un, comme dans l'autre cas, c'est un bien susceptible d'hypothèques. Prenant ce point pour accordé, on en déduit, en Droit fiscal, que toute transmission du droit emphytéotique est passible du droit de 5,50 p. 100 (art. 69, § 7, n. 1, L. fr., art. 54, L. 1816).

Mais sur quel pied se fera la liquidation? C'est ici qu'il faut prendre parti dans cette controverse subsidiaire. Si c'est propriété, il faut former le capital (outre les deniers d'entrée et autres charges) par vingt fois la redevance annuelle; si c'est usufruit, par dix fois (argument de l'art. 15, n. 2 et 3). Je crois que la multiplication par dix doit être admise, car la durée temporaire est contre la nature du droit de propriété, et convient tout au contraire à l'essence de l'usufruit. On évite ainsi l'iniquité choquante de frapper l'emphytéose temporaire du même impôt que le bail à rente perpétuelle, et l'on met la perception d'accord avec ce qui est réglé par la Loi pour le bail à vie (*suprà*, n. 350). Ce bail peut être fait pour trois générations successives, et, même dans ce cas, la multiplication par dix est applicable (art. 15, n. 3). Or, trois générations, c'est en moyenne quatre-vingt-dix-neuf ans, tel est du moins le calcul du Législateur de 1790, qui, en limitant l'emphytéose temporaire à quatre-vingt-dix-neuf ans, a permis en même temps le bail à vie sur plusieurs têtes, « pourvu qu'elles n'excèdent pas » le nombre de trois » (*suprà*, n. 349).

De tout ce qui précède il résulte que la distinction entre l'emphytéose et le louage pur, a, d'après la jurisprudence, un grand intérêt pour la perception. Mais où trouver le diagnostic de ces deux contrats? C'est ce qu'il

(**362**-2) V. en ce dernier sens A. M. Demante, Cours analytique de Code civil, tome 2, n. 378, IV.

n'est point aisé de faire. « Dans son origine, dit Guyot (3),
» le bail emphytéotique, qui ordinairement est à quatre-
» vingt-dix-neuf ans, étoit un bail d'héritages à défri-
» cher; ce mot signifie améliorer. A présent on a bien
» conservé le terme; mais il se fait aussi bien d'hérita-
» ges en valeur que d'autres. »

Dans le dernier état de la jurisprudence ancienne, la considération de la durée était devenue déterminante pour le classement des baux, et quelques-uns appelaient bail emphytéotique tout bail *à longues années*, c'est-à-dire excédant neuf ans (*suprà*, n. 346). C'est en ce sens que cette dénomination est encore employée dans une Loi du 8 novembre 1814 (art. 15), sur la liste civile du roi Louis XVIII (4).

Aujourd'hui cette considération de la durée ne peut plus être pour la perception la division fondamentale (*suprà*, n. 347). Incontestablement un bail peut être fort long, s'étendre même jusqu'à quatre-vingt-dix-neuf ans, sans constituer par cela seul une emphytéose. Donc, pour discerner l'emphytéose du louage, il faut recourir à l'analyse du droit conféré au preneur. Si la faculté d'hypothéquer lui a été expressément reconnue, là est le *criterium* le plus net. Dans l'état actuel de la jurisprudence civile, l'emploi du mot *emphytéose* ou *bail emphytéotique* doit faire présumer cette faculté. Si l'acte n'est pas qualifié d'emphytéose, et s'il est muet sur la faculté d'hypothéquer, voyez le plus ou moins d'indépendance qu'a le preneur dans l'exploitation du fonds, les changements et améliorations qu'il peut y apporter, l'étendue de ses risques. De l'ensemble des clauses du bail sur ces points, combinées avec la longue durée de la jouissance, on peut induire l'existence d'un bail emphytéotique.

(**362**-3) Institutes féodales, chap. 6, n. 16.
(**362**-4) V. M. Valette, *loc. cit.*, page 198.

Ce travail est fort délicat et prête beaucoup à l'arbitraire (5). Mais ne vous étonnez pas de ces difficultés; toute cette théorie est étrangère aux prévisions de la Loi de frimaire. Si les auteurs de cette Loi ont omis de statuer expressément sur l'emphytéose, ce ne peut être par oubli : outre que ce contrat est célèbre dans l'histoire de la jurisprudence, la Loi du **11** brumaire an **7** *sur le régime hypothécaire*, promulguée six semaines avant la Loi sur l'enregistrement, en faisait une mention expresse (6). Si la Loi de frimaire est muette sur ce même contrat, c'est qu'elle le fait rentrer dans la catégorie générale des baux; d'où il suit que l'emphytéose temporaire est purement un bail à durée limitée. Ce système est résumé avec énergie dans une circulaire de la Régie du **16** messidor an **7**; il a été longtemps suivi par l'Administration (7); mais aujourd'hui, malgré la protestation de la doctrine, il paraît définitivement abandonné par la Cour de Cassation.

Premier chef d'exigibilité du droit proportionnel (suite). — Complément du traité du louage. — 1. Du louage d'ouvrage.

(**362**-5) V. *Rép. gén.* 1991. — Seine, 31 août 1855 (*Rép. pér.* 555) — Seine, 21 février 1857 (Contr. 10977).

(**362**-6) V. l'art. 6 de cette Loi du 11 brumaire an 7, et M. Valette, *loc. cit.* page 192.

(**362**-7) Voyez Délib. 24 mai 1833, et 21 janvier 1834, mentionnées par Dall. 3028.

270. Des cessions de marchés. — Du résiliement après les vingt-quatre heures.

363. *Textes détachés.* Art. 69, § 3, n. 1. *Un franc par cent francs* : « Les adjudications au rabais et marchés... pour constructions, réparations et entretien, et » tous autres objets mobiliers susceptibles d'estimation, » faits entre particuliers, qui ne contiendront ni vente » ni promesse de livrer des marchandises, denrées ou » autres objets mobiliers. »

Aux termes de l'art. 14, n. 1, le droit proportionnel est liquidé : « Pour les marchés et traités, *par le prix » exprimé ou l'évaluation qui sera faite des objets qui en » seront susceptibles.* »

Art. 68, § 1, n. 29. *Droit fixe* (porté à deux francs, L. 18 mai 1850, art. 8) : « Les devis d'ouvrages et entreprises qui ne contiennent aucune obligation de somme » et valeur, ni quittance. »

364. Bien que le louage d'ouvrage soit étranger à l'idée de transmission de jouissance, je suis amené à en traiter ici comme complément de la matière du louage.

Suivant la définition du Code Napoléon (art. 1710) : « Le louage d'ouvrage est un contrat par lequel l'une » des parties s'engage à faire quelque chose pour l'autre, » moyennant un prix convenu entre elles. » D'après la classification du même Code (art. 1779) : « Il y a trois » espèces principales de louage d'ouvrage et d'industrie : » — 1° Le louage des gens de travail (domestiques et » ouvriers) qui s'engagent au service de quelqu'un ; » — 2° celui des voituriers, tant par terre que par eau, » qui se chargent du transport des personnes ou des » marchandises ; — 3° celui des entrepreneurs d'ouvrage » par suite de devis ou marchés. »

365. Laissons pour le moment le louage des voituriers, qui se complique de règles particulières, et concentrons notre examen sur la comparaison du louage de services et du marché. Ces deux conventions diffèrent l'une de l'autre en ce que l'objet de la première est le travail lui-même, tandis que l'objet de la seconde est le résultat du travail. Dans le louage de services, le domestique, l'ouvrier, le salarié, quel qu'il soit, est sous la dépendance de celui qui l'emploie. Dans le marché, l'entrepreneur exécute librement, à ses risques et périls, la chose déterminée qu'il doit confectionner. Ainsi, la distinction des deux conventions correspond à la différence que met le langage usuel entre l'ouvrier et l'entrepreneur.

Cette distinction est rationnelle; elle est appuyée sur des textes du Droit romain (1) et, par conséquent, elle n'est pas étrangère à notre Droit civil ancien. Les anciens jurisconsultes français ont surtout développé la matière en ce qui concerne le louage des entrepreneurs; c'est cette convention qu'ils nomment *marché* (2), et rien n'autorise à penser que la Loi fiscale ait pris ce mot dans une acception plus étendue.

Quant au louage de services, la Loi fiscale est muette, et ce silence a donné lieu à une controverse. Longtemps on a reconnu d'une manière à peu près unanime la distinction des deux conventions, d'où il résultait que le tarif du marché ne pouvait être étendu au louage de services. Mais on a beaucoup varié sur le droit applicable à ce dernier contrat. Suivant les uns, il encourt le droit fixe comme contrat innommé; suivant les autres, il faut lui appliquer le tarif ordinaire des baux à ferme

(**365**-1) V. notamment la Loi 5, § 2, au Digeste, *de verborum significatione* (50.16).

(**365**-2) Comparez Domat, liv. 1, tit. 4, sect. 7 et 8. — Pothier, *Louage*, 7e partie. — Denizart, vo *Marché*.

ou à loyer. D'autres soutiennent qu'il doit être tarifé suivant les circonstances comme acte obligatoire (1 p. 100) ou libératoire (0,50 p. 100) en vertu des dispositions générales de la loi sur les obligations et libérations de sommes et valeurs, et cette opinion me paraît, en définitive, la plus plausible (comparez art. 69, § 2, n. 7, et *infrà*, n. 371) (3).

Enfin, d'après une opinion radicale, il faut faire rentrer dans la catégorie des marchés toute espèce de louage d'ouvrage, et percevoir ainsi dans tous les cas le droit de 1 p. 100 (4). Ce système coupe court à des appréciations souvent fort délicates, mais il me paraît étendre la signification usuelle et la définition juridique du *marché*.

366. Voici une autre controverse, fort célèbre en doctrine :

Suivant une opinion généralement admise par les anciens jurisconsultes, le louage d'ouvrage comprend seulement les travaux manuels et non ceux où, comme dit Merlin (1), « l'esprit a la principale part. » L'exécution d'un travail intellectuel suppose une liberté pleine, une indépendance absolue ; elle ne comporte ni la subordination du salarié, ni la stricte observance de la loi contractuelle qui lie l'entrepreneur à prix fait. Le prêtre, l'avocat, le précepteur, le médecin, l'homme de lettres ou l'artiste peut bien accepter une rémunération pour son travail ; mais dans l'exécution de ce travail, il ne relève que de Dieu, de sa conscience, de son génie. Le

(**365**-3) Comp. C. R. 1477 et Dall. 1992 et s.

(**365**-4) M. Garnier a pris l'initiative de cette opinion, qui a été consacrée depuis par plusieurs décisions judiciaires. V. *Rép. pér.* 134, 195, 197, 305, 351, 699.

(**366**-1) Répertoire, v° *Notaire*, § 6, n. 4.

contrat qui a pour objet un tel travail, dit-on, n'est pas un louage, mais un mandat.

Le Code Napoléon a consacré indirectement cette théorie : « Le mandat est gratuit, dit l'art. 1986, *s'il n'y » a convention contraire.* » Donc, cette convention contraire, la stipulation d'une rémunération, d'un *honoraire*, ne dénature pas le contrat de mandat et ne le transforme pas nécessairement en louage. Quelques-uns en concluent, en Droit fiscal, que le mandat, même non gratuit, reste toujours soumis au droit fixe (2). La pratique est établie en sens contraire. Toute prestation d'un travail moyennant un prix est considérée comme louage d'ouvrage, et si le contrat a le caractère d'une *entreprise*, malgré la nature scientifique ou littéraire de l'œuvre, on lui applique le tarif du marché. En cela, l'Administration suit les traditions de la jurisprudence du contrôle.

Voici à ce propos l'énonciation laconique de Bosquet (v° marchés) : « Décision du 22 septembre 1729, au sujet » d'une convention faite avec un prêtre, pour faire, pendant quatre ans, des fonctions de son ministère dans » une église, moyennant une rétribution annuelle. » Décidé que le droit de contrôle est dû sur le pied de » l'art. 61 du Tarif (3). » Cette décision du Conseil des finances inspire à M. Troplong une véhémente apostrophe : « J'admire vraiment MM. les financiers, » dit-il (parlant des financiers de l'ancien régime), « qui croient que le » pain des hommes paie et compense le pain de la parole » de Dieu ! Comment ! Au-delà de cette misérable » aumône que le prêtre s'assure pour ses besoins, leur » cœur desséché n'aperçoit pas tout ce qu'il y a d'ines-

(**366**-2) C. R. 1479, 1487. — Comparez M. Duvergier, *Louage,* tome 2, n. 269, et M. Troplong, *ibid.* n. 791 et suiv.

(**366**-3) Cet article 61 du Tarif de 1722 traite des « Marchés entre parti- » culiers, pour quelque cause que ce soit. »

» timable dans la mission religieuse qu'il vient accom-
» plir à force d'abnégation, de charité, de dévouement.
» Et depuis quand le sacerdoce a-t-il cessé d'être une
» fonction gratuite, quoique des honoraires ou des obla-
» tions soient attribuées à ses pénibles et saintes fonc-
» tions? Le prêtre vit de l'autel, a dit saint Paul; mais
» il vit encore plus de foi et de charité (4). » Admettons toutefois, comme il est vraisemblable, que cet arrêt ait fixé l'ancienne jurisprudence : s'ensuit-il que le Législateur moderne se soit inspiré du même esprit dans toutes les questions analogues? On en peut douter. Le Conseil faisait application de l'art. 61 du Tarif de 1722, parlant des marchés entre particuliers, *pour quelque cause que ce soit*. Les Lois modernes s'expriment différemment. La Loi du 19 décembre 1790 tarife « les marchés compo-
» sés de sommes déterminées et d'objets mobiliers dési-
» gnés et susceptibles d'évaluation. » La Loi de frimaire après avoir énuméré, par forme d'exemple, « les marchés
» pour constructions, réparations et entretien, » ajoute: « et tous autres objets mobiliers susceptibles d'estima-
» tion. » Il semble que les auteurs de ces Lois statuent ainsi par réaction contre la jurisprudence antérieure, et n'entendent comprendre dans le tarif que les marchés ayant pour objet un travail mécanique. Les idées dominantes à cette époque, le prestige de la philosophie et de tous les travaux intellectuels, rendent cette opinion vraisemblable. Mais la pratique a négligé ces nuances, et malgré l'énergique protestation de M. Troplong, la jurisprudence du contrôle domine encore l'interprétation de nos Lois fiscales.

367. De telles considérations sont étrangères au louage des voituriers et rationnellement on ne voit pas

(**366**-4) M. Troplong, *du Mandat*, n. 220.

pourquoi l'entreprise de transport ne subirait pas, comme toute autre, le tarif du marché. Mais ce genre d'entreprise subit sous d'autres formes un impôt qui est du ressort de la Régie des Contributions indirectes et qui même, à l'origine, était perçu par la Régie de l'Enregistrement (1). Aussi les Lois fiscales n'ont traité expressément de ce genre de louage que pour l'assujettir au droit fixe. La Loi de frimaire (art. 68, § 1, n. 20) frappait du droit fixe d'un franc : « Les connaissements ou reconnais- » sances de chargement par mer, et les lettres de voi- ture. » La Loi de 1816 (art. 44, n. 6) a porté le droit fixe à trois francs pour « les connaissements ou reconnais- » sances de chargement par mer. » Quant aux lettres de voiture, le droit se trouve aujourd'hui porté à deux francs par la disposition générale de la Loi du 18 mai 1850 (art. 8).

La lettre de voiture et le connaissement contiennent essentiellement stipulation de sommes (art. 102 et 281 C. Com.); ainsi le Législateur, en soumettant ces actes au droit fixe, a dérogé aux règles générales, par faveur pour les entreprises de transport. Mais faut-il aller plus loin, et décider que toute convention relative à une entreprise de transport échappe au droit proportionnel? Oui, disent MM. Championnière et Rigaud (n. 1470). Non, dit la Cour de Cassation, qui déclare applicable le droit de marché (2).

368. Reprenons maintenant en détail le texte précité de l'art. 69, § 3, n. 1.

1° Les *adjudications au rabais* et marchés, dit la Loi... « L'adjudication au rabais n'est pas une espèce distincte » de contrat; ce n'est qu'une forme particulière du mar- » ché (C. R. 1461). » Il est donc inutile d'y insister.

(**367**-1) V. la Loi du 9 vendémiaire an 6, titres 7 et 8.

(**367**-2) Cassat. 31 juillet 1854 et 6 février 1855 (I. G. 2033, § 6).

2° Marchés *entre particuliers*..., par opposition aux marchés, intéressant l'Etat et les autres personnes publiques, communément désignés sous le nom de *marchés administratifs*. Je parlerai de ces derniers dans le commentaire de l'art. 70, conformément au plan annoncé ci-dessus (n. 18).

369. 3° Marchés *qui ne contiendront ni vente ni promesse de livrer des marchandises*, etc.; autrement le droit proportionnel serait de 2 p. 100 (*suprà*, 261). La Loi suit une distinction anciennement usitée. Dénizart définit le marché : « Une convention par laquelle quelqu'un s'en- » gage à *quelque entreprise* ou *fourniture*. » Le marché pour fourniture, c'est le *marché-vente*; le marché pour entreprise, c'est le *marché-louage*. L'impôt est plus élevé pour le négoce que pour l'industrie.

La distinction est simple dans son principe ; mais la situation se complique lorsque l'entrepreneur est tenu de faire certaines fournitures. Il faut apprécier alors suivant les circonstances ce qui prévaut de la vente ou du louage. Exemple : si je commande un habit dont je fournis l'étoffe, le tailleur fournissant les boutons et la doublure, la convention est un marché-louage. Dans l'hypothèse inverse, il y aurait marché-vente. — Dans un marché pour construction sur mon sol, l'entrepreneur doit fournir tous les matériaux ; il faut dire avec Domat (livre 1, titre 4, sect. 7, n. 4) : « Si un architecte qui entreprend » un bâtiment se charge de fournir les matériaux, ce » sera un louage et non une vente, quoiqu'il semble » vendre ses matériaux ; car outre que sa principale » obligation est de donner sa conduite pour le bâtiment, » il ne vend pas le fonds dont le bâtiment n'est qu'un » accessoire. »

370. La Loi n'a pas tarifé les cessions de marchés

Comme cette opération me paraît constituer un nouveau marché entre le cédant et le cessionnaire, je ne vois nulle difficulté à percevoir sur elle le droit de marché.

Mais ne considérez pas comme rétrocession le résiliement d'un marché. Peu importe que le résiliement ici intervienne après les vingt-quatre heures de grâce (v. art. 68, § 1, n. 20).

La disposition de la Loi sur le résiliement dans les vingt-quatre heures est clairement expliquée par ses origines historiques ; elle ne concerne que les conventions translatives de propriété ou de jouissance (*suprà*, n. 150 et 353). Or « la résolution d'un marché n'a rien de » translatif et n'est point un nouveau marché ; elle ne » transmet rien, puisque le maître ne se dépouille d'au- » cune propriété; elle n'est pas un nouveau marché, car » personne ne s'y oblige à construire, ni à faire quelque » chose pour un autre (1). » Le résiliement pur et simple d'un marché n'a donc pas besoin d'être exempté du droit proportionnel, puisqu'il ne l'encourt à aucun titre. Que s'il a lieu moyennant finances, percevez le droit d'*indemnité* (art. 69, § 2, n. 8).

Premier chef d'exigibilité du droit proportionnel (suite). — Complément du traité du louage. — 2. Du contrat d'apprentissage; — Des baux ou conventions pour nourriture de personnes ; — Des baux de pâturage et nourriture d'animaux, des baux à cheptel ou reconnaissance de bestiaux.

§ 1.

Du contrat d'apprentissage.

371. Loi du 22 février 1851, dérogeant à la Loi de frimaire. — Observation sur la disposition abrogée de l'art. 69, § 2, n. 7.

371. « Le contrat d'apprentissage, dit la Loi du 22

(**370**-1) MM. Championnière et Rigaud (n. 1494). — Ils citent en sens contraire une délibération du 31 décembre 1833.

» février 1851, est celui par lequel un fabricant, un chef » d'atelier ou un ouvrier s'oblige à enseigner la pratique » de sa profession à une autre personne, qui s'oblige, en » retour, à travailler pour lui. »

Aux termes de l'article 2 de la même Loi, l'acte instrumentaire de ce contrat « est soumis pour l'enregis- » trement au droit fixe d'un franc, *lors même qu'il* » *contiendait des obligations de sommes ou valeurs, ou des* » *quittances.* » Cet article abroge les dispositions contraires de la Loi de frimaire, qui soumettait au droit fixe d'un franc « les brevets d'apprentissage qui ne contien- » nent ni obligations de sommes et valeurs mobilières, » ni quittances (art. 68, § 1, n. 14); » et soumettait les mêmes actes au droit proportionnel de 0,50 p. 100, lorsqu'ils contenaient « stipulation de sommes ou valeurs » mobilières, *payées ou non* (art. 69, § 2, n. 7). »

Quoique abrogées, ces dispositions méritent encore notre attention au point de vue de l'application des principes. La Loi de frimaire ne distiguait pas le cas où les sommes stipulées étaient, ou non, payées comptant. En général, cette distinction est fort importante, parce que le droit d'obligation est de 1 p. 100, et le droit de libération de 0,50 p. 100. Or, on ne peut prendre le droit d'obligation, mais seulement le droit de libération, sur l'acte qui mentionne l'obligation pour en constater *in continenti* l'extinction. Telle est la règle générale. Mais ici, l'obligation elle-même n'étant frappée que du droit de 0,50 p. 100, la distinction n'offrait plus d'intérêt.

§ 2.

Des baux ou conventions pour nourriture de personnes.

372. Textes détachés.
373. Définition de ces conventions. — En quoi elles diffèrent des pensions alimentaires.

372. *Textes détachés.* Loi du 16 juin 1824, art. 1 : « ... Les baux ou conventions pour nourriture de per- » sonne, *lorsque la durée sera limitée*, ne seront désormais » soumis qu'au droit de *vingt centimes par cent francs*, » sur le prix annulé de toutes les années. — Le droit de » cautionnement de ces baux sera de moitié de celui » fixé par le présent article. »

Loi de frimaire, art. 69, § 2, n. 5 : « ... *Si la durée* » *est illimitée*, l'acte sera assujetti au droit réglé par le » paragraphe 5, nombre 2, ci-après, » (c'est-à-dire *deux francs par cent francs*).

373. Les baux ou conventions pour nourriture de personnes ne sont expressément définis par aucun texte de Loi. Du nom de cette opération et de l'économie générale des Lois fiscales en ce qui la concerne, on peut induire que c'est un contrat par lequel une personne s'oblige à fournir à une autre, moyennant un prix, les aliments en nature, — tout préparés pour la consommation, — jusqu'à concurrence des besoins du preneur. — En ces deux derniers points le bail de nourriture diffère de la pension, même de la pension payable en nature (v. art. 14, n. 9), laquelle consiste en certaines prestations *déterminées* de denrées alimentaires, *non préparées*.

374. La pratique ne l'entend pas ainsi. En certaines circonstances, elle voit une convention pour nourriture de personnes dans la constitution d'une pension alimentaire, même payable en argent (1). C'est violer la Loi qui soumet les pensions, sans distinction aucune, au même tarif que les rentes viagères. « La pension, disent » MM. Championnière et Rigaud (2), est une sorte de » rente viagère, dont la destination principale est la » nourriture et l'entretien du créancier. — La pension » diffère de la rente viagère en ce que le revenu de » celle-ci n'a point de destination particulière. » Toute pension a donc un caractère alimentaire, et, si la pratique était conséquente, elle réduirait à rien les dispositions de la Loi relatives aux pensions. Mais la rigueur logique n'est pas ce qu'il faut chercher en ces matières. La formation de la jurisprudence sur ce point, nous le verrons tout-à-l'heure, est le *nec plus ultrà* de l'arbitraire.

375. Comme pour le louage des choses, la Loi fiscale établit une distinction fondamentale entre les baux de nourriture, suivant qu'ils sont à durée limitée ou à durée illimitée (*suprà*, n. 372). Mai la Loi ne distingue pas ici les baux à vie des baux à durée illimitée, par la raison bien simple que la vie du créancier d'aliments est le maximum de la durée du bail. N'hésitez donc pas, pour la liquidation, à appliquer à tout bail à durée illimitée le multiplicateur *dix* et non le multiplicateur *vingt* (Combinez art. 14, n. 9; art. 15, n. 3) (1).

376. Parmi les baux de nourriture d'une durée limi-

(**374**-1) V. les documents cités par M. Garnier, *Rép. gén.* 1485 et s. et *Rép. per.* 591.

(**374**-2) Dictionnaire, v° *Pension*, n. 5 et 6.

(**375**-1) L'assertion contraire de M. Dalloz (2013) me paraît insoutenable. La seule difficulté sur ce point consiste en ce qu'aucun texte ne règle la liquidation du droit proportionnel pour les baux de nourriture à durée illimitée, et que les art. 14, n. 9 et 15, n. 3, sont applicables seulement par analogie. Voyez C. R. 3543.

tée, la Loi de frimaire faisait une sous-distinction. Après avoir soumis ces baux au droit de 0,50 p. 100, la Loi ajoutait (art. 69, § 2, n. 5) : « S'il s'agit de baux de » nourriture de mineurs, il ne sera perçu qu'un demi-» droit *ou* 25 *centimes par* 100 *francs*, sur le montant » des années réunies. » La Loi de 1824, en abaissant le droit d'une manière générale à 0,20 p. 100, n'a fait aucune précision quant aux baux de nourriture de mineurs; il en résulte que ces baux sont aujourd'hui compris dans la règle générale et subissent le droit de 0,20 p. 100 (1).

Remarquons seulement que les baux de cette espèce sont essentiellement limités, puisqu'ils ont pour terme extrême l'époque de la majorité du créancier d'aliments.

377. Lorsque les enfants règlent à l'amiable les aliments qu'ils doivent à leurs ascendants, la convention encourt-elle un droit proportionnel ? On en peut douter : d'une part, l'acte n'est pas une donation, puisque les enfants sont obligés civilement à fournir les aliments (art. 205 C. N.); d'autre part, le titre de l'obligation étant dans la Loi elle-même, la convention intervient seulement pour liquider le montant de cette obligation légale, or les actes de liquidation amiable n'encourent aucun droit proportionnel (*suprà*, n. 23).

Cette opinion, à l'origine, était suivie par quelques préposés, qui voyaient dans les actes en question le *complément* d'une obligation antérieure (V. art. 68, § 1, n. 6). Mais deux autres opinions s'étaient formées au sein de l'Administration : les uns, vu l'absence de prix, percevaient le droit de donation; les autres, considérant l'acte comme à titre onéreux, percevaient le droit

(**376**-1) En ce sens, Sol. 20 septembre 1833 (J. E. 7314. — G. 1485-1).

2 p. 100, applicable également aux constitutions de pension et aux baux de nourriture illimités (art. 69, § 5, n. 2) (1). L'Administration supérieure trancha cette controverse par une sorte de compromis. Le Ministre des finances, à la date du 12 septembre 1809, décida « 1° que » les actes volontaires par lesquels des enfants s'obli- » gent à payer annuellement *une somme convenue*, pour » les aliments de leurs père et mère, ne doivent être as- » sujettis, *comme les baux de nourriture de mineurs*, qu'au » droit proportionnel de 25 (aujourd'hui 20) centimes » par 100 fr. sur le capital, au denier 10, de la *pension* » stipulée; 2° que des actes dans lesquels des enfants se » borneraient à déclarer qu'ils se soumettent à remplir » les obligations que leur impose le Code, en fournis- » sant des aliments à leurs ascendants, sans détermina- » tion de sommes, ne sont passibles que du droit fixe » d'un franc (aujourd'hui deux francs). »

En transmettant cette décision, l'instruction générale 450 la motive dans les propres termes qui suivent : « Le Législateur ayant cru devoir favoriser particuliè- » rement les actes tendant à pourvoir à la nourriture de » mineurs, et la vieillesse ayant quelquefois plus de » besoins que l'enfance, et ne méritant pas moins » d'égards, il est conforme à la nature des choses et à » l'intention de la Loi de ranger dans la même classe, » quant aux droits, les actes qui assurent des aliments » aux pères et mères, et ceux par lesquels on garantit » la nourriture des enfants. »

Cette étrange décision continue de recevoir une application quotidienne. On considère comme bail de nourriture toute convention tendant à assurer la subsistance des ascendants, soit par une pension en argent, soit

(377-1) J'emprunte ces détails à l'instruction générale 450 (12 septembre 1809), qui suppose toujours les aliments payables en argent, et pour une durée illimitée.

même par un abandon de jouissance immobilière, pourvu toutefois que, dans ce dernier cas, la jouissance ne constitue pas un véritable usufruit (2). Ce n'est pas tout, et voici le plus fort : comme les baux de nourriture de mineurs sont essentiellement limités et ne subissent par conséquent toujours que le seul droit de vingt centimes par cent francs, on perçoit ce même droit de vingt centimes sur les *conventions pour nourriture* d'ascendants, alors même qu'elles sont faites pour une durée illimitée (3) !

Assurément la matière est digne de la plus grande faveur, et c'est le cas, ou jamais, de relâcher quelque chose de la rigueur du Droit. Mais est-ce bien là que l'on arrive, en sauvant un cas douteux sous l'échappatoire d'une perception au rabais?

378. La jurisprudence fait une application plus rationnelle du tarif des baux de nourriture aux conventions touchant les *dots religieuses*. La personne qui entre en religion s'assure, moyennant une somme déterminée, la prestation des objets nécessaires à la vie. — C'est là, dit la Cour de Cassation, un contrat qui présente des affinités frappantes avec le contrat qualifié par la Loi du 22 frimaire an VII de bail ou convention pour nourriture de personnes, et, dès-lors, ce contrat rentre sous l'application de l'article 69, § 2, n. 5 de cette Loi, si la durée est illimitée, ou de la Loi de 1824, si la durée est limitée. Dans un acte de cette nature, ajoute la Cour, « il » est impossible de voir un apport en société qui serait » passible du droit fixe de cinq francs ; il résulte, en

(**377**-2) V. les documents cités au *Rép. gén.* 1490, et les observations de M. Garnier sur un jugement de Rambouillet, 21 décembre 1855 (*Rép. pér.* 591).

(**377**-3) V. notamment Etampes, 7 mai 1836 (C. R. 3471). — Seine, 7 février 1850 (J. Not. 13983. — G. 1489).

» effet, des dispositions de la Loi du 24 mai 1825 » qu'une communauté religieuse, légalement autorisée, » n'est pas une société civile; que c'est un corps de » main-morte, indépendant des personnes qui en font » partie; que celles-ci ne peuvent demander ni la disso- » lution de la communauté, ni le partage des biens qui » appartiennent à la congrégation, et qu'en cas d'extinc- » tion de la congrégation, elles n'ont droit à aucune » portion de ces biens, mais à une simple pension » alimentaire (1). »

Cet arrêt confirme la notion générale que nous avons prise du bail de nourriture. Seulement, pour que l'impôt soit régulièrement perçu, il faut dire franchement que la convention de dot religieuse renferme effectivement un bail de nourriture et non pas seulement qu'elle présente avec ce contrat des *affinités frappantes*. Ces précautions oratoires conviennent mal au style des arrêts.

§ 3.

Des baux de pâturage et nourriture d'animaux. — Des baux à cheptel ou reconnaissance de bestiaux.

379. Textes détachés.
380. Tous ces baux doivent, en général, être considérés comme faits pour une durée limitée.
381. Du cheptel *à moitié*. — Observation de MM. Championnière et Rigaud.

379. *Textes détachés*. — Loi du 16 juin 1824, art. 1 : « .....Les baux de pâturage et nourriture d'animaux, » les baux à cheptel ou reconnaissance de bestiaux.... » lorsque la durée sera limitée, ne seront désormais » soumis qu'au droit de vingt centimes par cent francs,

(**378**-1) Civ.-rej. 7 novembre 1855 (I. G. 2060, § 1). — Joignez Valence, 10 août 1842 (Dall. 2025) et Solution du 4 juin 1841 (I. G. 1661, § 4).

» sur le prix cumulé de toutes les années. Le droit de » cautionnement de ces baux sera de moitié de celui » fixé par le présent article. »

En ce qui concerne les baux de pâturage et nourriture d'animaux, la Loi de **1824** rend inutile l'art. 69, § 1, n. 1 de la Loi de frimaire.

Mais en ce qui concerne les baux à cheptel et reconnaissance de bestiaux, appliquez toujours l'art. 69, § 1, n. 2 : « Le droit sera perçu sur le prix exprimé dans » l'acte, ou *à défaut, d'après l'évaluation qui sera faite* » *du bétail* (1). »

380. La Loi fiscale n'a pas prévu que les baux dont il s'agit puissent être faits pour une durée illimitée. D'un autre côté, le Code Napoléon décide que : « s'il n'y a pas » de temps fixé par la convention pour la durée du » cheptel, il est censé fait pour trois ans (art. 1815, — joignez art. 1820). » A moins de convention expresse en sens contraire, cette disposition de la Loi civile doit certainement régler la perception quant aux baux à cheptel, proprement dits. Et même, dans le silence des parties, il est raisonnable de l'étendre aux baux de pâturage, qui rentrent *lato sensu* dans la catégorie des baux à cheptel (V. art. 1831 C. N.). Tous ces baux devront donc, en règle générale, être considérés comme faits pour une durée limitée.

381. Le Code Napoléon reconnaît plusieurs espèces de baux à cheptel. L'un de ces baux est qualifié *cheptel à moitié*. Suivant la définition de l'article **1818**, ce contrat « est *une société* dans laquelle chacun des contractants » fournit la moitié des bestiaux, qui demeurent com- » muns pour le profit et la perte. »

(**379**-1) Et non pas d'après la déclaration d'un revenu annuel présumé. V. Angoulême, 1er avril 1857 (*Rép. pér.* 805). Comp. G. 1947.

MM. Championnière et Rigaud font à ce propos la réflexion suivante (n. **3113**) : « Le cheptel à moitié est » appelé une société. Le Code civil l'ayant rangé dans la » catégorie des baux à cheptel, et la Loi de **1824** ne fai- » sant pas de distinction, il semble que le même tarif » doit lui être appliqué. — Cependant les animaux que » le preneur met dans la société ne peuvent pas être » l'objet d'un bail; nul ne peut se donner à soi-même » la jouissance de sa chose à titre de bail; et comme le » contrat est un, qu'il ne peut être une société à l'égard » du preneur, et un bail à l'égard du bailleur, il faut » reconnaître qu'il y a véritable société pour les deux » parties, et que le tarif du bail est inapplicable. »

Cette observation est juridique, mais il me paraît difficile de la faire prévaloir sur la lettre des Lois fiscales, qui ne font aucune distinction entre les différentes espèces de baux à cheptel.

Premier Chef d'exigibilité du droit proportionnel (suite).— 3. *Transmission de jouissance.* — 2. *Engagements d'immeubles.*

382 Textes détachés.

383. L'antichrèse est aujourd'hui la seule forme de l'engagement des immeubles. — Comparaison de l'antichrèse et du louage.

384. Pourquoi l'antichrèse ne peut se combiner avec une vente conditionnelle du fonds. — Retour sur la vente à réméré. — Juste sévérité des Tribunaux contre certaines clauses ajoutées à cette vente.

385. Règlement de la perception dans cette dernière hypothèse.

386. L'opération dont il s'agit était qualifiée jadis de *contrat pignoratif.* — Pourquoi ce contrat avait autrefois un caractère particulier et pourquoi la doctrine des feudistes sur ce point a aujourd'hui perdu toute autorité.

382. *Textes détachés.* Art. 69, § 5. n. 5. *Deux francs par cent francs* : « Les engagements de biens immeu- » bles. »

Art. 15, n. 5. « La valeur... de la jouissance des

» immeubles est déterminée... : Pour les engagements,
» *par les prix et sommes pour lesquels ils sont faits.* »

Aux termes de la Loi du 23 mars 1855 (art. 2 et 12), doivent être transcrits au bureau des hypothèques de la situation des biens, moyennant le droit fixe d'un franc, outre le salaire du conservateur :

« 1° Tout acte constitutif d'antichrèse...

» 2° Tout acte portant renonciation à *ce droit*.

» 3° Tout jugement qui en déclare l'existence en vertu » d'une convention verbale. »

V. au surplus art. 13, L. fr. (*suprà*, n. 101).

383. L'engagement des immeubles se produisait autrefois sous des formes diverses. Le Code Napoléon a ramené ces formes au type unique de l'antichrèse (v. art. 2071, 2072).

Il est de la *nature* de ce contrat : Que le créancier perçoive la totalité des revenus de l'immeuble, à charge de les imputer annuellement sur les intérêts, et ensuite sur le capital de sa créance ; — qu'il paye les contributions et toutes les charges annuelles de l'immeuble, et qu'il pourvoie à toutes les réparations d'entretien ; — qu'il conserve la jouissance indéfiniment jusqu'à l'entier acquittement de la dette ; — qu'il puisse à son gré se décharger de ses obligations, en abdiquant la jouissance (v. art. 2085 — 2091, C. N.).

Sur tous ces points, l'antichrèse diffère grandement du louage ; mais comme ces mêmes points peuvent être modifiés par des clauses *accidentelles*, il y a souvent difficulté de discerner ces deux contrats.

En effet, il ne va pas contre l'*essence* du louage : Que le preneur, étant d'ailleurs créancier du bailleur, compense le prix de la location avec les intérêts, et même avec le capital de sa créance ;— qu'il supporte les contributions et autres charges du fonds ; — que le bail cesse à la volonté du preneur, etc.

Comme aussi, il ne va pas contre l'essence de l'antichrèse : Que l'antichrésiste compense par abonnement les intérêts de sa créance avec les produits du fonds (article 2089, C. N.) ; — qu'il s'oblige personnellement à conserver la jouissance du fonds, avec tous les soucis et les risques de l'exploitation ; — qu'une partie du revenu net soit remis au propriétaire, etc.

Le seul diagnostic qui me semble pouvoir être posé, d'une manière générale est celui-ci : Dans le louage, le preneur a pour objet principal d'obtenir la jouissance du fonds. — Dans l'antichrèse, la jouissance n'est pour le créancier qu'un moyen d'assurer son payement.

Le surplus est à apprécier d'après la rédaction des actes et les circonstances des affaires.

384. Une disposition fondamentale en matière d'antichrèse, est celle de l'art. 2088, ainsi conçue : « Le » créancier ne devient pas propriétaire de l'immeuble » par le seul défaut de payement au terme convenu ; » *toute clause contraire est nulle :* en ce cas, il peut pour» suivre l'expropriation de son débiteur par les voies » légales. » Cette disposition a pour objet d'empêcher la ruine du débiteur qui, conservant la propriété actuelle de son fonds, aurait pu trop facilement consentir une vente à vil prix, affectée d'une condition suspensive. Cependant un résultat analogue se produit au moyen de la vente à réméré. La différence est que, dans ce dernier cas, la condition est résolutoire et non plus suspensive ; l'aliénation du fonds étant actuelle, la Loi pense que le vendeur averti n'entretient pas d'aussi ruineuses illusions.

Cette différence, essentielle en théorie, n'empêche pas qu'en pratique la vente à réméré ne soit un actif instrument de spoliation au détriment des petits propriétaires ruraux, et pour les prêteurs à gros intérêts un commode palliatif de l'usure. Aussi, de bons esprits sont allés jusqu'à souhaiter l'entière prohibition de la vente à réméré. De cette façon, le propriétaire obéré, vendant définitivement, sans espoir de réintégration, obtiendrait un prix supérieur, et serait forcément guéri des vaines espérances qui retardent sa ruine, pour la creuser plus profonde.

Quoi qu'il en soit, cette circonstance, que la vente à réméré frise l'usure, explique la sévérité de la jurisprudence contre certaines clauses *accidentelles*, ajoutées parfois à ce contrat : Quand la vente à réméré a été faite à vil prix, avec relocation immédiate au vendeur, les Tribunaux ont souvent annulé la vente comme simulée et ordonné la réintégration du vendeur, même après l'expiration du délai de réméré. Les dispositions de la Loi contre l'usure étant d'ordre public, toute simulation qui tend à les éluder est une fraude; les Tribunaux peuvent donc admettre ici, contre et outre le contenu aux actes, toutes les présomptions de *fait* abandonnées à leur prudence (art. 1353, C. N.). Mais aucune présomption *légale* ne peut être posée en ces matières : tout dépend de l'appréciation des circonstances (1).

385. Suivons les conséquences de ces principes quant à la perception :

L'acte en question se présente, par hypothèse, avec l'apparence d'une vente à réméré et d'une location au profit du vendeur. Il y a lieu de percevoir immédiatement : 1° le droit de vente (5,50 p. 100); 2° le droit de bail (0,20 p. 100); car les deux dispositions sont indépendantes. Le vendeur ne se réserve pas seulement une jouissance temporaire; il acquiert un droit nouveau.

(**384**-1) V. en ce sens, une solide étude de M. le conseiller Carol, dans le *Recueil de l'Académie de Législation de Toulouse*, tome 5 (1856), p. 208.

Par l'effet du bail, l'acquéreur est tenu de le *faire jouir* du fonds.

Après le jugement qui annule le contrat, les droits perçus sur ce contrat ne sont pas sujets à restitution. Outre que la nullité, étant prononcée dans l'intérêt du vendeur, est purement relative ; la perception a été faite suivant la teneur du contrat, ce qui suffit pour la rendre régulière et empêcher la restitution (*suprà*, n. **52, 54, 235**).

Mais quel droit encourt le jugement? Là est le vif de la controverse.

La question revient à savoir si l'annulation d'un acte pour simulation frauduleuse, est *radicale*, c'est-à-dire si elle produit un effet rétroactif à l'encontre des tiers. Ce n'est pas sans difficulté que j'ai admis l'affirmative en cas de dol (*suprà*, n. **239**). Mais ce qui est dit pour le dol ne s'étend pas nécessairement à la fraude. Un jurisconsulte, qui fait autorité en ces matières, pose ainsi les termes de la distinction : « Le dol est l'art de tromper la » personne qu'on dépouille. La fraude est celui de violer » les Lois en trompant les magistrats ou les tiers par la » forme des actes. Dans quelques circonstances il y a dol » sans fraude; dans d'autres, il y a fraude sans dol... » Par exemple, il n'y a que dol quand, par des artifices, » un individu est déterminé à donner sa chose ou à la » vendre à vil prix. *Il n'y a que fraude quand l'usurier, de » concert avec l'infortuné qu'il ruine, couvre ses rapines » par une convention légale en apparence* (1). » Le même auteur admet l'effet rétroactif quant au dol (tome **1**, n. **32**), il le refuse quant à la fraude (tome **2**, n. **59**). Adoptant sa doctrine, je pense que le droit proportionnel est exigible sur le jugement dont il s'agit (2).

(**385**-1) M. Chardon, Traité du dol et de la fraude, t. 1, n. 3.

(**385**-2) En ce sens, *Cassat.* 23 novembre 1836 (C. R. 3138. Dall. 3176). — Voyez toutefois *Civ.-rej.* 10 novembre 1824 (C. R. 3137. Dall. 3159.)

Mais ce droit est seulement de 4 p. 100. Quant au droit de transcription, il n'est pas exigible, puisque le jugement dont il s'agit n'est pas une vente, et que d'ailleurs, en vertu de la disposition formelle de la Loi du 23 mars 1855 (art. 4), il n'est pas de nature à être transcrit (3).

386. Le contrat qui nous occupe était connu dans l'ancienne jurisprudence sous le nom de *contrat pignoratif*. Voici comment on était arrivé à reconnaître à cette opération un caractère particulier, distinct de la vente à réméré pure et de l'antichrèse.

La prohibition du prêt à intérêt avait entraîné la prohibition de l'antichrèse. On avait alors imaginé la combinaison de la vente avec la relocation; mais cette vente n'était pas sérieuse, elle ne constituait effectivement qu'une impignoration ou engagement; à ce titre, elle échappait, en principe, aux droits seigneuriaux (1). Ainsi, comme la chauve-souris de la fable, le contrat pignoratif a le bénéfice de son équivoque structure : Contre les prohibitions du Droit canonique, il est vente; contre la perception des droits seigneuriaux, il est engagement.

Au fond, il ne faut voir dans cette théorie qu'un des procédés subtils employés par les jurisconsultes pour tempérer le sévérité de la prohibition absolue du prêt à intérêt. Aujourd'hui, ces subtilités ne peuvent être admises. Il faut suivre franchement la voie de l'antichrèse, engagement pur, non mêlé de vente, ou celle de la vente à réméré, aliénation actuelle sauf résolution ultérieure. Entre ces deux voies, il n'y a pas de milieu. La doctrine ancienne des feudistes sur le contrat pignoratif doit être entièrement écartée.

(**385**-3) J'aurais décidé autrement avant la Loi de 1855. Mais quoique, en général, cette Loi soit étrangère à la théorie fiscale de la transcription, elle peut quelquefois la modifier indirectement *in mitius*. Comparez *suprà*, n. 143.

(**386**-1) V. Pommar, n. 436, et Boutaric, *des Lods*, § 12.

On trouve aux mêmes librairies:

A.-M. DEMANTE. *Cours analytique de Code Napoléon* (articles 1 à 892), 3 volumes in-8°, 22 fr. 50 c.

G. DEMANTE. *De la Loi et de la Jurisprudence en matière de donations déguisées.* (Extrait du Recueil de l'Académie de Législation de Toulouse), 1 fr. 50 c.

— *Etude sur la Réhabilitation des condamnés pour crimes et pour délits*, d'après le Décret du Gouvernement provisoire du 18 avril 1848. (Extrait de la Revue de Droit français et étranger).

Cette brochure résume l'état de la législation et de la jurisprudence, antérieurement à la Loi du 3 juillet 1852, qui régit aujourd'hui la matière, 1 fr. 00 c.

M.-D. GARNIER. *Répertoire général.* — Nouveau dictionnaire des droits d'enregistrement, de transcription, de timbre, de greffe et des contraventions dont la répression est confiée à l'Administration de l'enregistrement. — 3 forts volumes in-4°.

Prix { pour les abonnés au Répertoire périodique, 25 fr. 00 c.
pour les autres personnes, 32 fr. 00 c.

— *Répertoire périodique de l'enregistrement.* — Recueil de toutes les décisions administratives et judiciaires sur l'enregistrement et le timbre, comparées avec le Droit civil.

Cette publication importante, qui fait suite au *Répertoire général*, paraît tous les mois, depuis le 1er avril 1854. Elle forme, à la fin de l'année, un volume in-8° de 500 pages.

Prix par an, 7 fr. 00 c.

Toulouse, Imp. Bonnal et Gibrac, r. St-Rome.

www.ingramcontent.com/pod-product-compliance
Lightning Source LLC
Chambersburg PA
CBHW070304200326
41518CB00010B/1881

* 9 7 8 2 0 1 9 9 3 4 9 5 8 *